洋山港淤泥特性和适航水深应用研究

应　强　周显田　石　峰
焦志斌　高煜铭　崔银秋　编著

海洋出版社
2014 年 · 北京

图书在版编目(CIP)数据

洋山港淤泥特性和适航水深应用研究 / 应强等编著.
—北京 : 海洋出版社, 2014. 12
ISBN 978 - 7 - 5027 - 9042 - 4

Ⅰ. ①洋… Ⅱ. ①应… Ⅲ. ①淤泥质海岸 - 海航 - 适航性 - 研究 - 嵊泗县 Ⅳ. ①U612. 32

中国版本图书馆 CIP 数据核字(2014)第 299045 号

洋山港淤泥特性和适航水深应用研究
YANGSHAN GANG YUNI TEXING HE SHIHANG SHUISHEN YINGYONG YANJIU

责任编辑: 崔倩倩 高朝君
责任印制: 赵麟苏

海洋出版社 出版发行
http://www. oceanpress. com. cn
北京市海淀区大慧寺路 8 号 邮编: 100081
北京华正印刷有限公司印刷
2014 年 12 月第 1 版 2014 年 12 月北京第 1 次印刷
开本: 787 mm × 1092 mm 1/16 印张: 10
字数: 215 千字 定价: 32. 00 元
发行部: 62132549 邮购部: 68038093 总编室: 62114335

前 言

洋山深水港区分为北港区和南港区，2020 年前建设北港区，南港区为 2020 年后规划发展预留岸线。按规划，至 2020 年，北港区可形成 10 多千米深水岸线，布置 30 多个泊位，集装箱吞吐能力 1 300 万 TEU 以上。从远景看，洋山港区发展潜力巨大，总体规划共可形成陆域面积 20 多平方千米，深水岸线 20 多千米，布置 50 多个大型集装箱泊位，年吞吐能力在 2 500 万 TEU 以上。

作为世界上规模最大的专业化集装箱港区，洋山深水港区也是上海建设国际航运中心的核心功能区，是上海服务全国、提升城市发展能级的战略平台。目前与 200 多个国家和地区的 500 多个港口建立了业务往来，已基本覆盖所有远洋航线。随着洋山深水港区建设的不断推进，洋山港的集聚效应和规模效应将更加突出，其枢纽功能将进一步强化，长三角大型深水集装箱码头的发展空间将进一步拓展，我国沿海港口的规划布局将进一步完善，对于提升上海国际航运中心的综合服务能力，提升我国水运的国际综合竞争能力，特别是取得东北亚地区的航运优势有重要的战略意义。

洋山港的建设具有巨大的经济效益和社会效益。保证进出港航道的畅通，是港口正常运行的前提条件。洋山港进港外航道处于长江口丰富的水量和沙量下泄入海扩散，并与杭州湾湾口外海域进行频繁的水沙交换的区域，水沙运动极为复杂。港区与航道除正常淤积外，在工程建设和维护疏浚过程中，或是受到台风等特殊天气因素的影响时，还会在航道或港池底面出现新淤泥，当浮泥厚度较大时，造成短时间内的强淤现象，增加港区航道的维护工程量，甚至影响船舶的正常通行。其中部分回淤泥沙由于密度较小，对航行的影响不大可以充分利用，因此针对台风引起航道强淤积进行适航水深研究，减小航道维护的工程量、节省经费开支、改善水深条件，减少洋山港深水航道台风期所造成的损失，具有重要的实践意义与经济效益。

为研究与解决洋山港区进港外航道适航水深这一关键技术难题，2009 年 4 月，上海达华测绘有限公司和水利部交通运输部国家能源局南京水利科学研究院受洋山同盛港口建设有限公司委托，开展了洋山深水港区进港外航道浮泥特性和台风期适航水深研究。采用现场测试、变坡水槽试验等室内试验研究手段，首次对洋山深水港区进港外航道台风期适航淤泥重度进行了系统的试验研究，得出了洋山深水港进港外航道内回淤层泥沙的水力特性、流变特性、运动规律等；提出了黏度－重度关系曲线符合三次多项式方程，并以曲线斜率为1作为适航淤泥重度的判别条件，确定了适航淤泥重度。首次解决了适航淤泥重度研究只能定性不能定量研究，提供了适航容重的基准。并利用SILAS测量系统首次成功解决了洋山深水港进港外航道走航式适航水深测量与适航水深图编制难题。

为促进现有成果的转化或为以后学者提供参考，本书对洋山港区的水文、地理地貌等情况进行了归纳，介绍了洋山港外航道开发和维护情况，并根据外航道的泥沙样本，进行了淤泥特性试验，依据试验成果，对台风期航道强淤或骤淤的适航淤泥重度的确定、适航水深图的编制进行了应用研究。

本书第1章为绪论，由高煜铭编写；第2章为海区自然情况，由石峰、崔银秋编写；第3章为航道水文泥沙，由周显田、高煜铭编写；第4章为航道表层淤泥特性分析，由焦志斌、石峰编写；第5章为航道淤泥沉降特性试验，由应强、崔银秋编写；第6章为航道泥沙起动特性试验研究，由焦志斌、应强编写；第7章为流变特性试验及适航淤泥重度的确定，由应强、焦志斌编写；第8章为适航水深测量及适航水深图编制，由崔银秋、周显田编写。全书由应强统稿，黄建维教授对本书进行了审阅。

本书引用了洋山港建设过程中大量的观测资料，参考许多作者的研究成果，在编写过程中，编者尽可能地遵循作者的原意并加注出处，但鉴于此海区的影响因素众多且复杂，受认识水平的限制，有些观点或结论可能存在着错误或偏差，书中难免存在谬误和遗漏之处，敬请读者见谅和指正。

本书由南京水利科学研究院出版基金资助出版，谨此致谢。

作者

2014年12月

目　次

第1章 绪 论

1.1 洋山港的建设背景

1.1.1 上海港发展的需求

上海港是国内最大的港口，上海港积极打造“世界强港”，成效显著，每年都在世界集装箱大港排名中跃上新台阶。上海港90%以上的港口泊位位于黄浦江和长江南岸，其中外高桥码头是主要的港口。随着国际经济和贸易迅速发展，国际航运船舶大型化也飞速发展，5 000 TEU以上、吃水深度14 m以上的第五代、第六代集装箱船舶将成为主流船型，制约上海港快速发展的瓶颈也日益凸显，主要存在两方面问题[1]：

一是缺乏深水岸线和深水泊位。上海港区可通航最大水深在10 m左右，即便达到长江口深水航道三期整治工程目标12.5 m水深，仍然难以满足国际航线上大型集装箱船舶的需要[1]；在国际航运激烈竞争的环境下，这将严重阻碍上海成为国际航运中心，因此，迫切需要在上海地区建造深水港[2]。

二是上海港整体吞吐能力不足。上海港原有16个集装箱专用泊位，核定年吞吐能力为290万TEU，能力缺口巨大，码头长期处于超负荷运转状态[1]。

洋山深水港的兴建既是国家战略，也是上海建设国际航运中心的重要举措。从国家战略上讲，建设东北亚国际枢纽港是上海国际航运中心建设的主要目标，其主要功能是国际中转。东北亚地区在建的集装箱深水泊位已经有40多个，基本形成了一个北起釜山、南至新加坡的以集装箱运输为主的港口链，其中对上海建设国际航运中心挑战最大的釜山港提出了“21世纪环太平洋中心港”的战略目标[3]。如果上海再不建成15 m水深的深水港，将受到东北亚新增深水泊位的严峻挑战。上海港将有约95万TEU需到釜山、神户深水港中转至欧美地区，仅此将增加运输费27亿元。为提高国际竞争力，适应我国经济高速发展，建设15 m以上水深的航道和泊位已是刻不容缓。洋山深水港是离上海最近的深水良港，距离国际主干航路仅104 km，具有建设国际航运中心的便利条件（图1-1）。随着洋山深水港区投入营运，将能保证第五代、第六代集装箱船全天候进出。凭借经济腹地优势和箱源优势，上海港将成为东北亚轴辐式转运中心和航运交汇式转运中心[4]。“港为城用，城以港兴”，洋山深水港区的启用，将进一步提高上海国际航运中心的竞争力，巩固和提升上海集装箱枢纽港的领先地位，是上海建设国际经济、金融、贸易中心的重要支撑和基础条件。洋山港的开发将对我国集装箱海运的发展起到重要推动作用，而且加快了上海浦东的开发力度，并将带动长江三角洲和整个长江流域地区经济实现新跨越[5]。洋山

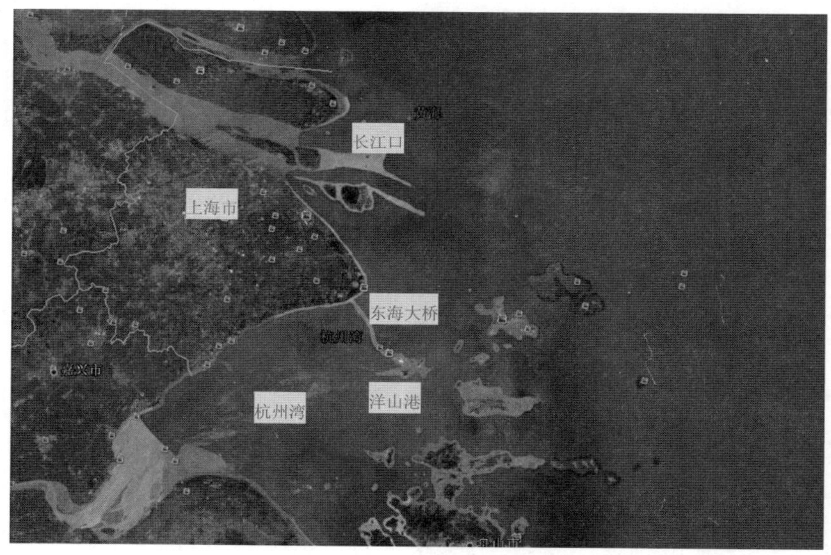

图 1－1　洋山港地理位置示意

港工程的建成，将使上海及长三角港口群有望成为东北亚最重要的国际航运中心[1,6,7]。

1.1.2　洋山港总体规划

洋山深水港区总体规划是依托大、小洋山岛链形成南、北两大港区，主要承担远洋沿海集装箱及江海联运中转运输功能，作为上海液化天然气接收站和成品油的储运基地，同时依托港口开发发展临港工业，建设小洋北侧物流园区和大洋临港工业园。

北港区已通过 32.5 km 长的东海大桥[2]与上海芦潮港相连，拥有深水岸线长13.5 km，主要功能定位为上海国际航运中心集装箱枢纽港，规划布置第五代、第六代集装箱泊位 16 个，内支线集装箱泊位 7 个，形成 1 330 万 TEU 的吞吐能力，并配套布置与之相应的生产、生活辅助设施及港口支持系统。从远景看，洋山港区发展潜力巨大，总体规划共可形成陆域面积 20 km^2 余，深水岸线 20 km 余，布置 50 多个大型泊位。北港区（小洋山一侧）在 2020 年前分四期实施，南港区（大洋山一侧）为远景发展预留区。其总体规划如图 1－2 所示[2,7~9]，洋山港一至三期工程起止时间见表 1－1[1,8]。

表 1－1　洋山港海域主要工程[1,8]

时间	主要工程
2002 年 4 月至 2003 年 6 月	一期围堤（小洋山—镬盖塘汊道）
2002 年 10 月至 2004 年 6 月	一期陆域填充工程
2003 年 3 月至 2004 年 5 月	二期围堤（大乌龟—颗珠山汊道）
2004 年 5 月至 2005 年 10 月	二期陆域填充工程
2004 年 5 月至 2005 年 4 月	三期围堤（将军帽—大指头汊道）
2005 年 5 月至 2007 年 12 月	三期陆域填充工程
2005 年 5 月至 2005 年 10 月	一期港池前沿浚深至 16.0 m
2005 年 5 月至 2006 年 10 月	二期港池前沿浚深至 16.0 m

续表

时间	主要工程
2007年5月至2008年9月	投产7个泊位，设计年吞吐量500 TEU
2008年1月至2008年10月	主航道工程
2008年4月至2008年10月	助航工程
2008年9月至2008年10月	港内航道
2007年11月、2008年11—12月	扫海工程

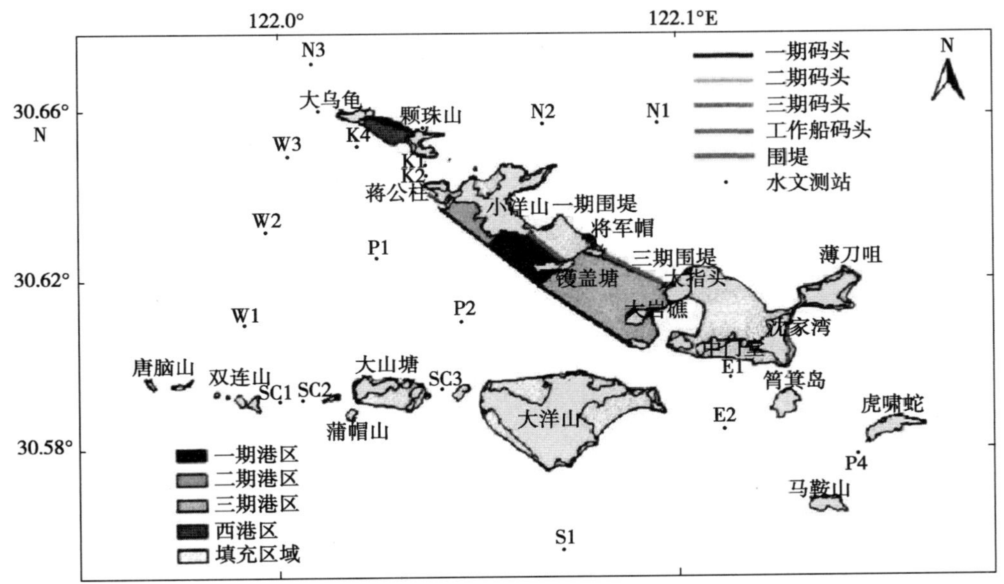

图1－2 洋山港总体规划[1]

1.2 洋山港建设取得的技术成果

洋山港工程于2002年开工建设以来，一期、二期工程沿3 km长的岸线已建成9个大型集装箱泊位。工程建设开创了我国乃至世界建港史上在高流速、高含沙量海域，离大陆30 km的外海孤岛建设大型集装箱港区的先例，突破了多项关键技术难题，形成了外海深水开敞水域孤岛建设大型港口工程设计施工成套技术，全面提升了我国筑港科技水平[10]。

1.2.1 高流速、高含沙量、岛群海域建港关键技术

1）外海勘测新设备、新技术的广泛应用[10]

首次在多岛屿、多汊道、高流速、高含沙量三类海区大规模同步运用星站差分双频GPS定位系统、声学多普勒流速剖面仪（ADCP）测流技术、多波束测深声呐系统和多普勒测流验潮等技术，准确掌握了洋山海域潮位的比降、相位、潮差和潮时的差异；克服了高浑浊度水体对声波的吸收和衰减，较好地解决了测量非恒定流的技术难题，准确反映了

各潮汐通道的全断面流速和潮量。其中，成功采用150 kHz ADCP设备完成90 m水深、最大测点流速达3.22 m/s的洋山深水港东口门全断面流速、流态和地形测量，创全国之最。

2）具自主知识产权的多因素耦合海洋动力模型试验体系的建立[10]

运用“综合模拟型”方法研究工程实施前后的潮流变化特征、泥沙运动过程。大范围嵌套数值模型提供物理模型边界条件，潮流和泥沙物理模型首次采用四面开放模型边界，二模型互为验证、互为补充。同时，首次采用了无网格算法的平面二维Boussinesq波浪数学模型计算港内泊稳条件，达到了工程实用水平。首次建立分级细化的三维潮流数学模型，补充了变态物理模型和二维数学模型难以反映的工程局部影响。

自主开发和建立的洋山深水港区潮流、泥沙、波浪等海洋动力耦合数学模型和物理模型，为港区海洋动力环境研究、港区的建设和运行提供了技术支撑。

3）全面提升外海高含沙强潮流群岛建港工程泥沙问题研究水平[10]

国内首次采用物理模型、数学模型、遥感技术分析、泥沙特性理论研究和外海实测资料汇总分析等方法和手段，探寻洋山深水港区海域泥沙来源、长江口和杭州湾对海域的泥沙贡献、悬浮泥沙空间分布、时间分布和输移方向以及其随风、浪、流等动力条件的变化规律，预测了港池和航道的年淤积强度和年疏浚维护量，丰富了现行行业标准《海港总平面设计规范（JTJ 211—99)》有关内容，提升了外海港口建设泥沙研究的理论水平。

4）依托外海岛礁地形的港口选址以及大顺岸的平面布局，积累了岛礁群深水岸线开发经验[10]

洋山深水港区依托大、小洋山南、北两条岛链所形成的东口窄（宽约1 000 m）而水深深（平均约50 m）、西口宽（宽约7 000 m）而水深浅（平均约10 m）的喇叭形地形以及复杂海域流态和高含沙量水体等特征，依靠科学试验、现场监测、专家论证等方式，形成了“封堵汊道、归顺水流、减少淤积、安全靠泊”的洋山深水港区平面形态布置的总体原则，开创了我国乃至世界建港史上的先例。

1.2.2 外海深水码头及接岸结构关键技术

1）首次采用斜顶桩板桩承台新结构，解决了深厚软土地基对码头结构的影响等问题[10]

码头主体采用顺岸满堂式高桩梁板结构，后方需大面积吹填造陆，其回填厚度一般为20～26 m，最大约40 m。大量回填土和陆域堆货荷载的作用，造成软弱土层压缩沉降并产生侧向变形，对承台和码头桩基产生不利影响。为此提出了斜顶桩板桩承台接岸结构设计方案。该结构由斜顶桩、板桩、支承桩和承台组成。斜顶桩板桩承台结构作为接岸结构，替代了挡土围堰，可以阻隔后方高填土对码头结构的影响。通过采用数值分析与现场监测相结合的方法，解决了这一新型结构的设计关键技术问题，填补了我国的技术空白。

2）防腐技术的全面应用，提高了结构耐久性[10]

水工码头结构采用高桩梁板式码头结构，上部结构采用预拌胶凝材料的 C45 高性能混凝土，预制构件表面还采用硅烷浸渍喷涂进行防腐以增加结构耐久性。钢管桩采用壁厚预留、防腐蚀涂料、牺牲阳极、局部灌混凝土芯等综合防腐措施，确保结构 50 年使用寿命。

3）首次在外海深水区采用大直径砂桩进行地基加固[10]

该方法主要是利用砂桩形成竖向排水通道，在上覆荷载的作用下，使软土层快速排水固结并获得强度增长；并通过砂桩部分置换原软土构成复合地基，增强地基抗剪强度，同时也产生挤密作用。施工中砂桩置换率为 25% ~30%，直径为 1.0 m，施工区域水深大于 15 m，入土深度一般在 15 ~20 m。通过对一期工程砂桩的施工与检测，形成了《水下砂桩质量检验评定标准（试行）》，为在后续工程中推广应用奠定了基础。

4）首次大面积采用直径大于 1.5 m 的钢管桩[10]

设计大量采用直径为 1.7 ~2.0 m 的钢管桩。关于大直径钢管桩承载力问题，尤其对于大直径开口桩，现行规范没有明确规定。设计结合试桩确定桩长度、沉桩控制标准、桩的承载力等，为完善规范提供了实践资料。施工单位开发了国内一流的桩船设备进行施工，随船配备最先进的 DM－125 柴油锤和 GPS 沉桩定位系统，定位精度达到 5 cm；采用定位桩施工工艺，很好地控制了桩间距。

5）大批量采用大直径嵌岩桩及人造基床稳桩技术[10]

局部地区基岩裸露或覆盖层较薄，设计采用了直径为 2.2 m 大直径嵌岩桩数百根，较好地协调了打入桩段的变形问题，为在岩基上建造深水桩基码头提供了经验。对于覆盖层缺损或太薄而无法满足嵌岩桩钢套管在水流等荷载作用下的稳定时，施工期采月人造基床的稳桩技术，与原来采用的钢筋混凝土套箱和灌砂振冲稳桩方案相比，在技术上安全可靠，可简化工艺，减少大型船机的使用，避免水下作业，可缩短工期、节约费用。经过施工与检测，形成了《嵌岩桩质量检验控制标准（试行）》和《嵌岩桩水下抛石（砂）基床质量检验控制标准（试行）》，为后续工程提供了技术支撑。

6）首次在外海深水区域，结合内棱体设计开创了深水倒滤层铺设技术[10]

在水深达 20 m 余且横流作用下，在斜坡上铺设土工布排体及混合倒滤层有很大技术难度，该项施工为国内首创。研制合理有效的排头固定技术既避免了排体下滑，又保证排头横向尺度、减少横向收缩。选择合适的铺排时机并采用排体纵向加筋和压排技术，有效防止了排体翻折。

1.2.3 外海深水筑堤造陆关键技术

1）首次采用外海深水大型软体排铺设施工技术[10]

为适应洋山外海水深（10.0 m 以上，最深处 23 m 左右）、流急（最快达 2.2 m/s）、浪大的工况和最大铺排长度 200 m 的特点，对专用大型铺排船的锚机设备和泥浆泵充灌系统进行改进，实现大型软体排铺设过程的实时 GPS 动态定位监控。

2）首次开发并应用深水袋装砂抛填施工技术[10]

一期工程筑堤长度达到近5.0 km，袋装砂堤心工程量达200万 m^3，其中深水抛填量高达130万 m^3，抛填强度日均7 000 m^3左右，是国内以前没有的，如采用传统水下充灌袋装砂工艺无法实施。因此通过工艺攻关和研发，在国内首次成功应用了翻板侧翻抛袋、吊机网络抛袋、吊装预制大砂袋等施工工艺，有效解决了粉细砂回填成陆区的防漏砂难题。

3）新建、改造大型耙吸挖泥船用于高回填量成陆工程[10]

一期工程港区陆域吹填量达2 355万 m^3，吹填最大厚度约47.0 m，平均吹填厚度21.0 m。水深8.0 m以下工程量近1 200万 m^3，如采用常规吹填方法几乎不可能。通过方案论证和优化，采用大型耙吸式挖泥船集中高强度抛砂，分区、分阶段抛填技术。这是洋山一期陆域吹填工程全面完成的关键之一。

4）大型耙吸挖泥船艄吹和艏喷新型吹填工艺[10]

大型耙吸船无法在水深8 m以下施工，因此"新海龙"由边抛改为艏喷。施工方法是利用右泥泵通过抽舱管线将泥沙输送到左泵，再由左泵通过排泥管线从安装在船艏的口径为400 mm喷嘴将泥沙喷射到吹填区。两泥泵采用低—高串联组合，喷射距离达130 m。采用在水上定点、用快速接头对接的方式，通过浮管和岸管对吹填区进行吹砂。浮管总长550 m，到吹砂作业后期，岸管总长约700 m，吹砂作业最大扬程为8.5 m。大型耙吸挖泥船艏吹和艏喷工艺在国内为首次采用。

5）填补了深厚吹填粉细砂地基无填料振冲密实加固技术空白[10]

洋山港区地质复杂，吹填厚度和变化大都属国内外罕见，而且吹填砂层多为粉细砂。建筑地基规范规定，不加填料振冲密实法仅适用于黏粒含量小于10%的中粗砂地基。为此成立了课题组，通过技术创新将无填料振冲法推广应用到粉细砂地基，创立了无填料振冲法双点共振施工技术。

1.2.4 深水航道关键技术

1）航道平面设计[10]

洋山海域唯一可开辟大型深水航道的水域为黄泽洋海域，但存在距中日海底光缆近、水流复杂、风浪较大以及岛礁多、部分区段水深不足等制约因素。经综合比选和评估，确定了一条航程短、工程量小、转向点少、航线顺直的进港航线，完全满足大型集装箱船舶航行的要求。

由于现行标准《海港总平面设计规范（JTJ 211—99）》中航迹带经验公式是少量实船（2 000～74 000万吨级）观测所得，本工程主设计船型比规范原实测船型大，同时船体外形、受风面积等条件均和规范经验公式有一定差别。为此，充分利用了船舶模拟操纵试验方法，对船舶航迹带宽度、航行下沉量等数据进行量测，同时参照采用国内外规范、经验公式等进行计算比对，并广泛听取经验丰富的船长、引航员等的意见和建议，确定了合理的航道尺度。

2）对疏浚区回淤机理进行科学判断，设计淤强取值合理可信[10]

采用经验公式、潮流泥沙模型以及对杭州湾试挖槽实测资料分析等多种手段，确定正常情况下洋山进港主航道淤强 1.1 m/a，一期港内水域淤强 1.76 m/a。根据 2005 年 10 月验收至 2007 年 1 月的观测资料，进港主航道累计淤积 1.27 m，和原设计取值一致。

3）充分应用计算机辅助决策系统，精细化疏浚施工[10]

充分利用传感器、自动控制、差分全球定位系统、计算机和网络信息等技术，耙吸挖泥船成功运用计算机辅助决策系统，实现了精细施工，减少了超挖工程量，提高了施工精度。

4）导航系统性能指标优越，助航航标链系统完整可靠[10]

6 个雷达站、1 个船舶交通服务中心站（VTS）完整覆盖整个洋山海域，为国内规模最大、管辖范围最广的 VTS 系统，且有足够的雷达重叠覆盖区，系统可靠性高。该系统检测能力、分辨率、定位精度、跟踪能力等各项性能优越，采取了雷达、船舶自动识别系统（AIS）目标融合、对外开放接口以及移动终端获取中心信息方式等新技术，实现了信息管理系统（MIS）与 VTS 间、MIS 与海事局以及港口管理部门、引航站等的数据交换。

建立了一个满足不同船舶需求的视觉航标链系统，外航道起点处设置了灯光射程 10 n mile的 200 吨级大型灯船；人工疏浚段两侧设置灯浮标示边线；航道沿程岛礁上设置灯塔或灯桩，确保船舶夜间和能见度较低时的航行安全；锚地、抛泥区等水域也配布了相应助航设施。助航标志性能可靠、维护方便；采用雷达应答器标示港口口门、航道转向点、危险物等，形成完善的无线电航标链；采用遥测遥控技术对航标进行全面监控和管理，可及时发现、修复航标故障。

1.3 本书的目的和内容

1.3.1 目的

洋山深水港区位于长江口和杭州湾交汇处南汇嘴岸外约 30 km 余的东海崎岖列岛海域，距上海市中心约 86 km。根据总体规划，预计到 2020 年，洋山深水港布置集装箱深水泊位将达 30 个，设计年吞吐能力为 1 300 万 TEU 以上，可见洋山港的建设具有巨大的经济效益和社会效益。保证进出港航道的畅通，是港口正常运行的前提条件。

洋山港港区和航道受长江口每年丰富的水量和沙量下泄入海扩散并与杭州湾湾口外海域进行频繁的水沙交换的影响，水沙运动极为复杂。自从洋山港选址和建设以来，在洋山港动力环境及海床冲淤变化方面开展了大量的研究和监测工作，包括风向、波浪、潮位、流速流向、含沙量、悬移质颗分、盐度、底质、漂流等内容的水文泥沙测验资料；港区水域和外航道沉积物样本分析资料。根据实际观测资料，许多学者从不同角度对洋山港港区建设前后水流泥沙和沉积环境变化进行了大量研究工作，取得了丰硕的成果。

航道或港池在遭遇异常恶劣的大风浪气象条件时，可在较短时间内使港区航道发生很大淤积，进而影响到通航水深。如在2007年9—10月，洋山海区先后受“韦帕”“罗莎”台风影响，根据台风前后测图比较，航道挖槽分别淤浅0.32 m和0.51 m，从挖槽淤积的取样分析来看，主要是台风后的浮泥淤积。浮泥由于密度较小，对航行的影响不大可以充分利用（适航水深），以减小航道维护的工程量、节省维护经费、改善水深条件，从而减少洋山港深水航道台风期所造成的损失。为此，笔者对相关测量资料和成果进行了整理和分析，对洋山港航道的淤泥特性进行了研究，对适航水深的确定方法进行了探讨，编写了本书，旨在对洋山港淤泥及适航水深的研究现状进行归纳；希望能抛砖引玉，对以后相关方面的研究有所裨益。

1.3.2 内容

为促进现有成果的转化或为以后学者提供参考，本书对洋山港区的水文、地理地貌等情况进行了归纳，介绍了洋山港外航道开发和维护情况，并根据外航道的泥沙样本，进行了水力学特性试验，依据试验资料，对航道的新淤泥特性进行了分析。

第1章为绪论，主要介绍洋山港的建设背景，包括上海港的发展对港口的需求和洋山港建设过程中已取得的技术成就，提出了本书的目的和编写内容。本章内容主要参考和引用了英晓明的博士论文和洋山同盛港口建设有限公司等的研究成果。

第2章为海区自然情况介绍，主要介绍洋山港所处海区的地形地貌、潮汐、潮流、盐度、泥沙、底质特征、冲淤演变特征、风浪以及工程后水文变化特征等。本章内容主要参考和引用了中交上海航道勘察设计研究院有限公司的“上海国际航运中心洋山深水港区三期工程航道工程”初步设计中的成果。

第3章为航道水文泥沙，主要介绍洋山港航道的开发过程，航道水文泥沙特征及主航道疏浚回淤情况。本章内容主要参考和引用了东海海洋工程勘察设计研究院的现场水文测验成果，中交上海航道勘察设计研究院有限公司的航道建设的有关章节。

第4章为航道表层淤泥特性分析，主要介绍洋山港外航道泥沙来源、取样点位置、对泥沙样本用密度计法和激光粒度仪法进行颗粒分析的结果、对结果的分析及港口淤泥类型的定性判断。本章内容主要参考南京水利科学研究院、天津水运工程科学研究院及上海达华测绘有限公司等的研究成果。

第5章为航道淤泥沉降特性试验，主要介绍细颗粒泥沙絮凝的基本特性，采用沉降筒法，对外航道淤泥的沉降速度进行了实验，确定了淤泥的沉降速度，进行了淤泥密实过程的实验，确定了其密实过程。本章内容主要参考南京水利科学研究院和上海达华测绘有限公司等的研究成果。

第6章为航道泥沙起动特性试验研究，在介绍现有泥沙起动理论的基础上，采用室内试验的方法，在变坡水槽进行了泥沙起动试验，在有压水槽中对高密度淤泥泥沙的破坏流速进行了试验，得出了外航道散粒体泥沙和高密度淤泥的起动流速。本章内容主要参考南京水利科学研究院和上海达华测绘有限公司等的研究成果。

第7章为流变特性试验及适航淤泥重度的确定，首先介绍了适航水深的定义、界定和测试方法，对外航道泥沙进行了流变特性试验，根据试验成果，提出了适航淤泥重度和适航水深的确定方法。本章内容主要参考南京水利科学研究院和上海达华测绘有限公司等的研究成果。

第 8 章为适航水深测量及适航水深图编制。首先对现有适航水深的测量方法进行了评述，选取 SILAS 走航式适航水深测量系统作为工具，介绍了适航水深图的编制方法，并在台风期洋山港进港外航道适航水深的测量应用进行了实例说明。本章内容主要参考上海达华测绘有限公司和南京水利科学研究院等的研究成果。

本章参考文献

[1] 英晓明. 洋山港建设对海床冲淤演变的影响及机制研究 [D]. 上海：华东师范大学，2011.

[2] 王其林. 洋山港建设中若干环境地质问题的研究 [D]. 上海：同济大学，2003.

[3] 叶烨，金志伟. 发展双枢纽港推进上海国际航运中心建设 [J]. 港航研究，2007，(3)：18 – 20.

[4] 徐剑华，陈良. 上海港将成为东北亚转运中心 [J]. 中国航海，2006，(3)：77 – 81.

[5] 万健. 关于洋山港发展的战略思考 [J]. 华东经济管理，2006，20 (6)：16 – 17.

[6] 刘伟，徐剑华. 上海国际航运中心洋山深水港区工程及其建设意义 [J]. 物流科技，2006，(29)：54 – 57.

[7] 顾刚. 洋山深水港的建设和规划 [J]. 中国水运，2005，(6)：12 – 13.

[8] 周海，徐元. 上海国际航运中心洋山港深水港区三期工程航道工程初步设计（第一分册） [R]. 上海：中交上海航道勘察设计研究院有限公司，2008.

[9] 洋山港区总体规划. http：//www. shengsi. gov. cn/_ shengsi/gkgh/5452. htm（嵊泗网）. 2011 – 11 – 03.

[10] 洋山同盛港口建设有限公司. 洋山港深水建港技术 [J]. 中国水运，2007，(9)：6 – 8.

第 2 章　海区自然情况

2.1　地形地貌

2.1.1　平面位置

上海洋山港区位于杭州湾口北部海域的崎岖列岛水域，北经大戢洋与长江口相接，东经黄泽洋与东海连通，南临岱衡洋，西靠杭州湾，港区水域被大、小洋山等大小 69 个岛屿所组成的两列岛链所围。南支岛链走向大致为 E—W 向，包括唐脑山、双连山、大山塘、大洋山等岛屿，并形成了双连山—大山塘和大山塘—大贴饼间的两个主要汊道；北支岛链走向大致为 NW—SE 向，包括大乌龟、颗珠山、小洋山、中门堂、西门堂等岛屿，并形成了大乌龟—颗珠山、颗珠山—小洋山、小洋山—镬盖塘以及镬盖塘—小岩礁四个主要汊道；两岛链间水域西宽东窄，平面上形成了一个从西北向东南的倒喇叭口的特殊“漏斗”形深槽地貌，该“漏斗”东西长约 11 km，西口宽度约 8 km，东部最窄处的大洋山与小岩礁间的深槽宽约1 000 m[1]。岛屿总面积约为 10 km^2，是最靠近上海的岸外岛屿群，见图 2－1。

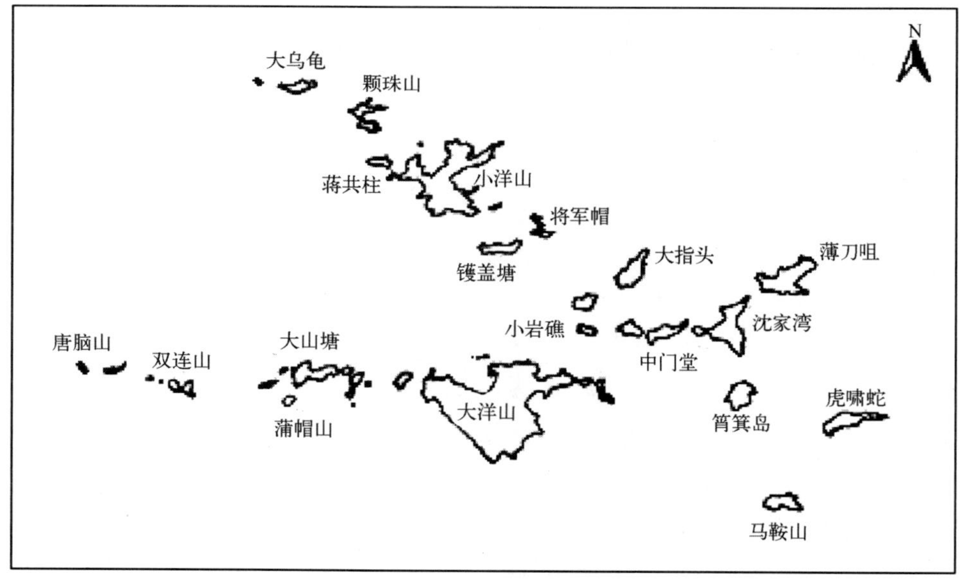

图 2－1　洋山港岛链分布[2]

2.1.2 地貌

洋山港所属的崎岖列岛为天台山脉东北延伸入海部分，向东为广阔的东海大陆架海域，再向东是深水区，隔东海海槽与日本琉球群岛相望。各岛屿高程一般在 100 ~ 200 m 之间，最高的大洋山海拔为 204 m[3]。

海域内浅部地层主要由 10 ~ 15 m 厚度的灰褐色粉砂质黏土构成，而在峡道区底部沉积物经潮流冲刷和波浪的掀沙作用，出现粗化现象。岛屿群周边的水下地貌以长江口水下三角洲的前缘斜坡为主体，邻近岛屿区域受到地质边界和水动力条件的影响，形成潮流冲刷深槽，主要分布于南、北两列岛屿群之间。峡道水域由于受岛链分布轮廓线的影响，自东向西逐渐展宽，从约 1 km 逐渐展宽至 6 km，形成向西展开的喇叭形。崎岖列岛在水深 8 ~ 9 m 的杭州湾口北部水域，形成一片广阔的 10 m 以上的深水区，除局部区段的水深在 10 ~ 14 m 外大部分在 14 m 以上。特别在两岛链之间的峡道水深，因受两侧廓线和水流的影响，在峡道的东段水深可达 30 ~ 55 m，中段因过水断面进一步束狭，水流能量集中，冲刷成深邃的峡道段，水深可达 70 ~ 80 m，最深点达 87 m，而在西部由于口门展宽，水流扩散，水深自东向西由 20 m 递减为 10 m[3]，见图 2 - 2。

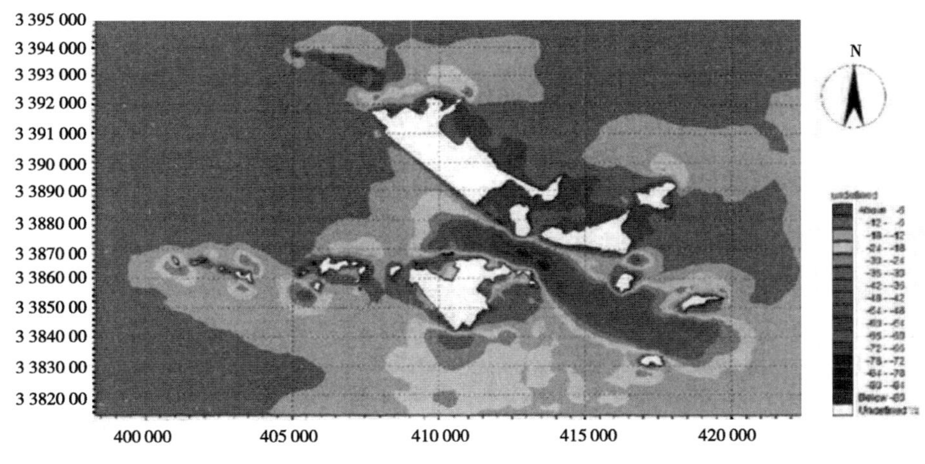

图 2 - 2 洋山港海区水深[4]

2.1.3 地质构成

大地构造隶属我国新华夏系第二隆起带。表层岩石初步推测为晚侏罗系熔结凝灰岩，基底为燕山期花岗岩。上伏第四纪地层较为发育，上部一般为砂质粉土及粉质黏土层，下部则为淤泥质粉质黏土夹粉细砂组成。进港航道自西向东分为 3 段，上段靠近马鞍山和虎啸蛇两岛，表层地层一般为基岩层，板底标高在 - 40 ~ - 20 m 之间；中上段地层以砂质粉土和粉质黏土层为主，板顶标高在 - 20 ~ - 12. 5 m，层厚小于 10 m；中下段地层（位于小衢山北侧）一般为淤泥质粉质黏土层，顶板标高在 - 25. 9 ~ - 12. 7 m 之间，平均厚约 10 m。航道浅段的地层为粉质黏土或淤泥质粉质黏土。港池、码头区一带水域的表层土，-15.8~-6.6 m为淤泥，层厚1.5~6.0 m；-12.6~-8.6 m为淤泥质黏土[5,6]。

大、小洋山岛屿的形成是地壳新构造运动所致，这些岛屿经历了5 000 ~7 000年的侵蚀堆积历史，处于稳定的基岩和岸滩冲淤基本平均的环境中[7]。

2.2 气象

洋山海区位于北亚热带南缘的东亚季风盛行区，因受季风影响冬冷夏热，四季分明，降水充沛[8]。

小洋山金鸡门气象站（30°38′N、122°03′E）海拔高度32.9 m，较好地代表洋山深水港区的气象特征。据金鸡门气象站1997年8月至2003年8月的资料统计，洋山港区各气象要素特征值如下[8]。

2.2.1 气温

洋山港区气温特征值见表2-1。

表2-1 洋山港区气温特征值

项目	温度（℃）
年平均气温	17.2
8月平均气温	27.6
1月平均气温	6.5
年极端最高气温	34.9（1998-08-16）
年极端最低气温	-3.5（1998-01-19）[8]

2.2.2 降水

洋山港区降水量特征值见表2-2。

表2-2 洋山港区降水量特征值

项目	降水量
年平均降水量（mm）	985.9
最大月降水量（mm）	393.3（1999年6月）
最大日降水量（mm）	111.7（2001-08-06）
过程最大降水量（mm）	248.5（1999-06-24—1999-06-30）
年平均降雨日数（d）	126.8
其中：中雨以上日数（≥10 mm）（d）	31.2
大雨以上日数（≥25 mm）（d）	8.5
暴雨日数（≥50 mm）（d）	1.3[8]

2.2.3 风况

本海区受冬、夏季风影响，全年多偏N和偏SE向风，风向季节变化明显，4—8月多偏SE向风，9月至翌年2月多偏N向风，3月份冷暖空气交替频繁，以SE和N向风为主。常风向为N，频率为16.4%，NNW—NNE向合计频率为36.8%；次常风向为SE，频率为13.4%，ESE—SSE向合计频率为29.8%[8]。

强风向为NNW向，最大风速29.1 m/s，其次分别为NNE向（24.8 m/s）和N向（24.4 m/s）。WNW—N向风力相对较强，平均风速均大于6.3 m/s（NNW向达7.4 m/s）；其次为SSE向，平均风速为5.7 m/s。各向风频、风速统计特征值列于表2-3。风玫瑰图如图2-3所示。

表2-3 小洋山金鸡门气象站各向风频、风速统计（1997年8月至2003年8月）[8]

风向	风频率（%）	平均风速（m/s）	最大风速（m/s）	风向	风频率（%）	平均风速（m/s）	最大风速（m/s）
N	16.4	6.3	24.4	S	5.6	4.9	16.4
NNE	10.9	4.6	24.8	SSW	2.3	3.6	19.8
NE	4.8	3.2	11.2	SW	1.5	3.3	16.4
ENE	5.8	3.3	14.4	WSW	1.5	3.8	18.7
E	3.3	2.8	11.2	W	1.3	4.0	17.3
ESE	6.7	3.7	13.2	WNW	2.8	6.3	20.4
SE	13.4	4.6	15.3	NW	4.3	6.7	22.4
SSE	9.7	5.7	23.3	NNW	9.5	7.4	29.1

注：小洋山气象站海拔高度为32.9 m，表中资料已订正到海平面上10.0 m。

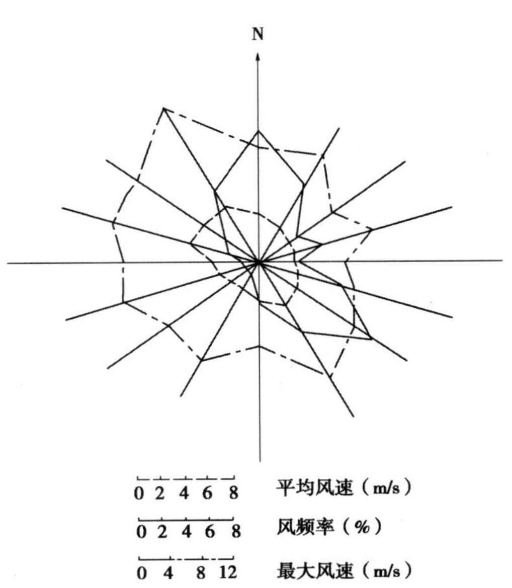

图2-3 金鸡门站风玫瑰（1997年8月至2003年8月）[8]

该海区6级及以上风的频率相对较低，占4.9%。六年观测期间共测到8级风77次，9级风10次，10级风3次，11级风1次。

7 级及以上大风年均日数 20.5 d。大风较多的月份为 1 月（19 d）、12 月（16 d）及 9 月（18 d）。

观测期间约 2/3 的大风延时低于 1.0 h，大风持续 12 h 或以上的频次较少。0014 台风对小洋山的影响时间最长，大风过程持续了 51 h。

2.2.4 雾况

本区雾类以锋面雾和平流雾居多，雾日年内各月均有分布，相对集中在冬、春季节，4 月份最多，年平均雾日 27.5 d（表 2－4）。

表 2－4 小洋山金鸡门气象站各月雾日分布情况

月份	雾日数（d）	月份	雾日数（d）	月份	雾日数（d）
1	3.0	5	3.7	9	0.2
2	2.8	6	2.2	10	0.8
3	3.5	7	0.3	11	1.5
4	6.5	8	0.3	12	2.7

雾过程平均延时 2.7 h，延时 3 h 以下的雾过程占 69.0%、延时 3～6 h 雾过程为 20.9%、延时 6～12 h 雾过程为 8.6%，延时大于 12 h 雾过程仅出现 3 次，最长一次雾过程延时近 18 h，最短一次雾过程延时仅 2 min[8]。

2.2.5 雷暴

雷暴日在年内各月份均有出现，8 月份雷暴活动相对频繁，其次为 7 月、6 月和 4 月。本区年均雷暴日数 16.3 d。雷暴平均延时 62.2 min[8]（表 2－5）。

表 2－5 小洋山金鸡门气象站各月雷暴日分布情况

月份	雷暴日数（d）	月份	雷暴日数（d）	月份	雷暴日数（d）
1	0.2	5	0.7	9	0.5
2	0	6	2.2	10	0.2
3	1.3	7	3.0	11	0.2
4	2.2	8	5.8	12	0.2

2.2.6 相对湿度

小洋山地区年均相对湿度为 79%，平均相对湿度月际变化不明显，最大最小相对湿度的极值变化也不大。最大月平均相对湿度 87.0%（6 月份）；最小月平均相对湿度 72.2%（11 月份）[8]。

2.2.7 热带气旋

本海区每年 5—11 月均可能受到热带气旋的影响，其中 7—9 月为热带气旋活动最频繁的季节，占全年影响总数的78%。根据1960—2005年资料统计，本海区出现风力7级以上的热带气旋过程共有161次，平均每年3.6次，最多年份达7次。其中8级以上的热带气旋过程有107次，平均每年2.4次[9]，1960—1995年统计，大于12级以上的台风过程共出现6次，平均6年1次。

本区热带气旋影响下的主导风向为偏N风。受热带气旋影响时，持续吹偏N向风（ENE—NNW）的大风过程91次（71%）；风向持续在偏S方位（ESE—WSW）的大风过程28次（22%）；其余10次大风过程则为偏N与偏S风交替出现[6,8]。

1997年8月至2003年8月期间，影响小洋山附近海域的热带气旋共发生24次，平均4次/a，实测最大风速在7~12级之间。对洋山海区影响较大的台风有9711、0012、0205、0216、0306、0311台风。从热带气旋影响频次分析，近几年略多于平常年份[8]。

1997年8月17日，洋山海域受9711台风（Winnie）外围影响，8级以上大风持续3 d，偏S与偏N大风持续各为1.5 d，最大风速为28 m/s（ENE向），极大风速达32 m/s。

2000年8月31日，洋山海域受0012台风（Prapiroon）穿越舟山群岛海域北上影响，出现最大风速33.7 m/s（NNW向），其中8级以上大风持续时间15 h，风向由ENE—N—NW—WSW逆时针转向。

2002年7月4日，洋山海域受0205台风（Rammasum）影响，最大风速31 m/s（阵风39 m/s），其中8级以上大风持续时间21 h，风向呈NNE—N—NNW—NW—WNW向逆时针变化。

2002年9月5日，洋山海域受0216台风（Sinlaku）影响，出现6~7级偏北大风，持续40余h，最大风速17 m/s，阵风20 m/s，风向偏北。

2003年6月18日，洋山海域受0306（Soudelor）移近台湾东南海面时发展成台风的影响，出现5~6级偏北大风，无降水。

2003年8月19日，洋山海域受0311热带风暴（Vamco）影响，出现6级大风，风向NNE向[8]。

2.2.8 寒潮

冬春寒潮影响时，当地常会出现激烈的降温、大风、雨雪和冰冻等天气现象，年内以12月和1月次数最多。据1997年9月至2003年8月观测资料统计，洋山海域共有15次达到寒潮强度，年均2.5次。15次寒潮过程中24 h平均降温幅度6.3℃，最大降温幅度9.3℃；48 h平均降温幅度8.9℃，最大降温幅度10.3℃；寒潮过程出现的极端最低气温为-3.5℃。15次寒潮过程中有14次出现6级以上偏N大风，其中12次大风达到7级以上，1次达8级以上。春天寒潮到来之前一般会有明显的增温，如有低压活动则会有由偏南大风转偏北大风的情况出现。15次寒潮中有3次由强冷空气造成，10次由中等强度冷空气造成。从冷空气影响的路径分析，1次为西路冷空气，14次为中路冷空气[8,10]。

2.3 水文

2.3.1 潮动力

本海区的潮波振动主要是由太平洋潮波引起的协振动形成。外海潮波传入浙江近岸后，三门以北的一股潮波呈 NW—SE 向向黄海传播，当到达舟山群岛东部外海，因受众多岛屿的制约，部分潮波在向杭州湾传播中只能沿各岛屿间水道前进。其中一支进入嵊泗岛和大衢山之间的通道后，经黄泽洋、岱衢洋、大戢洋，途经崎岖列岛水域进入杭州湾，另一支经由嵊泗以北的潮波传入长江口海区[6]。

传入杭州湾的这股潮波至崎岖列岛附近海区，受局部地形影响，潮波具有明显的地域特征。涨潮流由外海经黄泽洋进入崎岖列岛附近海区后，受崎岖列岛阻挡而分成三股，一股经由大、小洋山之间的潮流主通道通过，另两股经由崎岖列岛南北两侧进入杭州湾。经由主通道传入的涨潮流受中门堂、西门堂及小岩礁的阻挡，再加上北侧岛链各通道涨潮水流的侧压，使主通道涨潮水流略偏向南侧，水流动力主通道南侧大于北侧。落潮时，受西口喇叭形地形的约束以及落潮流的惯性作用，进入南、北岛链间主通道的落潮水流主要经东部的窄口泄出，主通道内落潮流较强劲，落潮流动力在平面分布上相对较为均匀，表现为中北部略大于南侧，强劲的落潮流维持着南北岛链间主槽及东部中门堂—外后门深槽的水深[6]。

2.3.2 潮汐

本海区潮汐日不等现象较明显，一般表现为从春分至秋分夜潮大于日潮、从秋分至春分日潮大于夜潮。本海区潮汐强度为中等，年平均潮差为 2.74 m，平均涨潮历时为5 h 51 min，平均落潮历时为 6 h 34 min[8]。

依据洋山港区小洋山验潮站潮位资料统计，工程海区潮位特征值如表 2－6 所示（1985 国家高程）[8]：

表 2－6　小洋山验潮站潮位资料统计[8]

项目	高程（m）
最高高潮位	3.37（1997－08－18）
最低低潮位	－2.59（2001－03－10）
平均高潮位	1.52
平均低潮位	－1.22
最大潮差	5.03
平均潮差	2.74

2.3.3 潮流

1999 年水文测验站点分布见图 2－4，资料表明：海域潮流属不正规半日浅海潮流，

M_2 分潮流椭圆率（k）除镬盖塘—大岩礁通道为 0.14 外，其余均在 0.1 以下，水流为流速较大、流向贴顺岛屿岸线的往复流（表 2－7）[11]。

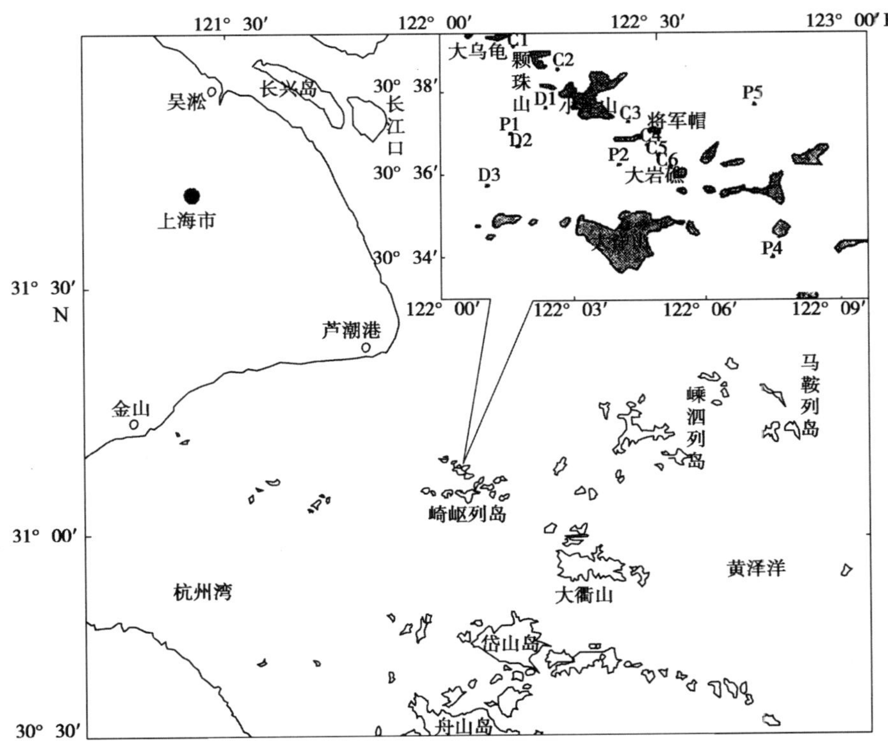

图 2－4　崎岖列岛海区区域位置及测站分布

表 2－7　各潮汐通道实测涨、落潮流特征值

断面	站位	涨潮			落潮			M_2 分潮流椭圆率（k）
		最大流速（m/s）	流向（°）	平均历时	最大流速（m/s）	流向（°）	平均历时	
南北岛链间	D1	1.54	295	5 h 12 min	2.04	127	7 h 13 min	－0.03
	D2	2.36	292	5 h 42 min	1.89	119	6 h 43 min	－0.08
	D3	2.04	286	5 h 30 min	2.07	113	6 h 55 min	－0.04
	F1	2.06	263	6 h 53 min	1.41	96	5 h 32 min	－0.01
	F2	1.67	256	6 h 15 min	2.41	60	6 h 10 min	－0.05
	F4	1.60	271	5 h 38 min	2.56	112	6 h 47 min	－0.05
	F5	1.65	273	5 h 49 min	2.35	101	6 h 36 min	0.01
	F6	1.24	271	5 h 37 min	2.10	102	6 h 48 min	－0.05
小洋山—镬盖塘	C3	1.39	237	6 h 10 min	0.90	57	6 h 15 min	－0.05
	F3	1.94	237	6 h 56 min	1.02	69	5 h 29 min	－0.04
镬盖塘—大岩礁	C4	1.55	251	5 h 23 min	1.30	86	7 h 2 min	－0.11
	C5	1.56	268	4 h 49 min	1.52	104	7 h 36 min	－0.14
	C6	0.84	340	4 h 42 min	1.42	72	7 h 43 min	－0.07

南北岛链间通道涨、落潮流均较强，涨潮流最大垂线平均流速 1.24～2.36 m/s，落潮流 1.41～2.56 m/s，除小洋山南侧近镬盖塘水域（F1 站）和通道中部（D2 站）外，其

余均为落潮流大于涨潮流。涨、落潮流均贴顺岛链的走向，除 F1 站涨潮流历时较落潮流长约 1 h 21 min，F2 站历时相当外，其余均为落潮流长于涨潮流（平均历时差为 1 h 15 min）[11]。

小洋山—镬盖塘通道涨、落潮流历时相当，涨潮流流速（最大垂线平均流速 F3 站 1.94 m/s，C3 站 1.39 m/s）大于落潮流（F3 站 1.02 m/s，C3 站 0.90 m/s）。

镬盖塘—大岩礁通道落潮流历时较涨潮流长约 2 h 30 min，涨潮流最大垂线平均流速 0.84 ~ 1.56 m/s，落潮流 1.30 ~ 1.52 m/s，其中近镬盖塘侧（C4 站）最大涨潮流速大于落潮流，中部（C5 站）相当，大岩礁侧（C6 站）涨潮流远小于落潮流[11]。

各潮型最大流速垂线分布情况显示自表层至底层逐渐减小的分布趋势。涨潮期的 0.8H 和底层流速分别为表层流速的 0.8 和 0.7 倍；落潮期的 0.8H 和底层流速分别为表层流速的 0.7 倍和 0.6 倍[8]。

洋山港区海域内的涨潮流历时一般短于落潮流历时，又因受岛屿及岸线边界的影响，码头前沿的涨落潮历时差比调头区约增加 0.5 ~ 1.0 h。实测资料显示，码头前沿大潮涨潮流平均历时为 5 h 8 min，落潮流平均历时为 7 h 18 min，调头区水域大潮涨潮流平均历时为5 h 26 min，落潮流平均历时为 6 h 59 min[8]。

2.3.4 波浪

洋山深水港区附近有嵊山站、大戢山站、引水船站、滩浒站等长期测波站。其中，嵊山站位于嵊山岛东南侧鳗鱼头大梯子，有效测波范围为 NNW—SSW，测波水深 40 m 余，代表外海深水波浪区；大戢山站位于大戢山岛东北侧，有效测波范围为 NW—SSW，测波水深18.8 m（周边水深在 10 m 左右），引水船站位于长江口九段沙南侧，有效测波范围为 NW—SW，测波水深 8 m 左右，该两站基本代表了长江口与杭州湾湾口海域的波况；滩浒站位于滩浒岛的东侧，有效测波范围为 N—SW，测波水深 6.7 m，可代表杭州湾浅水波浪区。另外，马迹山临时站位于马迹山老虎咀头西南向城门头附近，水深 30 ~ 40 m，与进港外航道距离较近。

波向。嵊山站常年是以涌浪为主的混合浪波型，多年常浪向 ENE—NW（53%），强浪向为 E（17.0 m）。大戢山以风浪为主的混合浪为主，多年常浪向 NNE（16%），强浪向 NE—NNW（NNE 最大 6.0 m，NNW 最大 5.7 m，N、NE 均为 5.5 m）。引水船站也是以风浪和风浪为主的混合浪为主，多年常浪向 NNE（10%），强浪向 E（6.0 m）。滩浒站以风浪为主，多年常浪向为 NE、SSE（均为 8%），强浪向为 N、ENE（最大波高均为 4.0 m）。马迹山站以风浪为主，据 1993—1994 年资料，常浪向为 NW 向（29.93%），强浪向为 SE 向（2.60 m）；1997—1998 年度的常浪向为 S 向（26.84%），强浪向为 SSE 向（6.1 m，9711 台风期间测得）。

波高。自位于外海的嵊山站至小洋山附近海域波高逐渐减小。其中嵊山站多年平均波高 1.16 m，波高小于3.0 m、1.5 m 出现频率分别占97.1%和70.6%；大戢山站对应值分别为0.86 m、98.1%和82.7%；而滩浒站多年平均波高 0.4 m，波高小于1.5 m 出现频率占 98.4%[8]。

2.3.5 盐度

工程海域处于长江口外泄径流为主的淡水流与外海高盐度水流的混合带区域，海域大部分属于冲淡水范畴。盐度冬季高于夏季，夏秋季盐度在10.880~28.804之间，盐度平均为18.5。冬季盐度在19.325~30.342，盐度平均为24.80。盐度平面分布由西向东逐渐增高，并以东北部为最高，西南部相对较低。盐度垂线分布由表层到底层逐渐增大，表底层差别不大，混合系数均达0.75以上，属强混合型海区。盐度日变化主要取决于潮流变化，涨潮时盐度增加，落潮时盐度减小，不同潮次一般小潮时盐度最大，中潮次之，大潮最小。盐度与潮位两高两低趋势明显，盐度与潮位极值出现时间基本接近，盐度极值一般出现在涨落憩时刻[6]。

2.3.6 泥沙

2.3.6.1 悬沙来源

崎岖列岛海域的泥沙来源主要为长江口直接扩散泥沙和潮流携来的海域泥沙，后者的最初来源亦为长江口。

由于近岸流系尤其是沿岸流及台湾暖流强度的季节性变化，长江口冲淡水的入海路径呈季节性摆动，一般夏季呈偏E向，冬季呈偏SE向，因而进入崎岖列岛海域的扩散泥沙，夏季较冬季少。夏季洪水季节长江口冲淡水的入海路径呈偏E向，水体悬沙浓度虽较高，但对洋山海域一般不产生直接影响，而是通过杭州湾涨、落潮流进而影响洋山海域；冬季长江口冲淡水的入海路径呈偏SE向，因此长江口扩散泥沙有可能直接影响到大小洋山海域，但冬季长江口含沙量比夏季洪水时要低，不会成为工程海域高悬沙形成的主要原因。

洋山海域显示高悬沙区往往分别沿大、小洋山岛链方向分布。洋山海域的含沙量除受杭州湾水体含沙量控制外，还与峡道效应有关。卫星图片资料显示，在杭州湾各岛屿群中，如岱山、大小衢山等也时常表现出岛屿周围的高含沙现象，可以认为岛屿效应引起局部高悬沙是杭州湾高悬沙现象的共性[8]。

2.3.6.2 平面分布

俞航等根据1999年实测资料，含沙量特征值（表2-8）显示，测量期间涨潮垂线平均含沙量为1.667~3.243 kg/m^3，最大含沙量达6.423 kg/m^3；落潮垂线平均含沙量为1.457~3.218 kg/m^3，最大含沙量达6.225 kg/m^3[12]。

表2-8 实测含沙量特征值（1999年冬季）[12]

海区	站号	涨潮垂线平均含沙量（kg/m^3）	落潮垂线平均含沙量（kg/m^3）	全潮平均含沙量（kg/m^3）	最大含沙量（kg/m^3）
岛链峡道	P1	2.244	1.782	2.013	3.802
	P2	2.370	1.922	2.146	4.240
	D1	2.872	3.086	2.979	3.976
	D2	3.129	2.989	3.059	4.410
	D3	3.129	2.823	2.976	4.476

续表

海区	站号	涨潮垂线平均含沙量（kg/m³）	落潮垂线平均含沙量（kg/m³）	全潮平均含沙量（kg/m³）	最大含沙量（kg/m³）
岛间汊道	C1	2.512	2.761	2.636	3.820
	C2	2.552	3.218	2.885	4.053
	C3	2.700	3.048	2.874	4.176
	C4	2.590	2.981	2.786	4.122
	C5	2.772	3.028	2.900	4.507
	C6	3.243	3.204	3.223	4.305
外围海域	P4	1.667	1.457	1.562	2.241
	P5	2.480	2.726	2.603	3.236

由垂线平均含沙量分布来看，岛链峡道西部水域（P1、D2 和 D3 站）和北岛链的岛间汊道含沙量较高。其中，岛链峡道西部水域全潮平均含沙量为 2.683 kg/m³，其高含沙量现象主要与该区地处滞流区有关，另外由于峡道西部邻近外围海域且水深较东部浅，故受波浪掀沙作用较强也是其原因之一。岛间汊道全潮平均含沙量为 2.884 kg/m³，其高含沙量现象一方面是因其位于崎岖列岛海区北缘，受冬季长江口外南下高含沙量水体的影响更为直接，另一方面与潮流冲刷两岸岛壁产生冲蚀物有关[12]。

峡道和汊道含沙量对比，岛链峡道水域的涨潮和落潮垂线平均含沙量分别2.844 kg/m³和2.670 kg/m³，其涨潮含沙量高于落潮含沙量；岛间汊道的涨潮和落潮垂线平均含沙量分别为2.728 kg/m³和3.040 kg/m³，其落潮含沙量高于涨潮含沙量。岛链峡道水域涨潮含沙量高是与该水域的涨潮流速大于落潮流速有关，沙随流输，流速大，含沙量高，反之亦然，表明岛链峡道的泥沙运动主要受潮流控制；岛间汊道的落潮含沙量大于涨潮含沙量在一定程度上表明，岛间汊道是岛链峡道水域的出沙通道。综观峡道和汊道水域，它们都是崎岖列岛海域中的高含沙量区，泥沙运动以大进大出为主[12]。

2.3.6.3 季节性分布

由于近岸流系尤其是沿岸流及台湾暖流强度的季节性变化，长江口冲淡水的入海路径呈季节性摆动，一般夏季呈偏 E 向，冬季呈偏 SE 向[6]。工程海区含沙量季节性变化，据小洋山码头水域长期的表层含沙量观测资料统计分析，小洋山处含沙量 5—10 月相对偏小，11 月至翌年 4 月相对偏大[14]。1997 年 8 月至 1998 年 7 月间观音山南侧水域表层水体含沙量的观测数据也给予了验证，见表 2－9[6]。

表 2－9　观音山南侧水域表层水体含沙量（1997 年 8 月至 1998 年 7 月）

月份	含沙量（kg/m³）			月份	含沙量（kg/m³）		
	平均	最大	最小		平均	最大	最小
8	0.480	2.170	0.049	12	1.265	2.265	0.248
9	0.802	2.323	0.058	1	1.212	2.425	0.398
10	0.815	1.707	0.137	2	1.206	2.945	0.209
11	1.083	4.005	0.226	3	1.266	3.368	0.211

续表

月份	含沙量（kg/m³）			月份	含沙量（kg/m³）		
	平均	最大	最小		平均	最大	最小
4	1. 192	2. 493	0. 165	7	0. 392	1. 337	0. 107
5	0. 832	1. 740	0. 180	全年	0. 931	4. 005	0. 049
6	0. 656	1. 534	0. 293				

从表中可以看出：该水域月均含沙量呈双峰态分布，两个峰值分别为 1. 265 kg/m^3（12 月）和 1. 266 kg/m^3（3 月）。冬半年（11 月至翌年 4 月）明显高于夏半年（5—10 月）。表层水体平均含沙量全年为 0. 931 kg/m^3，各月平均含沙量在 0. 392 ~ 1. 266 kg/m^3 之间，最低为 0. 392 kg/m^3，出现在 7 月份。各月日平均最大含沙量在 1. 337 ~ 4. 005 kg/m^3，最大值为 4. 005 kg/m^3，出现在 11 月份，各月实测最低含沙量变化幅度不大，最低为 0. 049 kg/m^3，出现在 8 月份[6]。

2. 3. 6. 4 涨落潮含沙量分布

海区涨落潮含沙量的变化，东部海区落潮含沙量大于涨潮含沙量，南部和西部涨潮含沙量大于落潮含沙量，这种含沙量的分布变化与泥沙来源、底质、水深条件、流速以及岛屿的水流紊动效应有着密切关系。港区水域含沙量相对偏大，而且是涨潮含沙量大于落潮含沙量，这主要是由于岛与岛之间的水流通道涨落潮流速相对偏大，而且岛屿产生的副流可使泥沙悬浮，这种水流流态可以从数模流场和物模水流流态中明显看出[14]。

含沙量周期变化，涨潮最大含沙量一般出现在低潮憩流后 2 h，落潮最大含沙量一般出现在高潮憩流后 1 ~ 2 h。该海区为强潮海区，一般最大流速在 2 m/s 以上，风浪的掀沙作用，使得细颗粒泥沙悬浮水中时间较长。近底层泥沙即使落淤下来，又被接踵而来的高速水流所掀起，造成泥沙难于落淤而随潮反复搬运。因此，悬沙运动是本海区泥沙运动的主要形式[14]。

2. 4 海床演变

2. 4. 1 海床底质类型

崎岖列岛海区实际上是长江口外水下前三角洲的延伸部分，底部物质组成较细。从底质分布来看（图 2 –5），该海区以细颗粒沉积物为主，最常见的沉积物类型为黏土，主要分布于离岛屿稍远的海域或岛屿的小海湾处，为潮流动力条件相对较弱的环境下的落淤物质。相对较粗的沉积物即粉砂和细砂分布在紧贴岛屿区，并且在峡道西侧喇叭口处分布最为广泛。这与该区底层流速涨潮大于落潮有密切关系，从而造成峡道西口海区底部沉积物的粗化。相对较粗泥沙在强劲的底部涨潮流作用下向峡道西侧推移并堆积[3]。

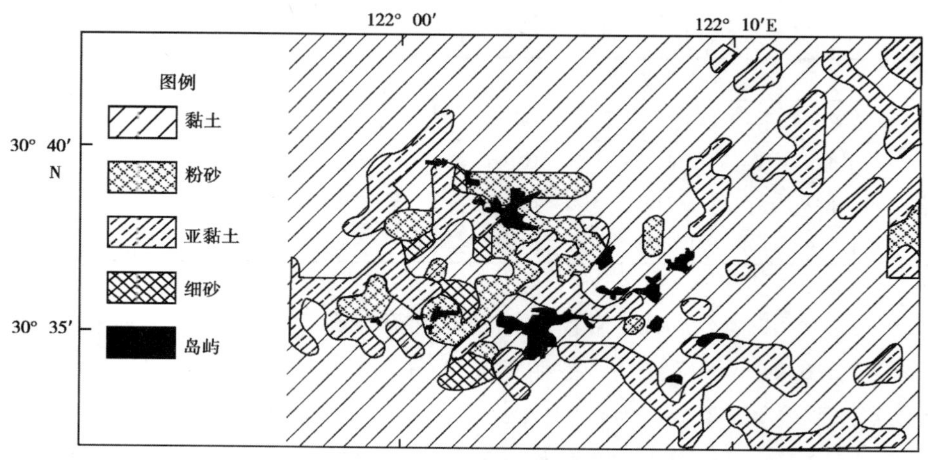

图 2－5　崎岖列岛海区表层沉积物分布[3]

2.4.2　海床底质粒径

洋山港周边海区底质主要是黏土和亚黏土分布，岛群之间伴有粉砂和细砂，周边海区底质中值粒径为 0.006～0.102 9 mm，D90 为 0.25～0.093 4 mm，与长江口入海泥沙粒径相一致；工程海区岛群间底质中值粒径为 0.004 6～0.119 4 mm，D90 为 0.05～0.167 mm，群岛之间的粉砂和细砂主要来源于本海区岛上岩石风化的产物，同时群岛的水流相对较强，对泥沙的分选也有一定作用[14]。

港区水域沉积物中值粒径分布特点是中部粗、两侧细，北部粗、南侧细的分布状态，见图2－6[7]。

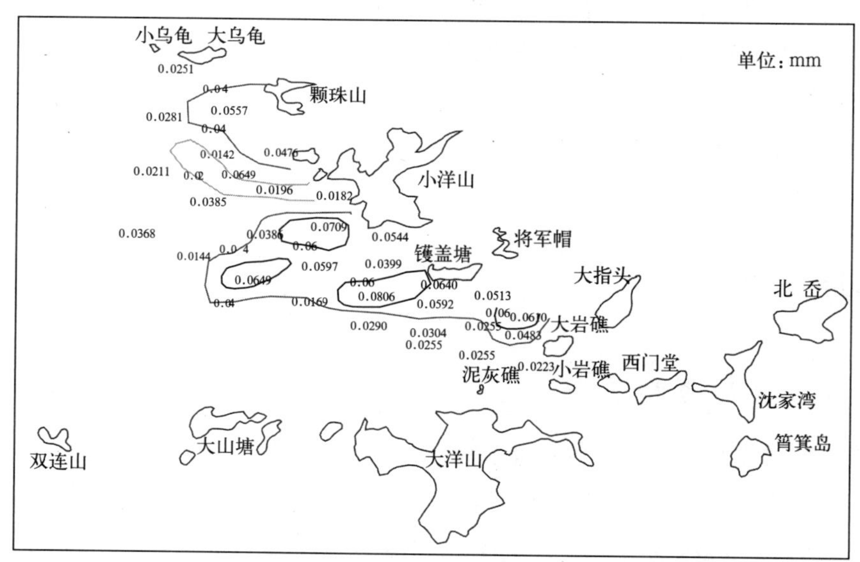

图 2－6　港区水域表层底质中值粒径分布

2.4.3　柱样综合剖面图

赵庆英等[15]利用 1999 年在 30°30′—30°40′N，121°59′—122°18′E 范围内的海区进行底质采

样，其中港内水域 6 个采样点，即 ZG1、ZG2、ZG3、ZG4、ZG5、ZG6；航道及附近水域 6 个采样点，即 ZH1、ZH2、ZH3、ZH4、ZH5、ZH6。共计 12 个柱状样，采样位置见图 2－7。

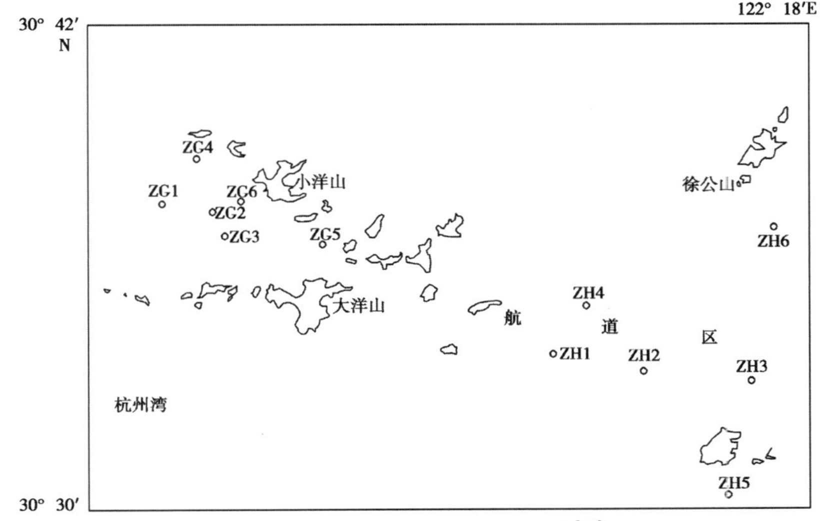

图 2－7　研究区和取样位置示意[15]

根据疏浚岩土分类标准（JI/T 320—1996），所取的柱样大部分表层有数厘米黏土层，表层以下大部分为粉土地层，表明物质来源、沉积环境相对比较稳定。根据^{210}Pb 和^{137}Cs 的测定结果，揭示了该区的年平均沉积速率约为 0.20～2.70 cm，平均沉积速率接近于杭州湾浅滩的沉积速率。其中港内水域（3 个柱样）年平均沉积速率为 0.93～1.56 cm，按 50 年沉积时间段计算，沉积厚度都小于 100 cm；航道水域年平均沉积速率为 0.2～1.51 cm，近 50 年的沉积层厚度也小于 100 cm；南部抛泥区年平均沉积速率为 2.71 cm，近 100 年的沉积层厚度约为 270 cm；北部抛泥区年平均沉积速率为 1.77 cm，近 100 年的沉积层厚度约为 170 cm。图 2－8、图 2－9 为洋山港内和航道及附近水域柱样的综合剖面图[15]。

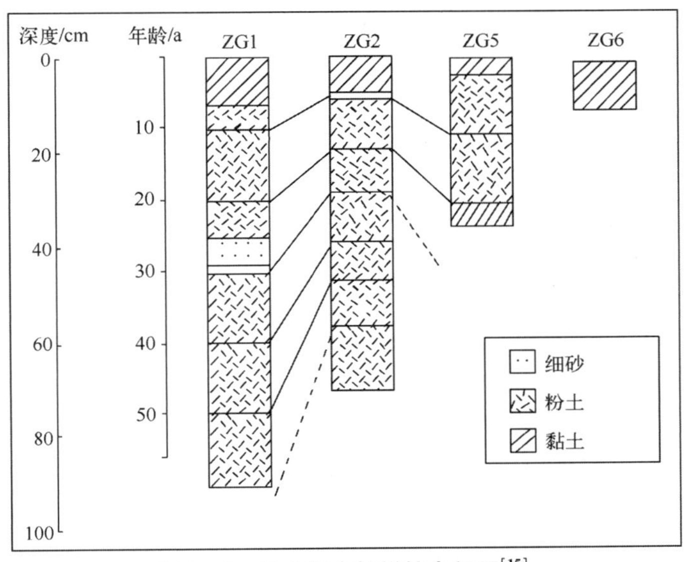

图 2－8　洋山港内柱样综合剖面[15]

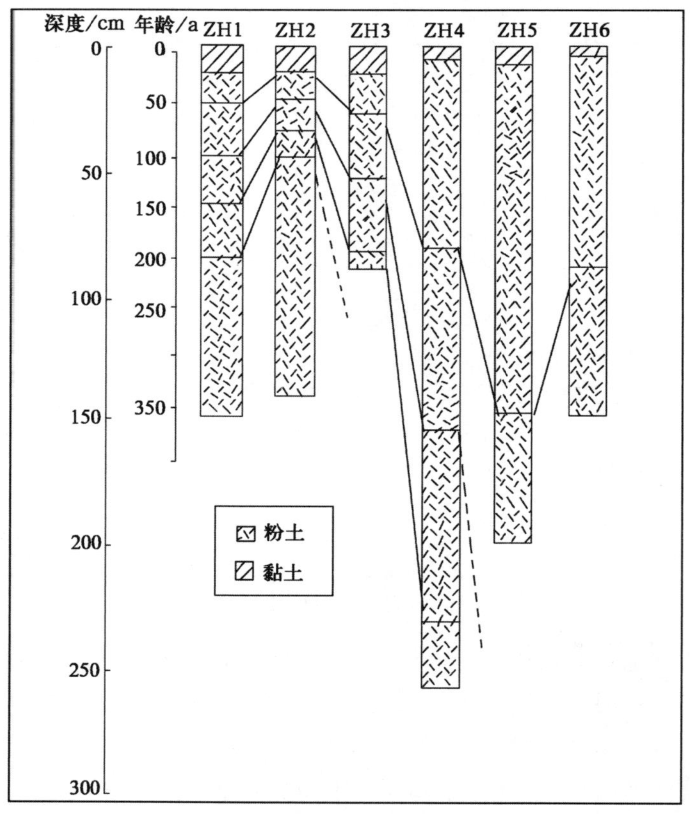

图 2-9　航道及附近水域柱样综合剖面[15]

2.4.4　海床冲淤演变

崎岖列岛海区海底冲淤演变的研究，主要根据近 100 年（1887—1987 年）各时期的海图进行对比分析。这些图件的年份分别为 1887 年、1916 年、1937 年和 20 世纪 50、60、70 年代以及 1987 年，经考证将图件水深基面均统一在当地理论深度基准面下，水深以 m 为单位。研究区域范围为 30°30′—30°45′N、121°50′—122°15′E，面积约 1 040 km^2[3]。

对比各年份的地形图可知，近百年来崎岖列岛海区冲淤交替而以淤积为主要趋势，整个研究区域近百年淤积速率为 2.3 cm/a，其中前 50 a（1887—1937 年）年均淤积速率较大，为 3.6 cm/a，而后 50 a（1937—1987 年）年均淤积速率明显减小，为 1.0 cm/a，见表 2-10、图 2-10。这百年中，不同时期表现为不同的冲淤变化，其中 1887—1916 年和 1960—1970 年两个时期表现为冲刷，特别是 1960—1970 年发生强烈冲刷，年均冲刷速率高达8.2 cm/a；而前一个冲刷期（1887—1916 年）相对较小，年均冲刷速率为 1.7 cm/a，此后（1916—1937 年）海区出现强烈淤积现象，淤积速率高达 10.1 cm/a。近百年在整个研究区总体呈淤积的背景下，峡道区主要呈冲刷状态，见图 2-11。崎岖列岛海区所处的特殊地理位置，其冲淤演变与该区的动力泥沙以及长江口的河槽演变有密切的关系[3]。

表 2－10　崎岖列岛近百近来冲淤变化[3]

时期	冲淤量（亿 m^3）	年均冲淤量（亿 m^3/a）	冲淤速率（cm/a）
1987—1916 年	－3.40	－0.18	－1.7
1916—1937 年	＋21.98	＋1.05	＋10.1
1937—1950 年	＋10.22	＋0.79	＋7.6
1950—1960 年	＋1.29	＋0.13	＋1.2
1960—1970 年	－8.47	－0.85	－8.2
1970—1987 年	＋1.96	＋0.12	＋1.1
前 50 a（1887—1937 年）	＋18.58	＋0.37	＋3.6
后 50 a（1937—1987 年）	＋5.00	＋0.10	＋1.0
近 100 a（1887—1987 年）	＋23.57	＋0.24	＋2.3

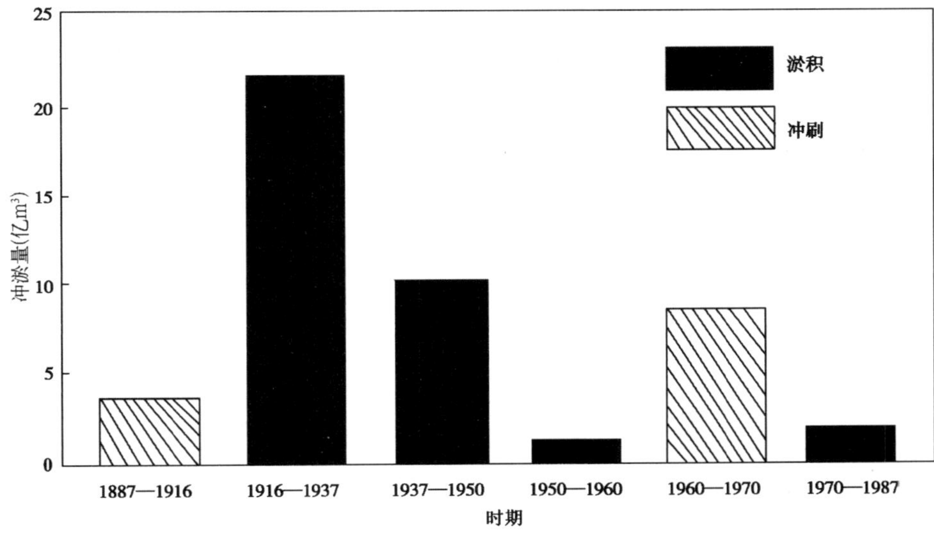

图 2－10　近百年崎岖列岛海区各时期冲淤量[3]

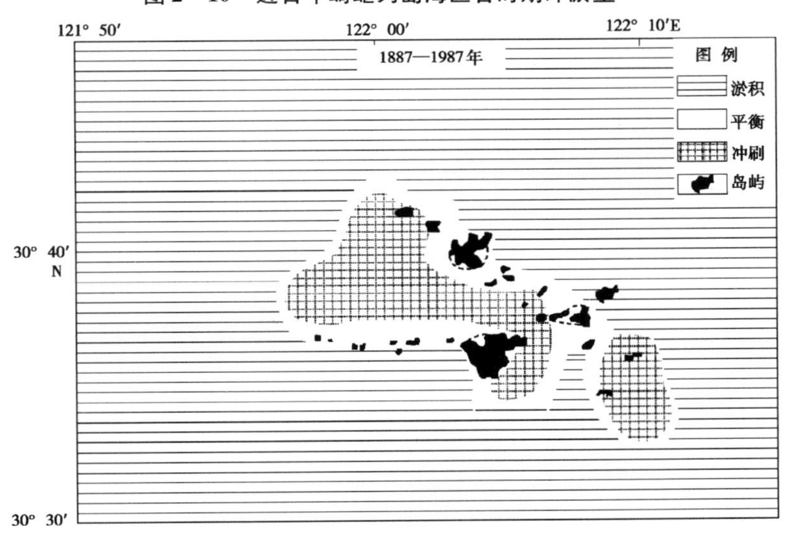

图 2－11　近百年崎岖列岛海区的冲淤分布[3]

2.5 工程后水文泥沙变化

2.5.1 水文特征变化

自20世纪90年代以来，长江入海泥沙呈显著减少趋势，据大通站输沙资料统计，20世纪50—80年代的年平均输沙量为4.68亿t，90年代年平均值为3.52亿t，减少了约25%，而2001—2005年，年平均值更是降到了2.49亿t，与多年平均值相比减少了近47%。

张志林等人于2009年4月基于ADCP反向散射强度估算悬沙浓度在洋山港的应用研究[16,17]。

1）测验断面布置[16]

依据洋山港区岛链地形，于北岛链颗珠山汊道布置ADCP-9断面，南岛链双连山和大山塘、大山塘和大洋山之间分别布置ADCP-22、ADCP-23断面，港区通道从西向东分别布置ADCP-13、ADCP-12、ADCP-14、ADCP-16断面，蒋公柱前沿布置ADCP-37断面，断面特征见表2-11，所处位置见图2-12。

表2-11　测验断面特征

断面	宽度（m）	平均水深（m）	最深点（m）	位置
ADCP-9	632	26.0	41.3	颗珠山汊道
ADCP-22	1560	21.2	36.8	双连山—大山塘
ADCP-23	1616	7.8	15.0	大山塘—大洋山
ADCP-37	1542	9.3	15.5	蒋公柱前沿
ADCP-13	7689	10.8	35.8	大乌龟—双连山，西门口
ADCP-12	4530	13.0	23.3	小洋山—大山塘
ADCP-14	2816	23.3	30.4	镬盖塘—大洋山西
ADCP-16	995	49.1	81.2	小洋山—大洋山东，东门口

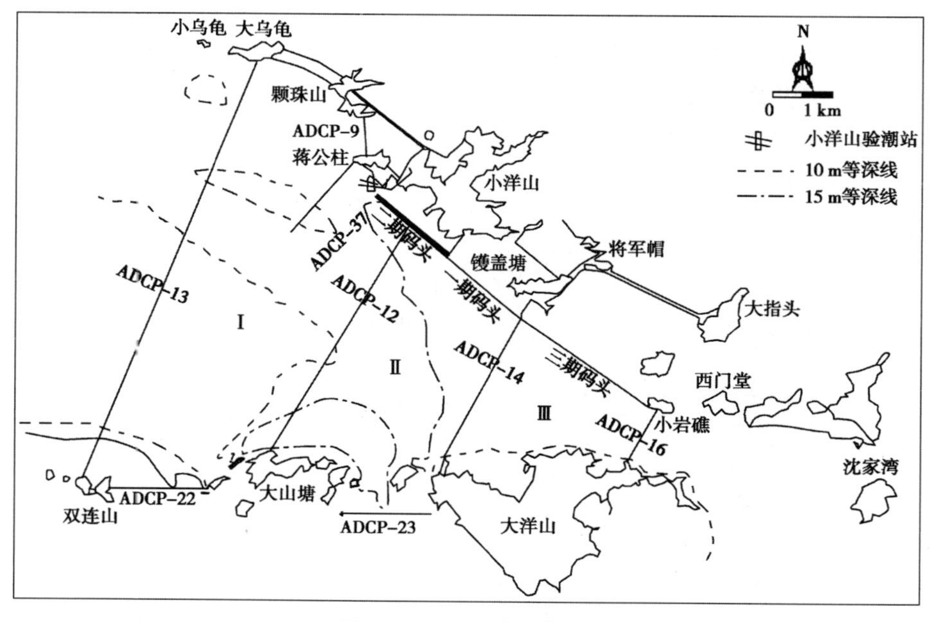

图2-12　测验断面布置

2）水文特征变化

洋山海域水流具有明显的潮周期运动特征，落潮流占优势。涨、落潮流按 WWN—EES 方向，流经崎岖列岛，穿越洋山海域主通道和众汊道，进出杭州湾，以半日周期往返流动，半日分潮椭率约为 0.1，往复性非常强[16]。

洋山海域工程前西口门落潮流速较大，向东至通道中段渐减，后渐增至东口达最大；涨潮流速东口最大，自东向西递减；流速横向分布以通道中央较大，近岛链岸侧较小；通道中央以涨潮流略占优势，而两岸侧则落潮流明显占优势。以 1992 年 2 月大潮测次为例，本海区内实测落潮垂线平均流速 0.90 ~ 1.20 m/s，最大达 1.47 m/s，在列岛两侧；涨潮平均流速介于 0.80 ~ 1.20 m/s，最大流速介于 1.48 ~ 1.54 m/s，在小洋山岛链东北侧[16]。

三期工程完成后（2007 年 10 月），本海域落潮和涨潮流段平均流速在西口断面分别为 1.04 m/s 和 0.84 m/s，落涨流速比为 1.23，落潮流明显占优势；在东口断面分别为 1.16 m/s 和 1.14 m/s，落涨流速比值为 1.01，落、涨潮流呈均势[16]。

小洋山验潮站 2001—2007 年的潮位资料统计和调和分析表明，工程后年平均高潮位略增，低潮位略降；主要半日分潮 M_2 和 S_2 的振幅增加 4% ~5%，潮性指标 $F = (H_{k1} + H_{01}) / H_{M2}$，增幅 5%，与建港前相比，潮动力略有增加，但潮汐性质未变[16]。

2.5.2 泥沙特征变化

1）含沙量

张志林等[16]采用 ADCP 的实测资料，计算了涨落潮期的单宽平均含沙量（每隔100 m 垂线的潮段平均值），大、中、小潮断面平均含沙量的变化见表 2 – 12，大潮期平均含沙量分布见图 2 – 13。

表 2 – 12 断面平均含沙量变化

潮型		主通道含沙量变化（kg/m³）				南北汊道含沙量变化（kg/m³）		
		ADCP-13	ADCP-12	ADCP-14	ADCP-16	ADCP-9	ADCP-22	ADCP-23
		西口	主通道		东口	颗珠山	南汊	
大	落潮	2.33	2.64	2.32	2.29	2.31	2.92	2.59
	涨潮	2.34	3.11	2.84	2.21	2.31	2.42	2.38
中	落潮	1.92	1.72	1.87	1.50	1.75	1.94	2.11
	涨潮	1.97	2.58	2.02	1.67	1.63	2.79	2.34
小	落潮	1.39	1.22	1.34	1.13	1.87	1.32	1.61
	涨潮	1.38	2.27	1.50	1.50	1.29	2.20	2.08

由表 2 – 12、图 2 – 13 可见，洋山港区涨落潮期间的含沙量分布具有不同的特征。落潮大潮期，整个港区含沙量分布略呈南高北低态势，具体而言，主通道中部含沙量最高，ADCP-12 全断面平均含沙量为 2.64 kg/m³，最大值为 2.82 kg/m³；东西口门平均含沙量为 1.95 ~2.87 kg/m³；南岛链双连山汊道（ADCP-22）为 2.61 ~ 3.07 kg/m³；大山塘汊道（ADCP-23）为 2.42 ~ 2.87 kg/m³；北岛链颗珠山汊道（ADCP-9）为 2.25 ~ 2.52 kg/m³。中潮期，主通道基本呈西高东低的态势，南汊道 ADCP-22 和 ADCP-23 两断面，均约 2.00 kg/m³，北

颗珠山汊道平均 1.75 kg/m^3，小于南部汊道。小潮期，主通道西口门含沙量（平均 1.39 kg/m^3）依然略大于东口门（平均1.13 kg/m^3），而南汊道（平均 1.45 kg/m^3）低于颗珠山汊道（平均 1.87 kg/m^3）[23]。

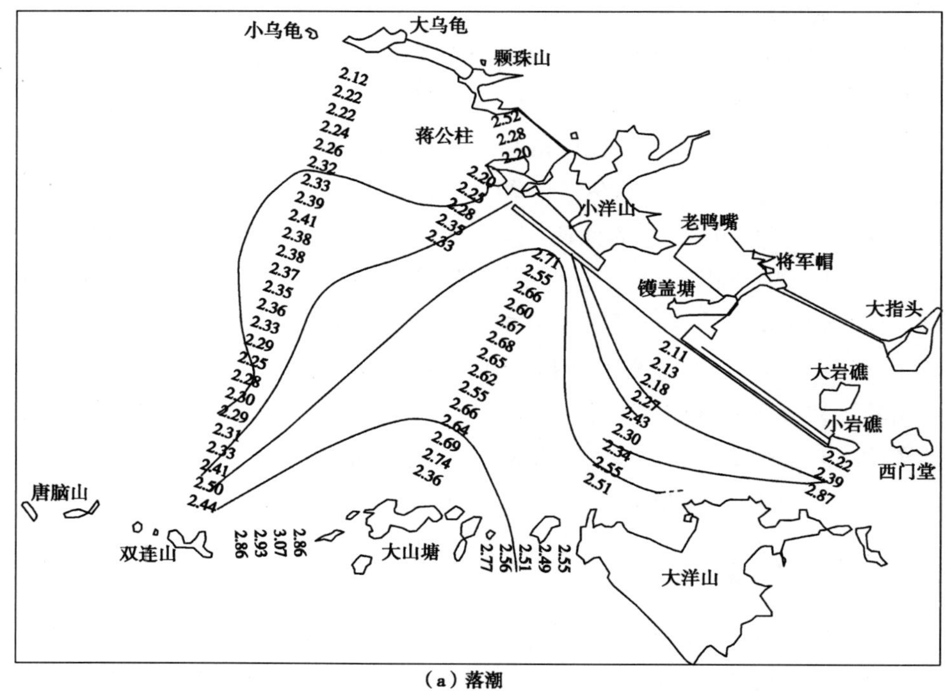

（a）落潮

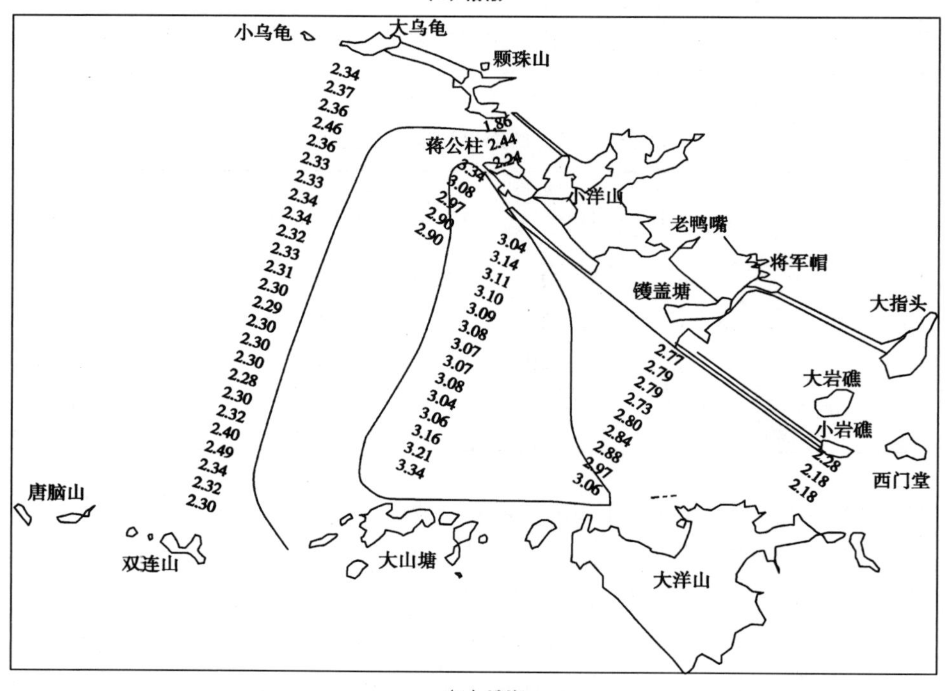

（b）涨潮

图 2－13　大潮平均含沙量分布（单位：kg/m^3）

相对于落潮，涨潮期洋山港区的含沙量分布相对有规律，无论大、中、小潮，主通道含沙量从东向西逐渐增大，至 ADCP-12 断面达到最大，到达西口门 ADCP-13 断面时，含沙量有所减小；南岛链两个汊道之间，同潮型下含沙量相差不大，而北岛链的颗珠山汊道，涨潮期平均含沙量要小于南岛链汊道，尤其是中、小潮时。

2）单宽输沙量

在相同水文条件下，单宽输沙量大的地方，表明水流挟带的过境泥沙多，反之则小。本次测验大潮单宽输沙量矢量图见图 2－14，单宽输沙量落涨比例等值线见图 2－15。

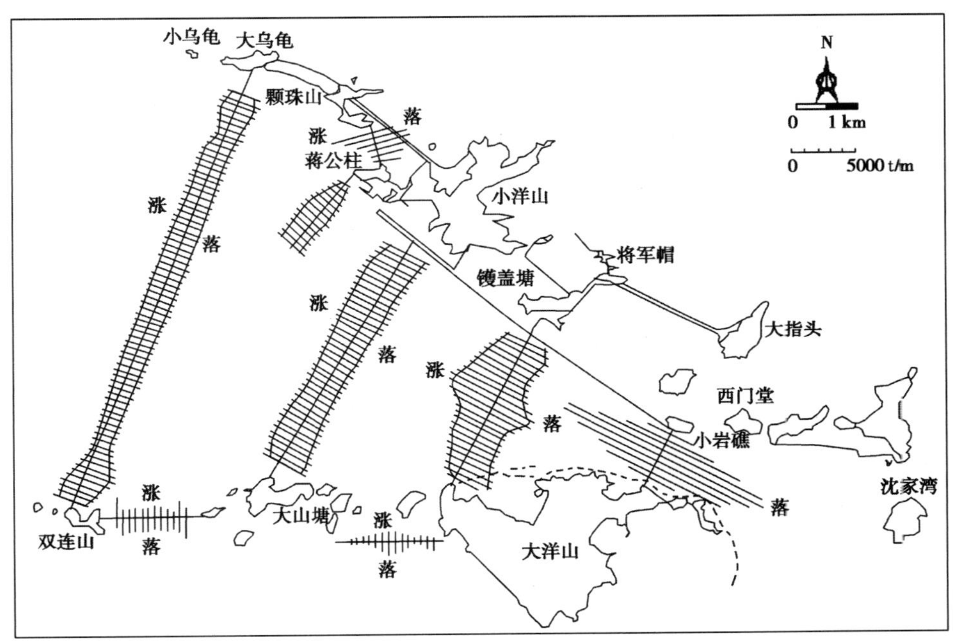

图 2－14　大潮单宽输沙量矢量分布

从图 2－14 可以看出，主通道涨潮期，单宽输沙量从东向西总体沿程减弱。落潮期则相对复杂，大潮时，西口门（ADCP-13）全断面平均单宽输沙量为 1 328 t/m，起点距 400～6 700 m，该值为 1 263 t/m，而 6 800～7 600 m，为 2 230 t/m，即断面南端近双连山汊道约 800 m 宽的范围，单宽输沙量较大；ADCP-12 断面单宽输沙量中间小两端大，即落潮时中间挟沙力小，泥沙可能于此落淤；与西口相反，ADCP-14 和东口 ADCP-16 两断面的单宽输沙量均为中间大，这一现象一方面与地形有关，即东口地形窄深，断面中间水深大，单宽过水面积大，单宽输沙量相应也大，另一方面也说明主通道东部中间，挟沙能力强，利于泥沙输移出港。

南北汊道比较，北颗珠山汊道水流集中，动力强劲，无论涨落潮挟带泥沙的能力均较强，相对而言，南双连山汊道及大山塘汊道，断面与水流存在一定的夹角，地形起伏较大，水流分散，挟沙能力稍逊。

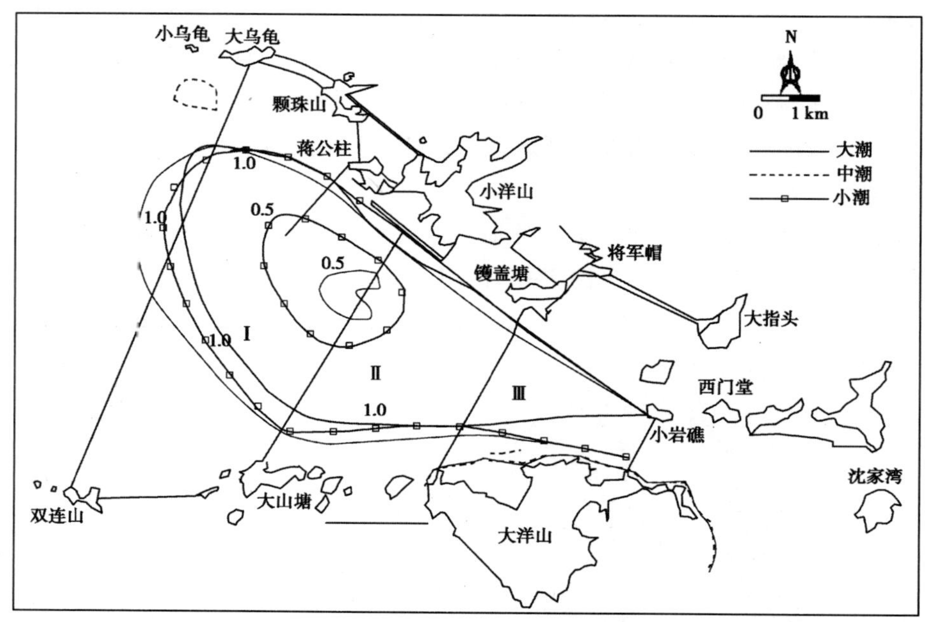

图 2-15 单宽输沙量落涨比等值线

从单宽输沙量的落涨比等值线图可以看出，主通道涨潮挟沙能力大于落潮，与之相反，南北汊道的落潮挟沙能力总体大于涨潮。洋山港区强劲的涨潮在从东向西运动过程中，由于挟沙能大大，掀起港区东部泥沙，向西运移时，当断面宽度增大，水流分散，挟沙能力下降，悬浮泥沙在港区西南部落淤。

3）区域输沙分析

根据测验断面以及地形冲淤情况，将洋山港区从西向东分成3个基本封闭的区域，分别为：①西部Ⅰ区，由ADCP-9、ADCP-13、ADCP-22、ADCP-12断面组成；②中部Ⅱ区，由ADCP-12、ADCP-23、ADCP-14断面组成；③东部Ⅲ区，由ADCP-14、ADCP-16断面组成。分区见表2-13。各区进出输沙量统计见表2-14。

表 2-13 区域输沙分区

分区	区域位置	分析断面
Ⅰ	港区西部，大乌龟、双连山、大山塘、二期码头包围的海域	ADCP-9，ADCP-13，ADCP-22，ADCP-12
Ⅱ	港区中部，一期码头、大山塘包围的海域	ADCP-12，ADCP-23，ADCP-14
Ⅲ	港区东部，三期码头、大洋山包围的海域	ADCP-14，ADCP-16

表 2－14　各区进出输沙量

区域	潮期	类型	断面	大潮		中潮		小潮	
				输沙量（万 t）	进出差（万 t）	输沙量（万 t）	进出差（万 t）	输沙量（万 t）	进出差（万 t）
Ⅰ	落潮	进	ADCP-13	989. 8	－51. 7	591. 3	66. 2	377. 1	21. 6
			ADCP-9	143. 2		99. 0		84. 2	
		出	ADCP-22	183. 1		108. 7		58. 5	
			ADCP-12	715. 2		317. 4		212. 8	
Ⅰ	涨潮	进	ADCP-9	90. 8	227. 6	68. 2	113. 8	54. 9	167. 5
			ADCP-22	140. 7		88. 1		64. 1	
		出	ADCP-12	775. 2		470. 0		355. 5	
			ADCP-13	779. 1		512. 5		307. 0	
		小计			175. 9		180. 0		189. 1
Ⅱ	落潮	进	ADCP-12	715. 2	16. 2	317. 4	－62. 8	212. 8	－40. 8
		出	ADCP-14	616. 2		307. 3		203. 5	
			ADCP-23	82. 8		72. 9		50. 1	
	涨潮	进	ADCP-14	654. 2	－63. 7	377. 3	－65. 2	241. 7	－87. 1
			ADCP-23	57. 3		27. 5		26. 7	
		出	ADCP-12	775. 2		470. 0		355. 5	
		小计			－47. 5		－128. 0		－127. 9
Ⅲ	落潮	进	ADCP-14	616. 2	－4. 4	307. 3	53. 1	203. 5	25. 5
		出	ADCP-16	620. 6		254. 2		178. 0	
	涨潮	进	ADCP-16	524. 1	－130. 1	271. 8	－105. 5	224. 2	－17. 5
		出	ADCP-14	654. 2		377. 3		241. 7	
		小计			－134. 5		－52. 4		8. 0
		总计			－6. 1		－0. 4		69. 2

（1）全港区。[16]从全港区看，大潮落潮期经过西口门 ADCP-13 断面进入港区 989. 8 万 t 悬沙，从南北汊道（ADCP-22、ADCP-23、ADCP-9 断面）以及东口门（ADCP-16 断面）共向外输移了 1 029. 7 万 t，即大潮落潮从港区向东带走了 39. 9 万 t 悬浮泥沙；涨潮期，从东口门和南北汊道共有 812. 9 万 t 悬沙进入港区，而从西口门 ADCP-13 断面向西输出 779. 1 万 t，即有 33. 8 万 t 泥沙在港区沉积。总体计算，一个大潮期（约 24. 5 h，中小潮期计算历时同），约有 6. 1 万 t 的悬沙向东被输移出港。

中潮落潮期，西口 ADCP-13 断面进入港区的泥沙为 591. 3 万 t，从南北汊道以及东口门输出的泥沙为 534. 8 万 t，两者相较，有 56. 5 万 t 的悬沙在港区沉积；涨潮期，由南北汊道和东口门进入港区的泥沙总量为455.6万t，而从西口门ADCP-13断面输移出境的泥沙为512.5万t，两者相较，港区有56.9万t的泥沙被涨潮水流冲刷悬浮向西输出。总体计算，一个中潮期，港区冲刷起0.4万t泥沙，冲淤基本平衡。

小潮落潮期，西口ADCP-13断面进入港区的泥沙为377.1万t，从南北汊道以及东口门输出的泥沙为370.8万t，两者相较，有6.3万t的泥沙在港区沉积；小潮涨潮期，由南北汊道和东口门进入港区的泥沙总量为369.9万t，而从西口门ADCP-13断面输移出境的泥沙为307万t，两者相较，港区沉积了62.9万t的泥沙。总体计算，一个小潮期，约有69.2万t的泥沙在港区沉积。

因此，以2009年4月测验为例，洋山港区大潮呈微冲状态，中潮冲淤基本平衡，而小潮以淤积为主。

（2）各区段。[16]由表2－14可知，洋山港区各区段输沙存在极大的不平衡。西部Ⅰ区，除大潮落潮冲刷了51.7万t泥沙向东输送外，其余中、小潮时段的落潮以及所有涨潮期，顺水流方向（落，自西向东；涨，自东向西）带进的泥沙均未能完全带出该区域，即该区域为泥沙落淤场所。以本测次大中小三潮计，Ⅰ区落潮共落淤泥沙36.1万t，涨潮共落淤泥沙508.9万t，涨潮落淤远大于落潮，即涨潮从东部挟带的悬浮泥沙为本区段落淤的主要泥沙来源[16]。

中部Ⅱ区，与Ⅰ区相反，除大潮落潮期落淤了16.2万t泥沙外，其余时段均为冲刷，以本测次大中小三潮计，落潮期共冲刷泥沙87.4万t，而涨潮期冲刷了216万t泥沙，是西部Ⅰ区落淤泥沙的来源之一。

东部Ⅲ区，大潮除落潮期略微冲刷了4.4万t泥沙外，中小潮落潮均以落淤为主；涨潮期，本区域涨潮流强劲，大中小潮均为冲刷。以本测次大中小三潮计，落潮本区域共落淤74.2万t泥沙，涨潮期则冲刷了253.1万t泥沙[16]。

从整个港区看，以大中小三潮计，落潮时，从西向东，Ⅰ区落淤了36.1万t泥沙，Ⅱ区冲刷了87.4万t泥沙，Ⅲ区落淤了74.2万t泥沙，总体落淤了22.9万t泥沙；涨潮期，从东向西，Ⅲ区冲刷了253.1万t泥沙，Ⅱ区冲刷了216.0万t泥沙，Ⅰ区则落淤了508.9万t泥沙，港区总体落淤39.8万t泥沙。

（3）南北汊道。洋山港区目前的边界条件中，南北现存的3个汊道对港区泥沙输移起着重大的分泄作用，相对而言，颗珠山汊道（ADCP-9）的作用最大，大山塘汊道（ADCP-23）次之，双连山汊道（ADCP-22）作用最小[16]。

从各汊道输沙量占西口门ADCP-13断面的比例看，北岛链颗珠山汊道，落潮期大、中、小潮的比例分别为14.5%、16.7%、22.3%，平均17.8%，涨潮期分别为11.7%、13.3%、17.9%，平均14.3%，落潮比重均大于涨潮；从净输沙量看，颗珠山汊道大、中、小潮分别向外海净泄泥沙52.4万t、30.8万t和29.3万t，若按1年含354个潮汐周期计算，则每年通过颗珠山汊道向外海净泄的泥沙约为1.33亿t。

南岛链双连山汊道（ADCP-22），大、中潮期输沙量均为净泄，小潮净进，输沙量占西口门的比例，落潮平均为17.4%，涨潮平均为18.7%，基本相当。大山塘汊道虽然输沙量绝对值小于双连山汊道，但大中小潮均为净泄，其占西口门的比例，落潮平均为11.3%，涨潮平均为7.1%。以本测次大中小潮平均计，每年通过双连山汊道和大山塘汊道向外海输出的泥沙约为0.68亿t和1.11亿t，汊道分泄主通道泥沙的能力不可忽视[16]。

4）悬沙运动与地形演变关系探讨[16]

海域中的悬移质含量是一种随机性很强的变量，其分布受大小潮、波浪、地形、泥沙来源等诸多因素的影响。已有研究表明，洋山海域的泥沙来源于长江口[18]，长江口拦门沙是长江来沙的聚集地，夏季长江径流强盛，但风浪作用较弱，在台湾暖流向北扩展的作用下，长江向南扩散的泥沙很少，从而造成长江口与杭州湾毗连的地带含沙量较小；冬季长江径流减弱，台湾暖流退缩，偏北风盛行，风浪作用增强，口外泥沙被掀起再悬浮，长江冲淡水沿岸南下，泥沙向南扩散，导致该海域冬季含沙量较高[16]。

从小洋山验潮站长年表层含沙量观测资料看[19]，洋山海域含沙量冬高夏低，与长江径流输沙的冬少夏多无正相关，即长江入海泥沙对洋山港区的直接影响较小，而是经历输移—沉积—再悬浮—再输移—再沉积的复杂而漫长的过程到达洋山港区。因此，洋山港区“波浪掀沙，潮流输沙”的泥沙运动特性决定水体含沙量的大小与当时的波浪大小和潮流强度有关，而底沙再悬浮是洋山海域悬沙浓度变化的主要因素。刘家驹[20]认为一般情况下波浪的作用水深在2～10 m，大于10 m水深时波浪的掀沙能力有限；当流速达到1.0 m/s时，10 m水深处的泥沙仍可被掀起。因此，在水深较浅的西部，大风天波浪的强烈作用导致海底表层泥沙再悬浮、憩流流速较缓时，近底层泥沙落于海床，未经密实，又被接踵而来的高速水流掀起悬浮，故泥沙难于落淤，而随潮反复搬运，使得本海域水体含沙量偏高[16]。

5）主通道输沙量

为比较输沙量沿主通道的分配，将监测断面按从东向西扩散的趋势划分成北、中、南3个区域，分段示意区间见图2－16。

以此测次平均水位2.5 m计，各断面过水面积及北、中、南各分段占所在断面过水面积的比例见表2－15，表2－16为大、中、小潮各分段占断面输沙量的比例。

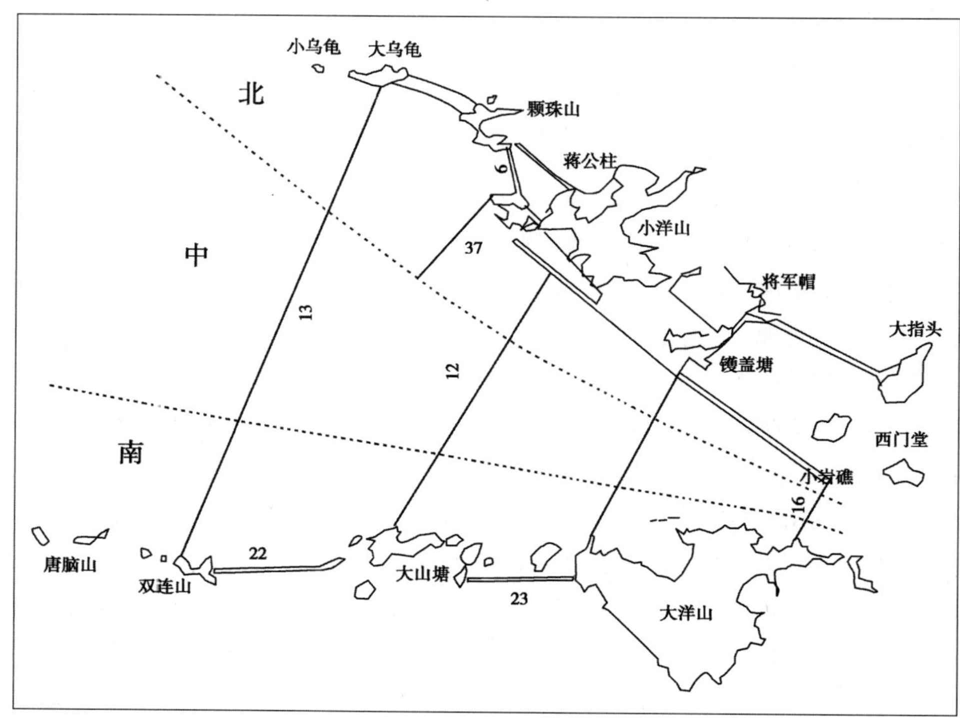

图 2－16　各断面输沙权重分段

表 2－15　平均潮位下各分段过水面积占断面面积比例

断面	全断面（m^2）	北部		中部		南部	
		区间（m）	比例（%）	区间（m）	比例（%）	区间（m）	比例（%）
ADCP-13	95 953	0～2 000	25. 3	2 000～5 000	44. 2	5 500～7 696	30. 5
ADCP-12	69 762	0～1 200	29. 4	1 200～3 200	37. 3	3 200～4 470	33. 3
ADCP-14	72 606	0～800	22. 6	800～2 000	45. 1	2 000～2 831	32. 4
ADCP-16	51 363	0～300	18. 5	300～700	58. 3	700～1 012	23. 2

表 2－16　各分段占断面输沙量比例

断面	潮型	涨潮				落潮			
		全断面（万 t）	北（%）	中（%）	南（%）	全断面（万 t）	北（%）	中（%）	南（%）
ADCP-13	大	779. 1	23. 3	52. 2	24. 5	989. 8	22. 9	46. 3	30. 8
	中	512. 5	25. 8	51. 3	22. 9	591. 3	25. 8	43. 0	31. 2
	小	307. 0	26. 0	53. 7	20. 3	377. 1	25. 3	44. 3	30. 5
	平均		25. 0	52. 4	22. 5		24. 7	44. 5	30. 8

续表

断面	潮型	涨潮				落潮			
		全断面（万t）	北（%）	中（%）	南（%）	全断面（万t）	北（%）	中（%）	南（%）
ADCP-12	大	775.2	31.0	46.6	22.4	715.2	27.5	39.7	32.8
	中	469.8	29.1	45.1	25.7	317.4	28.5	39.4	32.1
	小	355.5	30.1	48.3	21.6	212.8	26.0	40.1	33.9
	平均		30.1	46.7	23.2		27.3	39.7	32.9
ADCP-14	大	654.2	27.1	56.8	16.1	616.2	24.0	46.4	29.6
	中	377.3	26.6	56.6	16.8	307.3	26.9	45.3	27.8
	小	241.7	29.5	56.1	14.4	203.5	24.3	42.6	33.1
	平均		27.7	56.5	15.8		25.1	44.8	30.2
ADCP-16	大	524.1	18.5	63.9	17.6	620.6	16.8	60.9	22.3
	中	271.8	20.6	62.3	17.1	254.2	21.1	55.7	23.2
	小	224.2	23.2	59.2	17.6	178.0	18.9	56.6	24.6
	平均		20.8	61.8	17.4		18.9	57.7	23.4

由表2－15和表2－16可以看出，落潮时，主通道内平均分段输沙量占全断面的比例与过水面积占全断面的比例几乎一致，即水流输沙与断面结构是相适应的。涨潮时，水流输沙权重明显偏北，与分段过水面积所占比例相比，从西至东，南部各分段分别相差－7.9%、－10.1%、－16.6%、－5.8%，输沙量占比均小于过水面积占比，相差最大集中于ADCP-12和ADCP-14断面之间，说明涨潮时有部分泥沙在主通道南部淤积，淤积部位最大的在ADCP-12、ADCP-14断面之间及上下区间；主通道中部，两种比例之间分别相差8.2%、9.4%、11.4%、3.5%，输沙量占比均大于过水面积占比，表明洋山主通道中间涨潮动力强劲，往往掀起海床表层未密实泥沙以再悬浮形式向西输移；主通道北部，两种比例之间分别相差－0.3%、0.7%、5.2%、2.3%，涨潮输沙量占比略大于过水面积占比[16]。

地形的冲淤变化与水流动力和悬沙运动特性密切相关，水流动力强，挟沙力大，海床表层泥沙掀起，地形冲刷；反之，地形淤积。从以上分析可以看出，洋山港区落潮期悬沙输移与过水面积是相适应的，可以认为该时段对洋山的地形演变贡献不大，而涨潮期港区主通道输沙量呈现南弱、中强、北部差异小的态势，地形演变总体上也相应略呈“北冲南淤”，因此，涨潮动力对洋山港区的地形演变起主导作用，大中小潮比较，小潮对淤积的贡献最大[16]。

据小洋山验潮站（图2－14）定点长期观测资料，崎岖列岛内海区含沙量年平均为0.8～0.9 kg/m^3，年内逐月分布具有明显的季节性变化，冬季高、夏季低，与本区风浪强度的季节性变化基本一致[16]。

洋山海域泥沙属黏土质粉砂类型。近岛屿周边底部泥沙较粗，以砂—粉砂—黏土为主，中值粒径d_{50}为0.019～0.054 mm；主通道海域底沙以黏土质粉砂为主，d_{50}介于0.004 2～0.022 mm；悬沙d_{50}介于0.006 3～0.014 7 mm。风浪对本海域含沙量具有明显影响，底沙在波浪作用下悬扬，在潮流作用下搬运，因此，本海域泥沙运动以“波浪掀沙，潮流输沙”为主要运动形式[16]。

多年的水文测验结果表明，本海域含沙量总体有如下特点：①垂线分布为表层低，底层高，实测底层最大含沙量在5.0 kg/m^3 以上；②时间分布一般为大潮含沙量大，中潮次之，小潮含沙量最小；③空间分布，列岛南部海域要高于北部，西部高于东部，主通道含沙量相对较低，平均约为1.0 kg/m^3[16]。

2.5.3 地形演变特征

俞航等[12]采用崎岖列岛海区近来不同年份的水下地形实测资料，划定该海区130 km^{2}的海域，利用sufer软件分别做1998—2004年、2004—2005年、2005—2006年和1998—2006年4个不同时间段的海床冲淤图，并计算研究区域的海床冲淤量和冲淤速度，计算结果如表2－17和表2－18所示。岛链峡道、外围海域和岛间汊道的面积分别为40 km^2、51 km^{2}和35 km^2，表2－17中的净冲淤量分别为除以各海域的面积而得[12]。

表2－17 崎岖列岛海区近期冲淤计算成果（1998—2006）[12]

时段	岛链峡道		外围海域		岛间汊道	
	净冲淤量（m^3）	净冲淤厚度（cm）	净冲淤量（m^3）	净冲淤厚度（cm）	净冲淤量（m^3）	净冲淤厚度（cm）
1998—2004	-1.31×10^7	-32.6	-2.37×10^7	-45.7	-1.34×10^7	-39.2
2004—2005	-1.82×10^7	-45.6	-3.52×10^6	-6.8	4.19×10^7	114.4
2005—2006	1.11×10^7	27.8	-3.11×10^7	-24.6	1.43×10^7	40.8
1998—2006	-2.02×10^7	-48.4	-2.78×10^7	-55.5	2.68×10^7	72.9

注：①2003年2月小洋山—镬盖塘汊道实现封堵，2004年5月大乌龟—颗珠山汊道实现封堵，一期港区陆域填沙工程；

②2004—2005年为二期港区陆域填沙工程；

③2005—2006年间，2005年4月将军帽—大指头汊道实现封堵，一期、二期港区工程疏浚工程。

表2－18 崎岖列岛海区海床冲淤变化趋势（1998—2006）

时段	淤积量（m^3）	冲刷量（m^3）	淤积面积（m^2）	冲刷面积（m^2）	淤积厚度（cm）	冲刷厚度（cm）	净冲淤沙量（m^3）	净冲淤厚度（cm）
1998—2004	6.36×10^7	1.14×10^8	5.94×10^7	6.67×10^7	107.1	170.4	-5.02×10^7	-39.8
2004—2005	8.29×10^7	6.27×10^7	3.83×10^7	8.98×10^7	162.0	69.8	2.02×10^7	15.8
2005—2006	8.14×10^7	5.93×10^7	6.22×10^7	6.42×10^7	130.8	92.3	-5.65×10^6	-4.5
1998—2006	9.85×10^7	1.20×10^8	4.84×10^7	7.99×10^7	203.4	149.9	-2.12×10^7	-16.5

1998—2004年期间，崎岖列岛海区总体呈现年均6.6 cm的冲刷状态。其中，外围海域年均刷深7.6 cm，岛链峡道水域年均刷深5.4 cm，并且在峡道中部水域出现了刷深1～2 m的大面积冲刷区；岛间汊道年均刷深6.5 cm[12]。

2003 年 2 月，小洋山—镬盖塘汊道实现封堵，小洋山—镬盖塘汊道封堵后，淤积主要发生在小洋山北侧，淤积范围超过 9.65 km^2，淤积带淤积强度约 1.80 m/a。然而，在下一年时间内，这个地区几乎没有淤积[2]。2002 年 3 月至 2004 年 3 月间，工程附近地形变化见图2 – 17，10 m 和 15 m 等深线变化见图 2 – 18 和图 2 – 19[21]。

图 2 – 17　2002 年 3 月至 2004 年 3 月间工程附近地形变化[21]

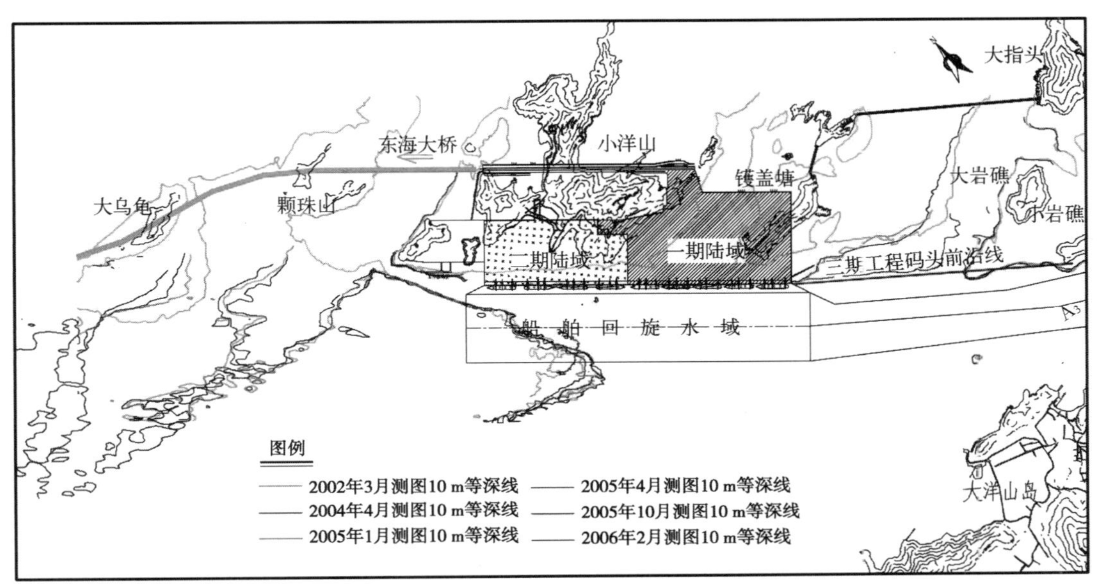

图 2 – 18　港内水 10 m 等深线变化[21]

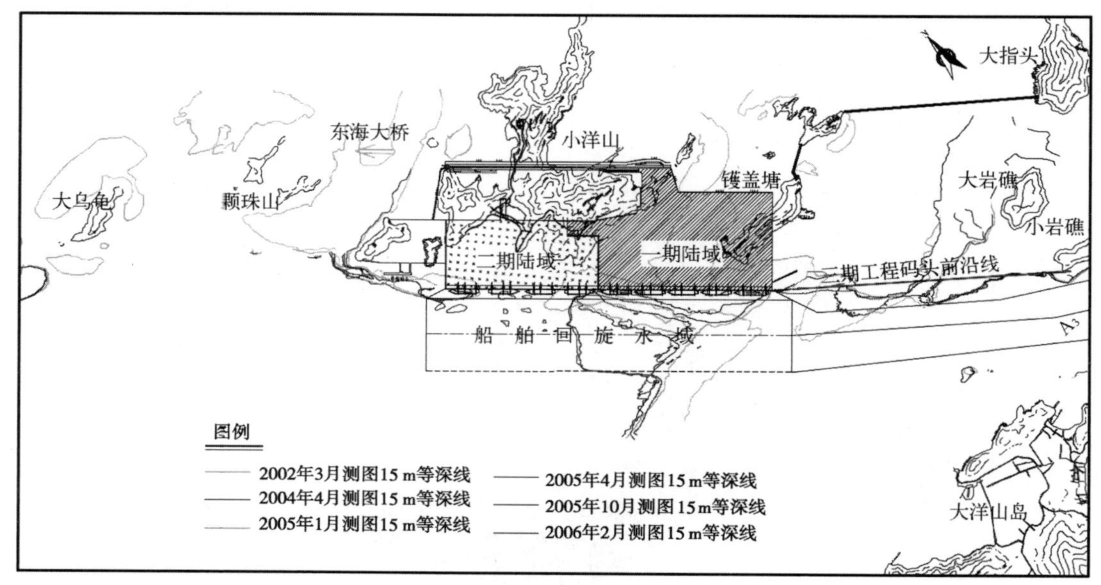

图 2-19　港内水 15 m 等深线变化[21]

2004—2005 年期间，外围海域平均刷深 6.8 cm；岛链峡道水域普遍呈冲刷状态。冲刷强度明显增大，全域平均刷深 45.6 cm，其原因是小洋山—镬盖塘汊道的封堵增强了峡道效应；岛间汊道出现淤积，平均淤积厚度达 114.4 cm，这主要是由于继小洋山—镬盖塘堵汊工程后，又于 2004 年封堵了大乌龟—颗珠山汊道，此外还受到了小洋山西南二期陆域填沙工程施工期间的漏沙影响[12]。

大乌龟—颗珠山汊道封堵后，淤积带出现在汊道的南北两侧，淤积范围约 4.11 km^2，淤积带淤积强度约 1.51 m/a，在接下来的一年时间内，淤积带缩减了 26%，淤积强度下降了约 44%[2]，2004 年 3 月至 2005 年 4 月间工程附近地形变化见图 2-20，10 m 和 15 m 等深线变化见图 2-18 和图 2-19[21]。

2005—2006 年期间，外围海域冲刷加强，刷深达 24.6 cm，岛链峡道水域总体呈淤积状态，平均淤厚 27.8 cm，并且在其西部水域出现了厚度大于 1 m 的淤积区；岛间汊道总淤积量减少，其原因是先前封堵的汊道部分已淤积成陆[12]。

将军帽—大指头汊道封堵后，淤积带不仅出现在汊道北侧，而且出现在港区中南部地区。在汊道北侧，淤积范围超过 9.08 km^2，淤积强度约 2.06 m/a；港区内中南部淤积范围约 12.36 km^2，淤积强度约 1.14 m/a。在接下来的一年时间内，汊道北侧淤积强度减少了 44%；港区中部地区，淤积范围缩小了 23%，淤积强度减少了 68%[2]。2005 年 4 月至 2007 年 10 月间工程附近地形变化见图 2-21，10 m 和 15 m 等深线变化见图 2-22 和图 2-23[21]。

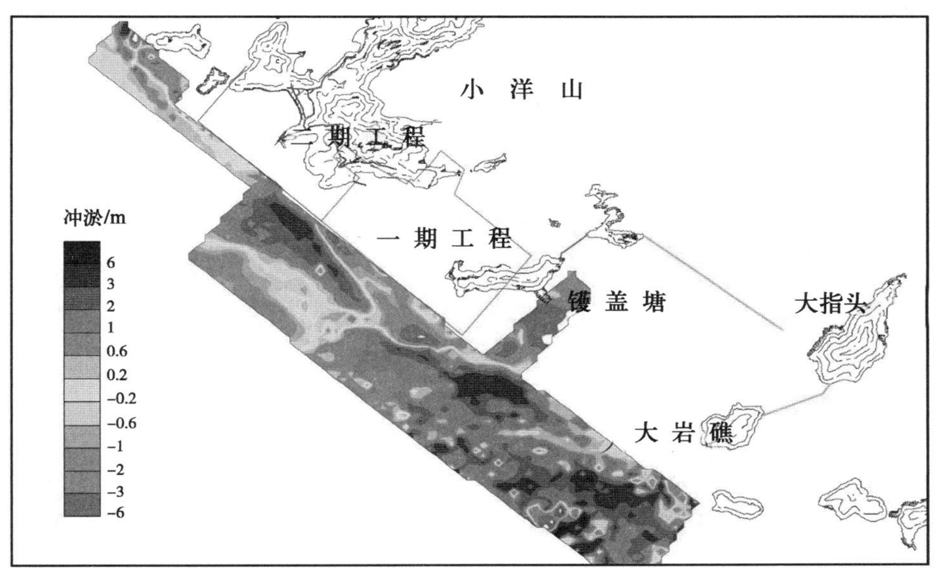

图2-20 2004年3月至2005年4月间工程附近地形变化[21]

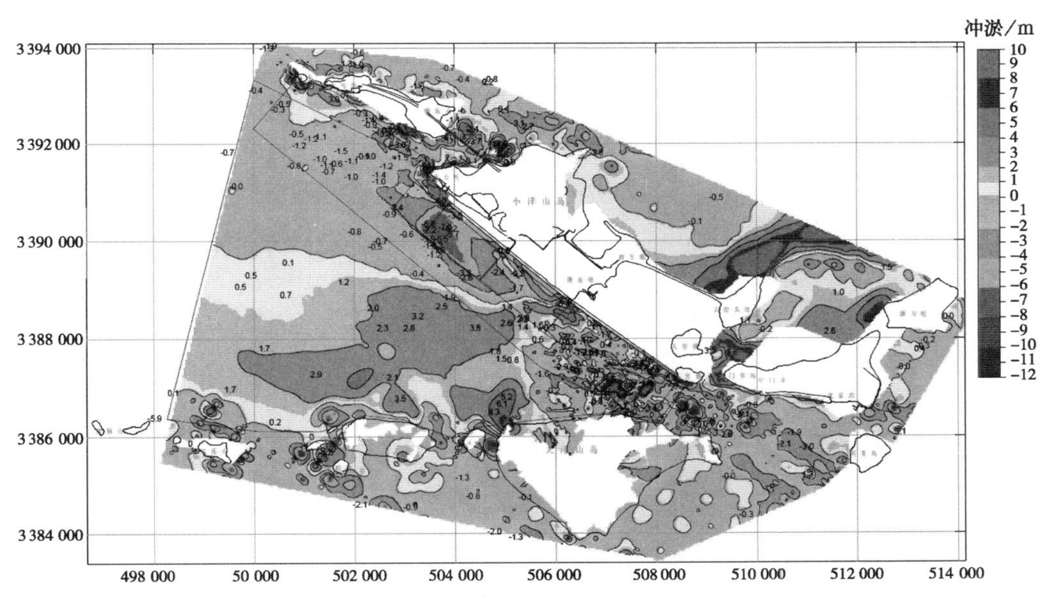

图2-21 2005年4月至2007年10月间一期工程附近地形变化[21]

在2007年4月至2008年4月期间，港区中南部淤积量下降了约34%。在2008年4月至2009年4月期间，港区出现了大范围的淤积。在港区中南部地区（对应2005—2006年的淤积区）淤积强度约0.71 m/a，港区前沿淤积带约1.33 m/a，二期和三期港区东北淤积带约1.39 m/a。然而，在2009年4月至2010年4月中南部地区的淤积量下降了约56%，在二、三期港区的东北侧，淤积下降了约86%[2]。

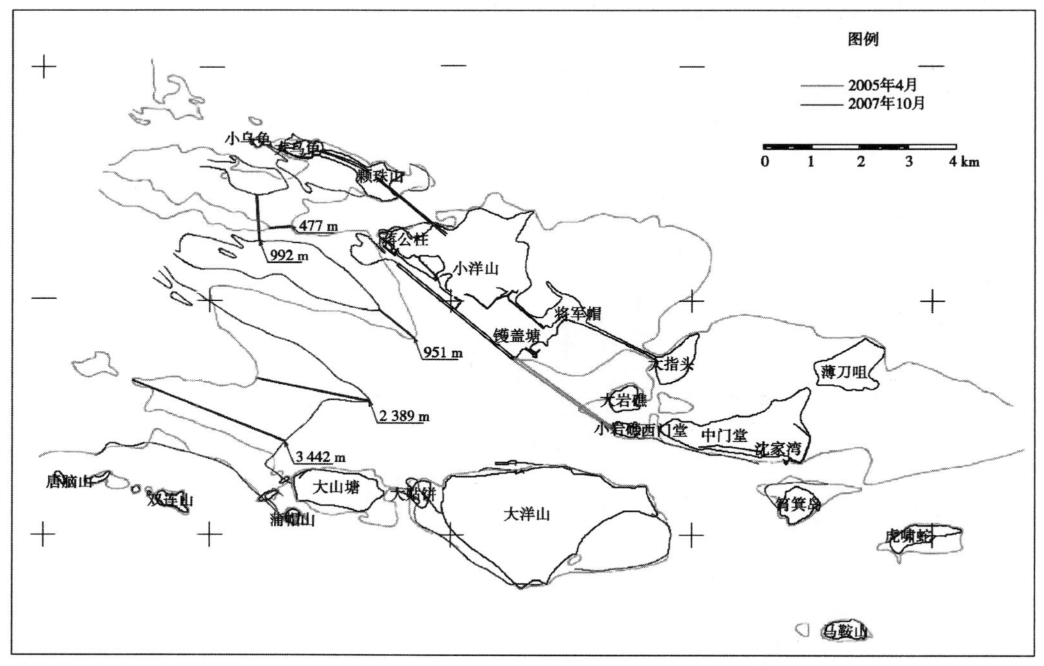

图 2-22　港内水 10 m 等深线变化[21]

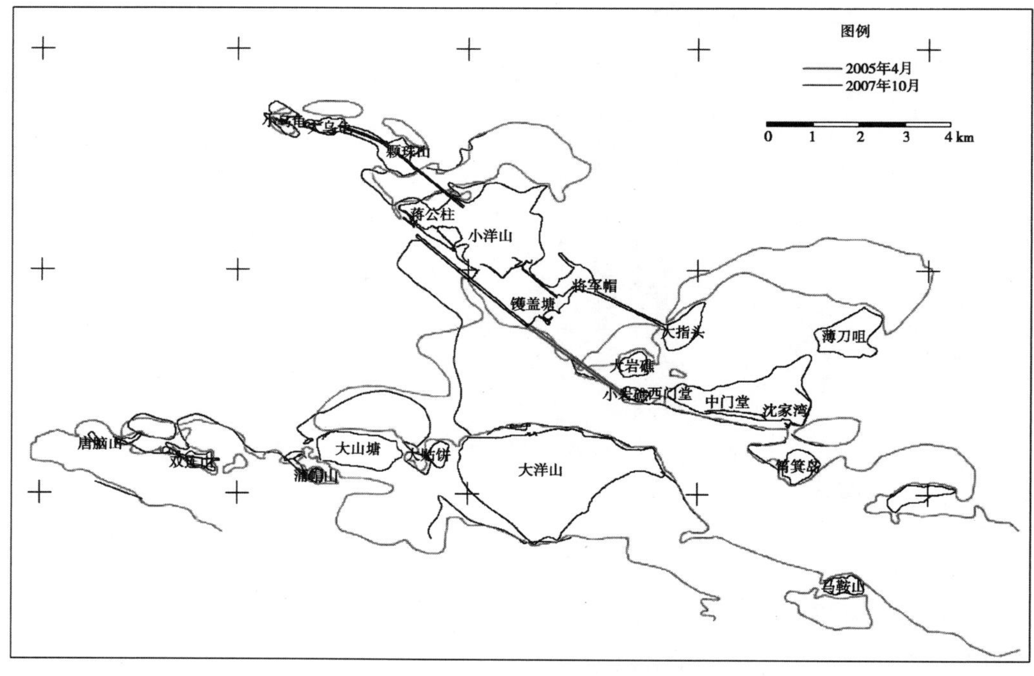

图 2-23　港内水 15 m 等深线变化[21]

港区在 2005 年以前以冲刷为主，表明小洋山—镬盖塘汊道、大乌龟—颗珠山汊道封堵对港区整体淤积影响较小。在将军帽—大指头汊道封堵后，港区由冲刷转变为淤积，

2005—2006 年期间，研究区域内净淤积约 1 803 万 m^3，此汊道的封堵对港区影响最大。

在前两个汊道封堵后，洋山海域整体侵蚀强度减小，而第三个汊道封堵后，洋山海域整体呈淤积态势，随着堵汊工程实施后，港区内部水动力和地形经过不断调整，淤积量呈下降趋势，从 2007 年 4 月至 2008 年 4 月，洋山海域整体又呈现冲刷态势。三期工程（2007 年年底）竣工后，从 2008 年 4 月至 2009 年 4 月，港区整体又呈现为淤积态势，尤其在港区内部局部地区淤积严重。然而，2009—2010 年期间，淤积量明显下降。整个洋山港区除了 1998 年 11 月至 2004 年 4 月，年冲淤强度不超过 ±0.20 m/a。从冲淤演变上看，港区冲淤变化在 2009 年 4 月至 2010 年 4 月似乎趋于稳定[2]。

港区局部地形演变特征：英晓明等[2]将海域分成 20 个区域（图 2－24），1、2、3 和 4 为港区内部区域，5、6、7 和 18 为汊道区域，9 为东口门及部分进港航道区域，10 为中门堂前沿区域，11 为三期码头前沿区域，12 为二期码头前沿区域，13 为一期码头前沿区域，14 为工作船码头前沿区域，15 为西港区前方区域，16 为港区西侧区域，17 为西港区及附近区域，19 为小洋山北侧区域，20 为中港区北侧区域，8 为大山塘南侧区域。

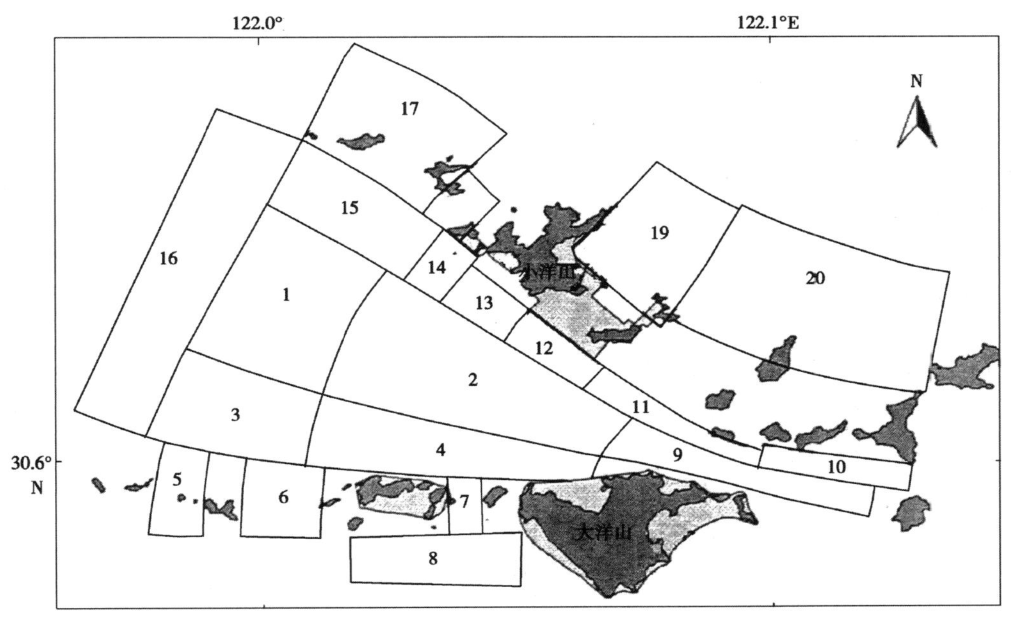

图 2－24　区域划分

给出施工后 2010 年与施工前 1998 年各区域冲淤变化，列于表 2－19。由表 2－19 可见，港区内部 1 区和 2 区以冲刷为主，3 区和 4 区以淤积为主，东南区域（4 号区域）是重淤积区，淤积强度为 1.82 m，淤积量约 1 106 万 m^3。这四个区域合计淤积量约 2 284 万 m^3（不计冲刷部分）；港区几个汊道和港区西侧、南侧区域均以冲刷为主，尤其以颗珠山汊道冲刷最强，达到－3.21 m；码头前沿区域由于疏浚工程，水深加大；大乌龟—颗珠山汊道附近区域、小洋山北侧和中港区北侧为淤积区，体现了堵汊工程的影响。大乌龟—颗珠山汊道附近（17 号区域）内淤积量约 965 万 m^3；小洋山北侧（19 号区域）淤积量约 801 万 m^3；

中港区北侧（20 号区域）淤积量约 3 085 万 m^3[2]。

表 2－19　1998 年 11 月至 2010 年 4 月港区各位置冲淤强度

区域号	冲淤值（cm）	区域号	冲淤值（cm）	区域号	冲淤值（cm）	区域号	冲淤值（cm）
1	－0. 23	6	－0. 84	11	－2. 62	16	－0. 82
2	－0. 33	7	－1. 65	12	－1. 78	17	0. 95
3	0. 74	8	－2. 50	13	－3. 57	18	－3. 21
4	1. 82	9	－2. 72	14	－0. 76	19	0. 26
5	－1. 28	10	1. 22	15	－1. 86	20	2. 35

本章参考文献

［1］万新宁. 洋山海域峡道效应对于工程的综合响应［D］. 上海：华东师范大学，2008.

［2］英晓明. 洋山港建设对海床冲淤演变的影响及机制研究［D］. 上海：华东师范大学，2011.

［3］陈沈良. 崎岖列岛海区百年冲淤特征及其原因［J］. 海洋通报，2000，19（1）：58－67.

［4］刘蔡胤. 上海洋山港港区海域潮流泥沙数值模拟及水下地形变化特征分析［D］. 大连：大连理工大学，2008.

［5］阎新兴. 上海洋山港区的自然条件及泥沙来源分析［J］. 水道港口，2000，17（3）：33－36.

［6］王其林. 洋山港建设中若干环境地质问题的研究［D］. 上海：同济大学，2003.

［7］阎新兴，刘国亭. 上海洋山港水域沉积特征研究［J］. 水道港口，2003，24（4）：174－179.

［8］周海，徐元. 上海国际航运中心洋山港深水港区二期工程航道工程初步设计（第一分册）［R］. 上海：中交上海航道勘察设计研究院有限公司，2005.

［9］史方敏，陈林春. 大风天气下洋山港超大型船舶撤离泊位方法研究［J］. 上海船舶运输科学研究所学报，2007，30（1）：71－74.

［10］沈四林，顾惠民，陆丹. 洋山港水港海域海洋水文气象影响和限制的探索研究［A］. 2006 年苏、浙、闽、沪航海学会学术研讨论文集［C］. 2006：218－224.

［11］徐元. 高含沙量岛屿海域冲刷槽的成因及其建港意义［J］. 海洋工程，2001，9（1）：89－93.

［12］俞航，陈沈良，谷国传. 崎岖列岛海区水沙特征及近期冲淤演变［J］. 海岸工程，2008，27（1）：10－19.

［13］李玉中，陈沈良，谷国传. 崎岖列岛海区现代沉积环境［J］. 上海地质，2002，（2）：11－15.

［14］杨华，冯学英. 上海洋山港区和进港航道水域泥沙特性及回淤分析研究［J］. 水道港口，2000，（3）：17－22

［15］赵庆英，陈荣华，王小波，等. 洋山港内及航道水域沉积环境分析［J］. 海洋工程，2005，23（2）：77－81.

［16］张志林，邓乾焕，朱巧云，等. 洋山港悬沙输移对冲淤环境的影响分析［J］. 水运工程，2011，（4）：67－76.

［17］张志林，邓乾焕，朱巧云，等. 基于 ADCP 反向散射强度估算悬沙浓度在洋山港的应用研究［J］. 水文，2011，31（2）：62－68.

[18] 陈沈良. 崎岖列岛海区的水文泥沙及其峡道效应［J］. 海洋学报，2000，22（3）：123－131.
[19] 张志林，朱巧云，陈建民. 洋山深水港堵汊工程对港区地形与水流结构影响分析［A］//中国水利学会2007学术年会论文集（人类活动与河口）［C］. 北京：中国水利水电出版社，2007：61－67.
[20] 刘家驹. 波浪作用下泥沙起动问题. 水利水运专题述评［R］. 南京：南京水利科学研究所，1966.
[21] 周海，徐元. 上海国际航运中心洋山港深水港区三期工程航道工程初步设计（第一分册）［R］. 上海：中交上海航道勘察设计研究院有限公司，2008.

第3章　航道水文泥沙

3.1　航道开发

3.1.1　航道选线

洋山海域唯一可开辟大型深水航道的水域为黄泽洋海域，但存在距中日海底光缆近、水流复杂、风浪较大以及岛礁多、部分区段水深不足等制约因素。经综合比选和评估，确定了一条航程短、工程量小、转向点少、航线顺直的进港航线，完全满足大型集装箱船舶航行的要求[1]。

由于现行标准《海港总平面设计规范（JTJ 211—99）》[2]中航迹带经验公式是少量实船（2 000 ~ 74 000 万吨级）观测所得，本工程主设计船型比规范原实测船型大，同时船体外形、受风面积等条件均和规范经验公式有一定差别。为此，充分利用了船舶模拟操纵试验方法，对船舶航迹带宽度、航行下沉量等数据进行量测，同时参照采用国内外规范、经验公式等进行计算比对，并广泛听取经验丰富的船长、引航员等的意见和建议，确定了合理的航道尺度[1]。

从国际习惯航线到 A3 转向点（洋山深水集装箱港区港内水域口门小岩礁岛南侧），航程约 56. 16 n mile（104 km），其中 A0 转向点（马迹山航线与洋山深水港区进港航道交点）到 A3 转向点为洋山港主航道，全长 35. 10 n mile（65. 01 km），见图 3 – 1。洋山港主航道由外到内分为以下三个航段[3]：

A0 至 Al 航段。从 A0 转向点至 A1 转向点（Y0 灯浮标）航段，航道走向 101°23′—281°23′，航道长 16. 90 n mile（31. 30 km），为自然水深双向航道，航道水深大于 20 m，航道扫海宽度 1 km。

A1 至 A2 航段。从 A1 转向点至 A2 转向点（大小洋山岛链东口门）航段，航道走向 99°—279°，航道长 13. 27 n mile（24. 57 km），其中小衢山北侧约 5. 94 n mile（11 km）为人工开挖航道，航道有效宽度 550 m，航道两侧航标设标宽度 700 m，航道设计通航深度 16. 5 m，设计底标高 – 16. 5 m，见图 3 – 2。其余航段为自然水深双向航道，航道水深 16. 5 m，自然水深航段扫海宽度 1 km。

A2 至 A3 航段。从 A2 转向点至 A3 转向点航段，航道走向 118°04′—298°04′，航道长 4. 93 n mile（9. 14 km），为自然水深双向航道，水深 20 ~ 70 m。航道设计宽度 550 m，扫海宽度 1 km。

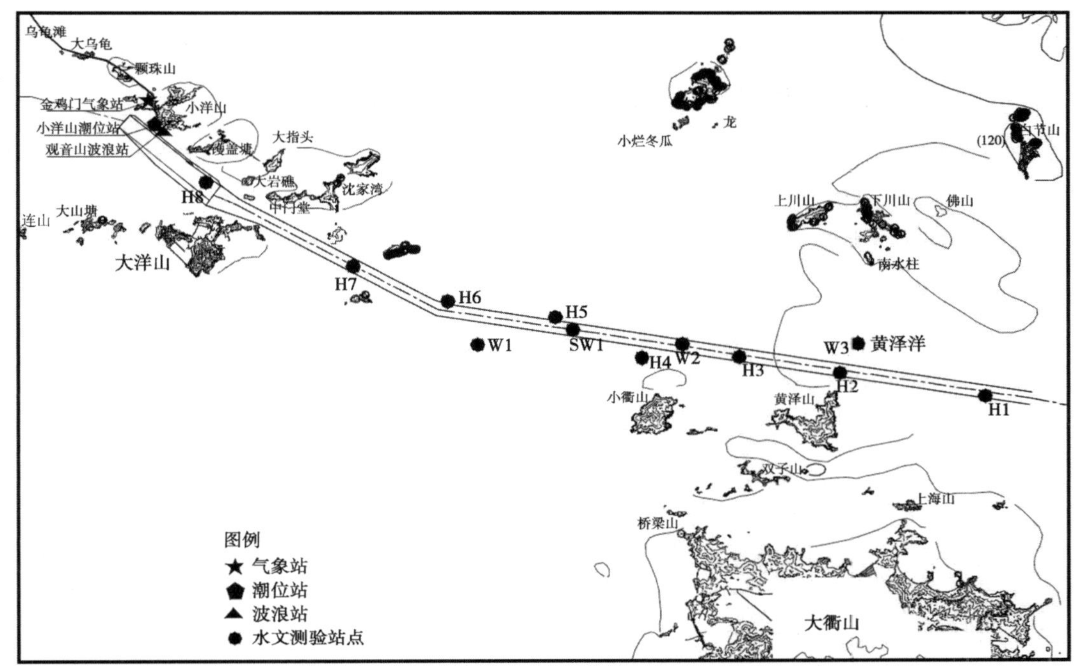

图 3－1 洋山港主航道走向及测站布置[3]

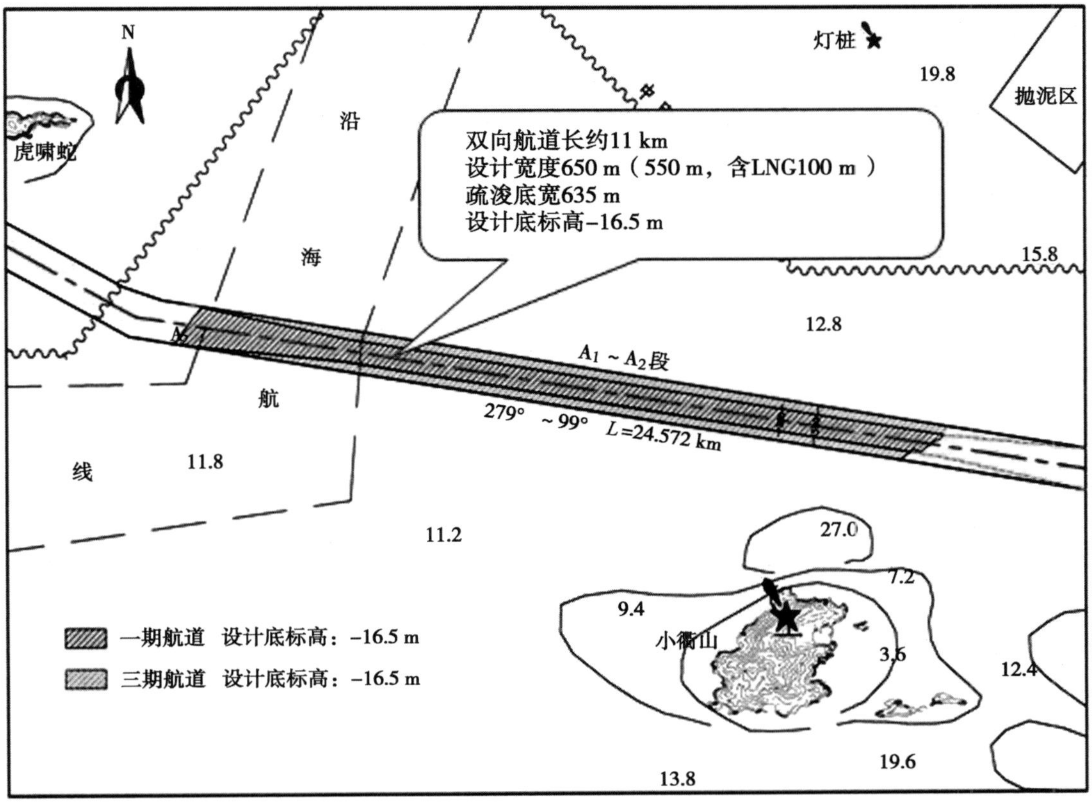

图 3－2 洋山深水港区进港外航道疏浚段[4]

3.1.2 航道建设过程

（1）洋山深水港区一期航道系经过近10年的研究后确定的深水航道，该航道航线顺直、转向点少且人工挖槽段与水流主流向交角较小，是进出洋山深水港区综合条件最优的进港航道。洋山主航道全长35.23 n mile（65.24 km），除存有约长11 km的人工挖槽段为大型集装箱船单向航道外，其余航段均为大型集装箱船自然水深双向航道。人工挖槽段设计通航水深16.0 m，设计底标高－16.0 m，设计底宽300 m[5]。一期工程配置了相应的灯塔、灯桩、灯浮标和灯船等助航设施，建设了6站1中心的VTS导航管理系统，以及相应的锚地、气象站和潮位站。

（2）洋山深水港区二期工程位于一期港区西侧，码头长1 400 m，工程前沿水域开阔，可在一期工程港池西侧扩展建设二期港池。港池西侧为杭州湾水域，水深大于7.0 m，可开辟部分集装箱支线船舶的通道。大型集装箱船舶从一期工程开辟的主航道进出港区，经计算，增深0.5 m后的进港航道可满足洋山深水港区一、二期工程设计船型和总运量通过要求[5]。

二期航道工程是一期航道基础上的扩建工程，主要根据二期工程设计船型对一期进港航道、港池增深，开挖二期港池、泊位，开辟西口门5 000吨级及以下长江航线集装箱船航道（西航道），配置相应的助航设施和完善导航VTS管理系统及扫海测量工程[5]。

西航道是为了充分利用东海大桥主通航孔航道，减小港区东口门航道大、小船舶混行的矛盾，在维持一期工程支线航道基础上增设港区西口门长江内支线船舶（5 000吨级及以下）航道。西航道全长14.5 km，为自然水深航道，航道水深大于8.3 m。5 000吨级长江集装箱船舶满载吃水为5.2 m，东海大桥通航孔往长江口航线水深均大于6.5 m，满足5 000吨级及以下长江航线集装箱船全天候通航要求。西航道按1 000 m宽度进行开通前扫海[5]。

（3）三期工程远洋航线采用7万～15万DWT集装箱船舶为设计船型，近洋航线采用3万～5万DWT为设计船型，沿海及长江支线采用5 000～20 000 DWT为设计船型。三期工程最大设计船型为载箱量11 001～12 500 TEU的15万吨级远洋集装箱船，主尺度：398 m×564 m×15.5 m；其次为载箱量9 501～11 000 TEU的12万吨级远洋集装箱船，主尺度：367 m×456 m×15.0 m；其他设计船型均与二期工程设计船型基本一致[5]。

三期航道工程建设规模按10万吨级集装箱船全潮双向通航航道设计，航道有效宽度550 m，航道设计通航深度16.5 m，航道设计底标高－16.5 m。根据计算，550 m航道可满足10万吨集装箱船与15万吨集装箱船的双向交会通航的宽度要求；航道设计底标高－16.5 m可满足12万吨级和15万吨级集装箱船乘潮通航的要求[3]。

3.1.3 辅助设施

洋山一期工程建有6座雷达站和1个VTS中心系统，并已建有3个AIS基站（其中大戢山AIS基站为上海海事局建设），在东海大桥安装有8台CCTV摄像机，6个雷达站分别建在芦潮港、大戢山、小洋山、大洋山、小衢山、下三星，VTS中心建在小洋山海事大楼，各站布置见表3-1，各站信息传输路径见图3-3[5]。该系统检测能力、分辨率、定位精度、跟踪能力等各项性能优越，采取了雷达、AIS目标融合、对外开放接口以及移动终端获取中心信息方式等新技术，实现了MIS与VTS间、MIS与海事局和港口管理部门、引航站等的数据交换[1]。

表3-1　一期航道工程VTS系统站位概况

站名	高程（m）	雷达天线高度（m）	坐标		AIS基站	VHF基站	CCTV摄像机
			东经	北纬			
芦潮港站	0	59.2	30°51′29.7″	121°50′51.1″			
大戢山站	71.2	97.0	30°48′35.0″	122°10′25.0″	海事局建	3台VHF通信机	
大洋山站	82.0	104.5	30°35′37.0″	122°05′3.9″			
小洋山站	135.2	190.0	30°38′03.9″	122°03′24.4″		5台VHF通信机	
小衢山站	143.0	164.5	30°31′33.0″	122°15′51.0″	深水港建	3台VHF通信机	
下三星站	33.4	63.4	30°26′09.1″	122°31′35.0″	深水港建	4台VHF通信机	
东海大桥							8台

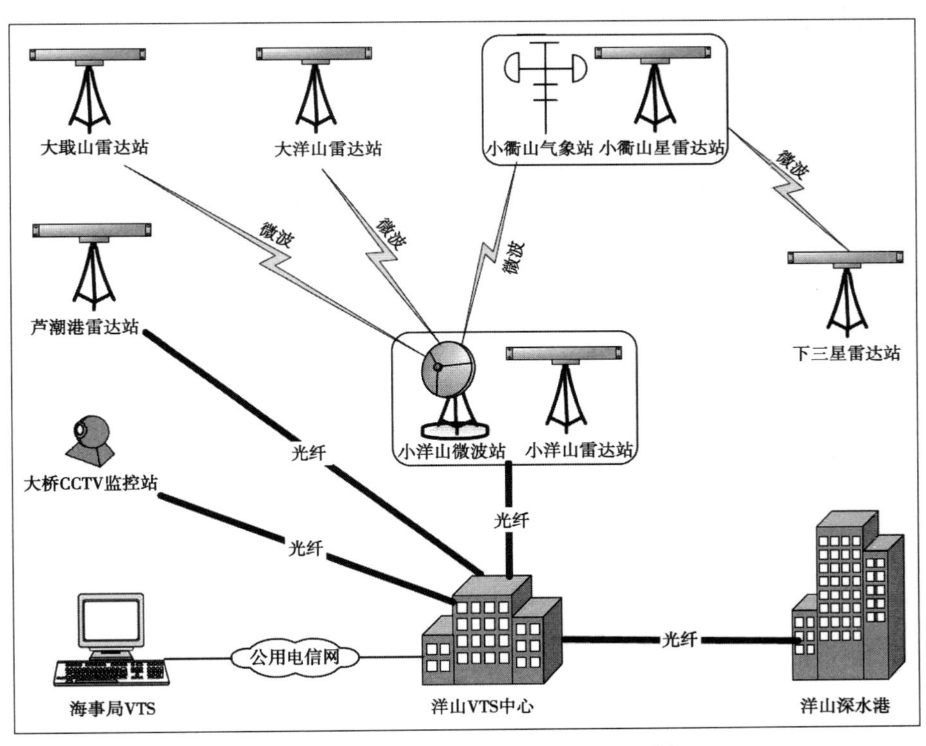

图3-3　洋山VTS系统信息传输网络[3]

为了使洋山VTS中心能实现和周边AIS基站的数据共享，充分利用周边AIS基站资源，为洋山VTS系统服务，洋山二期工程需要改变洋山AIS基站接入方式，由于洋山VTS中心已配有AIS服务器，故只需安装新的AIS网络软件，租用光缆并将洋山VTS系统中的AIS服务器通过租用的光缆接入东海海区服务器，实现AIS网络化加信息化，使现有的各种系统融合一体，构建以面向航运服务为主体的全新的现代化、信息化、网络化的“交通安全服务大系统”。洋山 AIS 网络化、信息化原理框图见图 3－4。

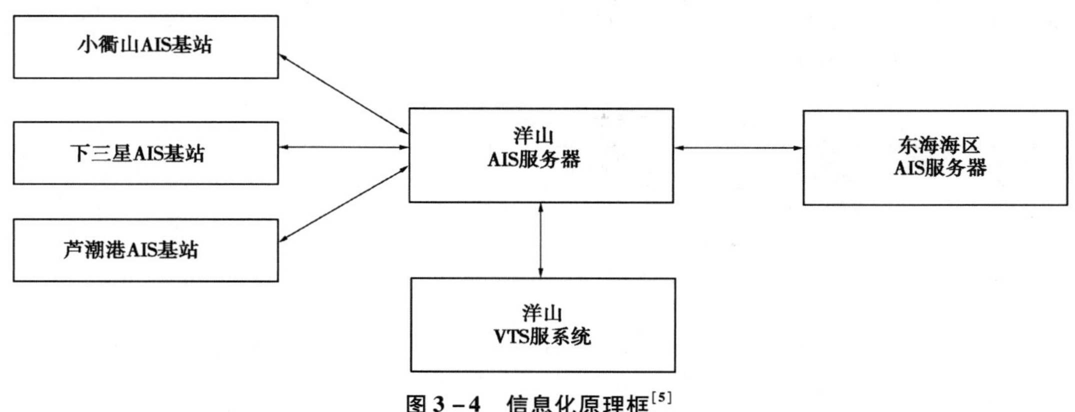

图 3－4　信息化原理框[5]

3.2　航道水文泥沙特征

2002 年 3 月 27 日至 4 月 26 日，国家海洋局东海海洋工程勘察设计研究院[6]在洋山深水港进港外航道、进港航道、船舶调头水域及锚地和抛泥区进行了水文泥沙测验，各水文测点的布置见图 3－5。测验项目主要有：潮位、流速、流向、含沙量、悬移质颗分、盐度、底质、漂流等。临时验潮站的潮高起算面均以各站的水尺零点为准，在本书中的水文资料描述，主要以本次测量资料的成果为主。

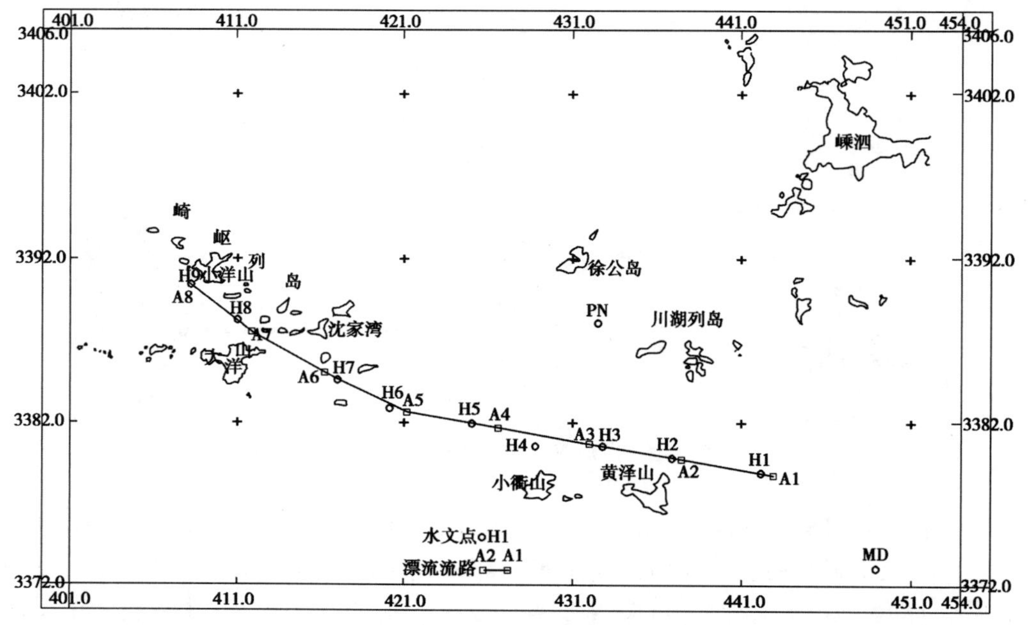

图 3－5　各水文测点分布

3.2.1 潮汐

3.2.1.1 潮汐类型

不同站点潮汐类型判别系数（$H_{K1}+H_{O1}$）/H_{M2}见表3－2，测验区的（$H_{K1}+H_{O1}$）/H_{M2}均小于0.5，属半日潮类型，半日潮又可分为正规半日潮和非正规半日浅海潮，从浅水影响系数H_{M4}/H_{M2}来看，小衢山、大洋山、小洋山均大于0.04，故本次测验区，下三星为正规半日潮类型，小衢山、大洋山、小洋山为非正规半日浅海潮类型[6]。

表3－2　测验区潮汐特征值

测站	H_{M2}（cm）	H_{M4}（cm）	（$H_{K1}+H_{O1}$）/H_{M2}	H_{M4}/H_{M2}	$2G_{M2}-G_{M4}$
下三星	107.5	3.3	0.46	0.031	101.2
小衢山	114.4	5.9	0.43	0.052	116.2
大洋山	120.8	6.8	0.42	0.056	110.8
小洋山	125.3	6.0	0.40	0.048	118.2

测验区的潮汐主要受东海前进潮波的控制，且以M_2分潮起着支配作用。进一步观测潮波的变化，从表3－2中可以看出，主太阴半日分潮M_2的振幅从东向西逐渐增大，下三星为107.5 cm，小衢山为114.4 cm，大洋山为120.8 cm，太阴1/4浅海分潮M_4的振幅变化趋势与M_2分潮一致，进港外航道段的下三星为3.3 cm，至进港航道段的大洋山为6.8 cm。因而测验区约35 km的航道轴线上的潮差、潮时等潮汐特征方面都会发生变化[6]。

3.2.1.2 潮差

测验海区的潮差具有明显的季节变化，小洋山1997年8月至2001年7月实测资料显示，月平均潮差的变化呈两高两低（图3－6），具有明显的天文周期，两高出现在3月和8—9月，两低出现在7月和12月。小洋山年平均潮差275 cm，2002年测验期的潮差属一年中最高的季节[6]。

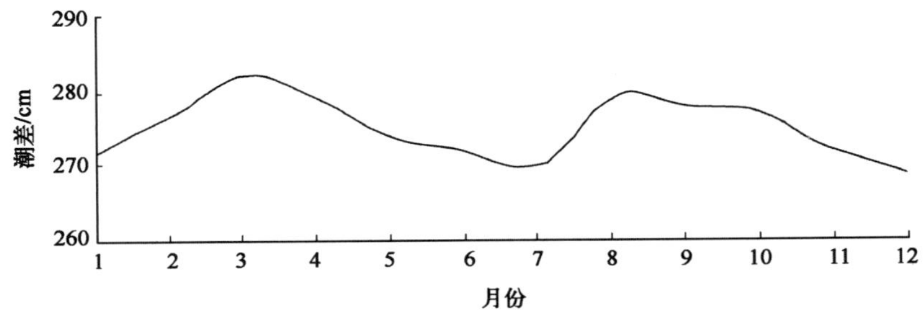

图3－6　小洋山月平均潮差变化（1997年8月至2001年7月）[6]

在航道轴线上，平均潮差的分布东小西大，进港外航道段的下三星、小衢山在254～

265 cm，进港航道、港内航道和调头水域的大、小洋山在 279 ~ 287 cm（表 3 – 3）。

表 3 – 3　平均潮差和最大潮差（3 月 27 日至 4 月 26 日）

验潮站	平均潮差（cm）	最大潮差（cm）
下三星	254	403
小衢山	265	432
大洋山	279	420
小洋山	287	439

3.2.1.3　涨、落潮历时

外海潮波进入进港航道后，受地形和长江径流的作用，逐渐发生变形，前波增陡，后波变缓，使得落潮历时长于涨潮历时。一般来说，涨、落潮历时的长短取决于浅海效应 H_{M4}/H_{M2} 及 $2G_{M2}-G_{M4}$。当 $2G_{M2}-G_{M4}$ 小于 180°时，落潮历时长于涨潮历时；当 $2G_{M2}-G_{M4}$ 大于 180°时，涨潮历时长于落潮历时。在上述两种情况下，随着 H_{M4}/H_{M2} 比值的增大，历时差也随着增大，调和常数计算表明（表 3 – 2），测验区 $2G_{M2}-G_{M4}$ 均小 180°，落潮历时长于涨潮历时，历时差从下三星的 40 min 至大洋山为 55 min，详见表 3 – 4[6]。

表 3 – 4　平均涨、落潮历时沿程分布（3 月 27 日至 4 月 26 日）

验潮站	平均涨潮历时	平均落潮历时	历时差
下三星	5 h 45 min	6 h 25 min	40 min
小衢山	5 h 50 min	6 h 36 min	46 min
大洋山	5 h 45 min	6 h 40 min	55 min
小洋山	5 h 50 min	6 h 36 min	46 min

3.2.1.4　平均海平面

平均海平面是潮汐现象中一个重要的参考面，它是一定时期的水位平均值。

由于受天文、气压、降水、径流和风等因素相互组合的影响，都会使海平面发生日、月、年和多年的变化。小洋山实测资料表明（图 3 – 7），月平均海平面呈峰—谷型，一年中 9 月最高、2 月最低，本次测验期处于平均海面较低的季节，小洋山年平均海平面（1997 年 8 月至 2001 年 7 月，下同）17 cm（85 黄海基面，下同），4 月份平均海平面为 8 cm。上海东海海洋工程勘察设计研究院 2012 年测验时各站平均海平面在 6 ~ 8 cm（表 3 – 5）[6]。

表 3 – 5　平均、最高潮位（3 月 27 日至 4 月 26 日）

验潮站	平均潮差（cm）	最大潮差（cm）
下三星	7	212
小衢山	8	215
大洋山	6	211
小洋山	6	221

注：85 黄海基面。

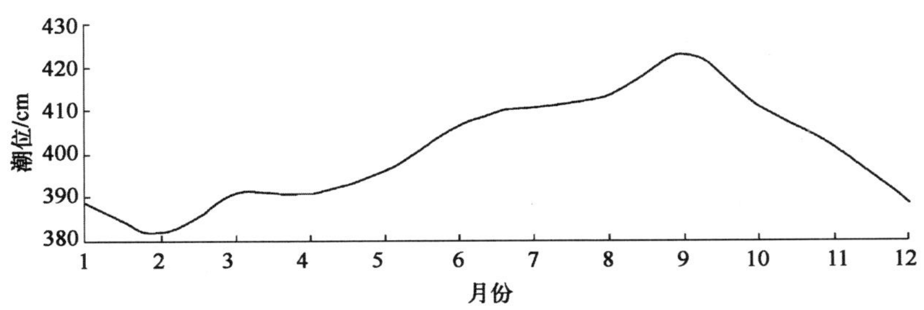

图 3－7　小洋山月平均海平面变化（1997 年 8 月至 2001 年 7 月）

3.2.1.5　潮位和潮流的位相关系

进入洋山深水港航道的潮波属前进波为主的变态潮波，各站大潮垂线最大涨、落潮流速发生的时间统计列于表 3－6。

表 3－6　航道沿程大潮垂线最大流速发生时间

测站	高潮前（涨急）	低潮前（落急）
H_1	1 h 10 min	1 h 25 min
H_2	1 h 10 min	1 h 10 min
H_3	55 min	1 h 25 min
H_4	1 h 10 min	1 h 10 min
H_5	55 min	1 h 10 min
H_6	1 h 10 min	1 h 15 min
H_7	1 h 20 min	1 h 35 min
H_8	1 h 20 min	2 h 30 min
H_9	2 h 10 min	2 h 15 min

注：H_1～H_6 为小衢山潮位，H_7、H_8 为大洋山潮位，H_9 为小洋山潮位。

3.2.2　潮流

3.2.2.1　潮流类型

潮流类型以主要全日分潮流与主要半日分潮流的椭圆长轴的比值 $F=(W_{O1}+W_{K1})/W_{M2}$ 划分，经对本次实测资料的潮流调和常数分析、椭圆要素（详见潮汐、潮流调和常数汇编）的计算，各站垂线平均 F 值列于表 3－7。由表可看出，H_1 测站 F 值较大达 0.71，为非正规半日潮流，其他测站 F 值均小于 0.5，表明潮流类型属正规半日潮流[6]。

表 3-7　潮流垂线平均 F、G 值

测站	F	G	测站	F	G
H_1	0.71	0.15	H_7	0.23	0.15
H_2	0.30	0.13	H_8	0.37	0.22
H_3	0.34	0.08	H_9	0.29	0.21
H_4	0.32	0.07	MD	0.44	0.14
H_5	0.33	0.09	PN	0.43	0.13
H_6	0.36	0.13			

本次测验的站位主要布设在初设航道的轴线上，从表 3-7 中还可看出，浅水分潮流影响系数 G 值 [$G=(W_{M4}+W_{MS4})/W_{M2}$] 并不显著，除大、小洋山间水域的 H_8、H_9 测站为0.21~0.22，大多测站在 0.07~0.15[6]。

3.2.2.2　运动形式

测验海区以半日潮流为主，故以 M_2 分潮流的椭圆率 K 值来判别潮流的运动形式。各站 M_2 分潮流椭圆率 K 值（垂线平均）列于表 3-8[6]。

表 3-8　M_2 分潮流椭圆率 K 值

测站	K	测站	K
H_1	-0.08	H_7	-0.03
H_2	0.03	H_8	-0.05
H_3	-0.02	H_9	-0.07
H_4	-0.02	MD	-0.11
H_5	-0.08	PN	0.04
H_6	-0.08		

各站的 K 值均很小，航道和一期工程调头水域在 0.02~0.08，表明潮流的运动属典型的往复流，从实测流矢图（资料图集）可直观地反映，这对优化航道轴线十分有利[6]。

3.2.2.3　流场结构

测验海区以半日潮流为主，M_2 分潮流占绝对优势，M_2 分潮流椭圆长轴的方向代表了潮波传播的方向，其大小则是该分潮流速可能达到的最大值，各站 M_2 分潮流椭圆长轴分布详见表 3-9，M_2 分潮流椭圆长轴垂线分布见图 3-8[6]。

表 3-9　M_2 分潮流椭圆长轴（V: cm/s，D:°）

测站	0H		0.2H		0.4H		0.6H		0.8H		1.0H		垂线	
	V	D	V	D	V	D	V	D	V	D	V	D	V	D
H_1	114	109	85	112	85	116	76	117	65	118	53	116	75	114
H_2	115	101	115	109	117	114	116	116	112	115	90	113	112	112

续表

测站	0.0*H*		0.2*H*		0.4*H*		0.6*H*		0.8*H*		1.0*H*		垂线	
	V	*D*	*V*	*D*	*V*	*D*	*V*	*D*	*V*	*D*	*V*	*D*	*V*	*D*
H_3	132	78	136	82	133	82	123	83	108	82	78	80	121	81
H_4	130	107	125	107	117	107	109	107	95	107	75	106	109	107
H_5	143	100	140	103	133	102	120	102	102	101	76	101	120	102
H_6	130	111	124	111	115	112	107	112	91	109	64	107	106	111
H_7	123	104	103	102	97	102	96	101	93	100	83	99	98	101
H_8	102	106	96	103	89	104	83	106	74	108	55	111	84	105
H_9	113	122	109	122	102	126	91	129	80	132	64	135	94	127
MD	113	126	114	124	108	124	102	123	92	123	76	123	101	124
PN	133	109	130	109	127	107	118	107	98	109	70	107	116	108

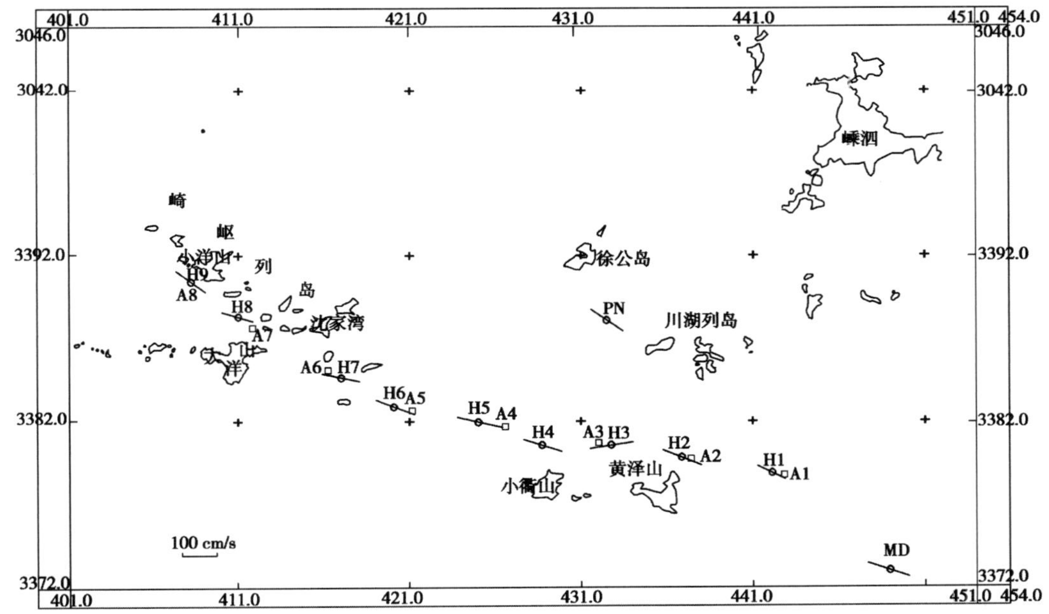

图3-8　M_2分潮流椭圆长轴垂线分布

1）M_2分潮流椭圆长轴的方向

东海潮波从东南向西北传入黄泽洋水道，在进港外航道、进港航道和港内航道的H_1~H_8站，潮波的传播方向总态势为280°—290°，只有在H_3站，即进港外航道开挖段的东侧，可能受地形、水深的综合影响，潮波的传播方向折向260°左右。一期工程调头水域的H_9站为307°，锚地的MD站和抛泥区的PN站分别为304°和288°。

2）M_2分潮流椭圆长轴的大小

进港外航道：H_1站垂线平均较小为75 cm/s（但W_{K1}、W_{O1}最大），H_2~H_6站垂线平均

在 106 ~ 121 cm/s。

进港航道：H_7站垂线平均为 84 cm/s。

港内航道：H_3站垂线平均为 98 cm/s。

调头水域：H_3站垂线平均为 94 cm/s。

锚地、抛泥区：MD 站和 PN 站垂线平均分别为 101 cm/s、116 cm/s。

3.2.2.4 实测最大流速、流向

上海东海海洋工程勘察设计研究院实测海流资料统计，得出了各站大、中、小潮涨、落潮最大流速和流向，见表 3 – 10[6]。

表 3 – 10 实测最大流速、流向（V：cm/s，D：°）

测站		涨潮						落潮					
		大潮		中潮		小潮		大潮		中潮		小潮	
		V	D	V	D	V	D	V	D	V	D	V	D
H_1	测点	261	302	166	285	73	289	310	101	173	101	89	110
	垂线	143	299	133	286	67	297	251	110	145	102	71	112
H_2	测点	215	303	163	293	119	288	223	100	174	91	116	98
	垂线	193	304	144	292	102	288	192	101	145	104	100	105
H_3	测点	229	257	204	249	130	244	282	80	207	88	136	86
	垂线	208	255	187	248	89	260	214	89	168	82	108	91
H_4	测点	233	282	180	275	97	273	250	115	214	117	124	88
	垂线	228	284	147	275	90	272	190	115	155	119	91	87
H_5	测点	242	263	204	279	100	280	281	105	209	103	147	109
	垂线	200	281	182	279	88	277	222	107	162	100	93	107
H_6	测点	231	289	199	294	101	287	261	107	186	109	149	113
	垂线	180	297	150	292	85	277	219	102	157	109	90	94
H_7	测点	237	271	153	267	109	271	273	112	194	108	149	114
	垂线	175	282	131	274	69	268	205	115	148	108	73	98
H_8	测点	165	302	118	287	79	241	232	113	223	118	98	103
	垂线	145	305	109	254	67	255	182	105	168	110	78	97
H_9	测点	197	301	173	310	77	292	233	122	224	123	94	113
	垂线	163	293	141	312	55	296	187	122	163	129	80	124
MD	测点	167	332	156	279			216	116	206	100		
	垂线	150	304	129	294			171	121	146	118		
PN	测点	199	291	143	265			325	111	160	88		
	垂线	175	292	120	277			250	107	124	95		

1）实测最大流速平面分布

进港外航道：测点最大涨潮流速为 215 ~ 261 cm/s，其中 H_1 站最大，测点最大落潮流

速为 250 ~310 cm/s；垂线最大涨潮流速为 143 ~228 cm/s，其中 H_4站最大，垂线最大落潮流速为 190 ~251 cm/s，其中 H_1站最大。

进港航道：H_7站测点最大涨潮流速为 237 cm/s，测点最大落潮流速为 273 cm/s。垂线最大涨潮流速为 175 cm/s，垂线最大落潮流速为 205 cm/s。

港内航道：H_8站测点最大涨、落潮流速分别为 165 cm/s、232 cm/s，垂线最大涨、落潮流速分别为 145 cm/s、182 cm/s。

调头水域：H_9站测点最大涨、落潮流速分别为 197 cm/s、233 cm/s，垂线最大涨、落潮流速分别为 163 cm/s、187 cm/s。

2）实测最大流速垂向分布

各站测点最大流速总体上出现在上层，其中大潮涨、落潮均出现在上层，中、小潮落潮大多出现在上层，中、小潮涨潮近一半出现在中、下层。

流速的垂向分布为上层大、下层小，11 个测站大潮涨、落潮最大平均流速，表层、中层、底层分别为 225 cm/s、196 cm/s、162 cm/s，表层与中层之比为 1∶0. 87，表层与底层之比为1∶0. 72，中层与底层之比为 1∶0. 83。

3）实测最大流速时间分布

（1）无论大、中、小潮，各站落潮流速均大于涨潮流速。11 个测站的大潮垂线最大平均流速，涨潮为 178 cm/s、落潮为 208 cm/s，涨、落潮流速之比为 0. 86∶1。

（2）涨潮垂线最大流速一般发生在落憩后 3. 5 ~4 h，落潮垂线最大流速一般发生在涨憩后 3 ~3. 5 h。

（3）实测流速大于 150 cm/s 的持续时间落潮长于涨潮，表层一般最长维持 2 ~3 h，个别站可达 3. 5 h，底层一般最长维持 1 ~1. 5 h，详见表 3 –11。

表 3 –11　流速大于 150 cm/s 最长持续时间

测站	0*H*		0. 6*H*		1. 0*H*		垂线	
	涨潮（h）	落潮（h）	涨潮（h）	落潮（h）	涨潮（h）	落潮（h）	涨潮（h）	落潮（h）
H_1	2. 0	3. 5	1. 5	3. 0	1. 5	1. 5	1. 5	3. 0
H_2	1. 5	2. 0	1. 5	2. 0	1. 0	1. 0	2. 0	1. 5
H_3	2. 0	3. 0	2. 0	2. 0	2. 0	1. 0	2. 0	2. 0
H_4	2. 0	2. 5	2. 0	1. 0	1. 5	0. 0	2. 0	1. 5
H_5	2. 0	3. 0	2. 5	3. 0	1. 0	0. 5	2. 0	3. 0
H_6	2. 5	3. 0	1. 5	2. 0	0	1. 0	1. 0	2. 0
H_7	2. 0	3. 0	1. 0	2. 0	1. 0	2. 0	1. 5	2. 0
H_8	1. 5	2. 5	0. 5	1. 0	0	0	0	1. 5
H_9	1. 5	2. 5	1. 0	1. 5	0	1. 0	0. 5	2. 0
MD	0. 5	3. 0	0. 5	2. 0	0	0	0. 5	1. 5
PN	1. 5	2. 5	1. 5	3. 0	0. 5	1. 0	1. 0	2. 0

4）实测最大流速的流向

从表3－10可看出，各站测点最大流速的流向与垂线最大流速的流向变化甚小，因此，最大流速的流向以大潮垂线平均流速进行分析。

进港外航道：大潮垂线最大涨潮流速的流向在281°—304°，只是在H_3测站为256°，与相邻的站有28°—48°的变化；大潮垂线最大落潮流速的流向在89°—115°，其中H_4站为115°，H_3站为89°，两测站相差26°。

进港航道：H_7站垂线最大涨潮流速的流向为282°，垂线最大落潮流速的流向为115°。

港内航道：H_8站垂线最大涨潮流速的流向为305°，垂线最大落潮流速的流向为105°。

调头水域：H_9站垂线最大涨、落潮流速的流向分别为298°、122°。

锚地和抛泥区：MD站垂线最大涨、落潮流速的流向分别为304°、121°，PN站分别为292°、107°。

3.2.2.5 强流向、最多流向

1）强流向

以大潮涨、落前后2 h的三次最大流速的流向算术平均值作为涨、落潮强流向，统计结果列于表3－12，对航道轴线的设计更有代表性[6]。

表3－12 涨、落潮强流向（°）

测站	0H		0.2H		0.4H		0.6H		0.8H		1.0H		垂线	
	涨	落	涨	落	涨	落	涨	落	涨	落	涨	落	涨	落
H_1	299	103	305	108	299	111	296	113	290	116	290	118	297	111
H_2	311	103	299	102	300	102	303	102	301	101	303	96	300	101
H_3	237	83	258	87	259	81	260	78	259	76	263	72	257	80
H_4	279	115	282	116	284	112	284	112	282	114	286	114	283	113
H_5	273	104	279	107	281	107	282	108	282	107	281	106	281	107
H_6	302	109	298	96	304	101	303	104	299	102	298	105	300	101
H_7	278	113	275	117	274	114	273	111	274	108	282	108	275	112
H_8	301	107	299	106	294	102	296	96	295	97	295	111	297	103
H_9	302	120	302	118	308	122	302	134	310	139	313	136	307	129

涨、落潮强流向的分布与最大流速的流向一致。进港外航道：涨潮强流向在281°—300°（H_3站为257°），落潮强流向在101°—111°（H_3站为80°）。进港航道：H_7站涨潮强流向在275°，落潮强流向为112°。港内航道：H_8站涨潮强流向在297°，落潮强流向为103°。

2）最多流向

以大、中、小潮各层次实测流向，每5°为间隔，统计航道各站最多流向，见表3－13。各站流向频率分布曲线呈现两个峰值，分别为涨、落潮流最多流向，个别站峰值出现多个次峰，表明最多流向不集中，仅出现在某范围内。表3－10与表3－13比较可知，最多流向与强流向、垂线最大流速的流向基本一致，差值一般在5°以内，个别相差9°。

表3－13 最多流向、强流向、最大流速流向（°）

测站	最多流向		强流向（垂线）		最大流速的流向（垂线）	
	涨潮	落潮	涨潮	落潮	涨潮	落潮
H_1	298	112	297	111	299	110
H_2	302	105	300	101	304	101
H_3	258	88	257	80	256	89
H_4	283	113	283	113	284	115
H_5	282	108	281	107	281	107
H_6	297	105	300	101	297	102
H_7	273	113	275	112	282	115
H_8	293	107	297	103	305	105
H_9	303	130	307	129	298	122

最多流向的分布：进港外航道 H_1、H_2、H_4、H_5、H_6站涨潮最多流向为282°—302°，落潮最多流向为105°—113°，H_3站则分别为258°、88°。进港航道 H_7站涨潮最多流向为273°，落潮最多流向113°。港内航道 H_8站涨潮最多流向为293°，落潮最多流向107°。

3.2.2.6 流向与航道轴线

进港外航道：实测涨潮流向为280°—300°，落潮流向为100°—115°，与初设航道轴线基本一致。但应该注意到，H_3站流向异常，涨潮为260°左右，落潮为90°左右，并与该段漂流流路轨迹方向一致。实测资料表明：H_3站附近流路可能发生局部的弯曲，与初设航道轴线约有30°的差异[6]。

进港航道：综合历次测验资料，H_7站涨潮流向为280°左右，落潮流向为110°左右，H_7站涨潮流向与航道轴线有20°左右的差异。

港内航道：综合历次测验资料，H_8站涨潮流向为305°左右，落潮流向为110°左右，与航道轴线走向基本一致。

3.2.2.7 余流

余流一般指实测海流扣除周期性潮流后的剩留部分，它主要受地形、气象、径流、海流等因素的影响和控制。由于目前所进行的大面测流多系一周日连续观测，因而所分离的余流中还包括着若干潮流运动的反映。经实测资料分离，大、中、小潮余流列表3－14[6]。

（1）各测站表层余流最大。11个测站大、中、小潮表层平均余流为28.1 cm/s，底层为12.1 cm/s，垂线平均余流14 cm/s。

（2）测点最大余流大多出现在大潮，有3个站出现在中潮，其中MD、H_1站最大，大潮表层分别为63 cm/s、55 cm/s，H_3、H_8、H_9和PN站余流也较大，测点最大余流均在42 cm/s以上。大潮垂线平均余流在23 cm/s以上有5个站，其中H_9、PN站达到30 cm/s。

（3）各测站各潮期余流的流向不一致（测验风向也是多变），但大多数测站总体指向落潮流方向。

表 3-14 余流（V: cm/s，D:°）

测站		0H		0.2H		0.4H		0.6H		0.8H		1.0H		垂线	
		V	D	V	D	V	D	V	D	V	D	V	D	V	D
H_1	大潮	55	92	33	100	17	110	15	126	8	151	7	215	18	120
	中潮	39	120	31	116	17	117	9	103	1	196	2	252	16	116
	小潮	16	123	22	114	11	106	2	259	6	261	8	257	7	127
H_2	大潮	23	59	25	17	26	0	29	357	30	351	27	3	25	5
	中潮	23	85	16	54	19	29	16	4	12	348	10	330	13	28
	小潮	4	80	9	23	14	37	8	11	14	281	14	267	6	351
H_3	大潮	38	132	13	156	11	207	15	237	14	257	15	269	10	204
	中潮	46	139	16	143	11	167	9	190	13	208	10	201	13	165
	小潮	33	185	18	184	8	208	4	184	4	138	5	75	10	181
H_4	大潮	19	189	16	212	19	238	21	243	19	246	17	248	18	233
	中潮	22	148	8	145	4	237	10	252	15	250	14	239	8	216
	小潮	10	201	3	198	4	330	11	301	14	277	10	270	7	275
H_5	大潮	26	143	21	147	19	151	16	153	14	161	11	171	17	151
	中潮	16	140	6	165	6	271	9	280	10	272	5	264	5	242
	小潮	15	186	10	172	4	172	4	266	15	269	16	270	7	230
H_6	大潮	22	81	32	52	27	74	22	71	16	78	18	93	23	71
	中潮	9	89	15	37	13	34	11	21	11	356	9	332	11	24
	小潮	15	163	8	97	8	51	11	1	23	322	19	306	6	349
H_7	大潮	34	139	26	150	16	154	9	163	8	189	10	222	15	156
	中潮	24	142	10	127	4	139	4	190	8	247	9	242	6	169
	小潮	30	139	17	134	3	263	13	289	20	286	14	291	4	240
H_8	大潮	24	80	20	79	14	68	12	60	8	61	5	36	13	70
	中潮	46	130	40	126	32	129	25	139	18	158	17	177	28	136
	小潮	11	167	13	130	9	83	4	20	4	37	8	188	5	114
H_9	大潮	42	126	37	125	30	135	25	144	23	147	26	140	30	135
	中潮	39	126	39	128	30	134	24	146	19	155	13	151	27	137
	小潮	24	168	19	153	10	155	8	136	10	112	10	97	12	144
MD	大潮	63	92	43	107	27	125	19	141	11	166	10	178	25	119
	中潮	40	138	34	144	28	192	28	231	21	264	8	303	17	196
	小潮														
PN	大潮	49	87	42	78	32	84	29	85	23	82	18	89	30	80
	中潮	14	229	11	236	10	232	4	254	8	295	9	275	11	263
	小潮														

3.2.2.8 可能最大潮流

按《海港水文规范》，上海东海海洋工程勘察设计研究院进行了可能最大潮流计算，计算采用如下公式：

$$V_{max} = 1.295\ W_{M2} + 1.245 W_{S2} + W_{K1} + W_{O1} + W_{M4} + W_{MS4}$$

计算结果列表3－15。

可能最大潮流的流向均指向落潮方向，进港外航道为81°—112°，进港内航道为99°—102°。

可能最大潮流的流速（不包括余流），进港外航道为234～262 cm/s，进港航道和港内航道较小为199～215 cm/s[6]。

表3－15　可能最大潮流（V：cm/s，D:°）

测站	0H		0.2H		0.4H		0.6H		0.8H		1.0H		垂线	
	V	D	V	D	V	D	V	D	V	D	V	D	V	D
H_1	265	107	273	113	264	113	250	113	226	113	190	113	245	112
H_2	249	105	254	107	250	109	249	112	237	115	200	113	239	110
H_3	287	82	290	83	284	82	264	80	236	79	188	77	258	81
H_4	280	109	276	107	256	104	230	102	206	102	174	101	234	103
H_5	315	95	308	97	284	98	256	99	224	99	180	98	262	98
H_6	292	105	288	101	264	102	244	103	210	103	156	104	243	102
H_7	287	104	243	103	216	103	206	102	193	103	179	103	215	102
H_8	251	101	238	97	216	98	194	100	165	99	133	94	199	99
H_9	276	120	258	129	231	122	207	124	182	126	149	127	215	123
MD	265	114	258	119	255	116	233	114	201	118	160	124	229	117
PN	315	101	298	103	283	102	259	102	218	104	156	103	262	102

3.2.2.9 波浪

根据南京水利科学研究院河港所2002年4月进行的进港航道波浪场数值计算结果（表3－16）：S向来浪时航道西段和航道中段波高较大，航道东段波高较小，SW向来浪时，航道各段均处于开敞水域，各点波高较接近；NW向来浪时，航道西段受到薄刀咀岛、沈家湾岛以及虎啸蛇岛的掩护，波高比航道中段和东段小；N向浪浪作用下航道各段不受岛屿掩护，各点波高均较大；NE向波浪作用时，徐公岛对航道西段有所掩护，航道东段受到泗礁山等岛屿掩护，航道中段波高较大；E向波浪从川湖列岛和黄泽山岛之间的口门传入航道水域，航道各段波高均较大。SE向来浪时，由于大衢山和小衢山等岛屿的掩护，航道各段波高均较小。总体上看，E、NE和N向两年一遇波浪作用下，航道附近水域波高较大。8114号台风和0014号台风NNE向来浪时徐公岛对航道中段有一定掩护作用，航道中段波浪较小，航道东段和西段波高比较接近；E向来浪时进港航道波高由东向西递减。典型台风过程进港航道波浪要素见表3－17[5]。

表 3－16　进港航道区域两年一遇波要素

波向	位置	设计高水位		平均水位		设计低水位	
		H_S (m)	T (s)	H_S (m)	T (s)	H_S (m)	T (s)
SE	西段	0. 87	4. 41	0. 80	4. 41	0. 58	4. 41
	中段	0. 50		0. 48		0. 45	
	东段	0. 65		0. 55		0. 45	
E	西段	2. 98	6. 26	2. 83	6. 26	2. 78	6. 26
	中段	2. 85		2. 76		2. 68	
	东段	2. 96		2. 87		2. 80	
NE	西段	2. 35	5. 33	2. 13	5. 33	1. 62	5. 33
	中段	2. 91		2. 75		2. 60	
	东段	1. 48		1. 40		1. 12	
N	西段	2. 68	5. 11	2. 65	5. 11	2. 60	5. 11
	中段	2. 65		2. 63		2. 60	
	东段	2. 65		2. 60		2. 50	
NW	西段	1. 10	4. 43	1. 03	4. 23	0. 92	4. 02
	中段	1. 95		1. 87		1. 81	
	东段	2. 25		2. 10		2. 03	
SW	西段	1. 97	4. 71	1. 86	4. 51	1. 75	4. 31
	中段	1. 95		1. 86		1. 75	
	东段	2. 03		1. 94		1. 86	
S	西段	2. 36	4. 89	2. 25	4. 72	2. 15	4. 53
	中段	2. 32		2. 24		2. 13	
	东段	1. 23		1. 08		0. 95	

表 3－17　典型台风过程进港航道波要素

台风过程	波向	西段		中段		东段	
		$H_{13\%}$ (m)	T (s)	$H_{13\%}$ (m)	T (s)	$H_{13\%}$ (m)	T (s)
8114	NNE	3. 70	5. 6	2. 72	5. 6	3. 65	5. 6
0014	NNE	2. 83	6. 4	2. 38	6. 4	2. 82	6. 4
9711	E	4. 54	8. 5	4. 79	8. 5	5. 18	8. 5

3. 2. 3　盐度

3. 2. 3. 1　航道沿线盐度分布

本次测验处于春初，盐度值仍较高，各站平均盐度为 23. 169 ~ 29. 630，最高盐度可达 32. 484。由于外海高盐水的楔入，长江径流入海，使得测验区域盐度的平面分布显著呈现东高西低。在航道轴线上，H_1站平均盐度为 29.095，最高为 30.435，进港航道的 H_7站平均盐度为 24.570，调头水域的 H_9站平均盐度为 23.169。详见表 3－18[6]。

表 3－18　平均、最高、最低盐度

站号	涨潮			落潮			平均
	平均	最高	最低	平均	最高	最低	
H_1	29.177	30.435	26.903	29.012	30.324	26.163	29.095
H_2	27.898	30.343	25.476	28.124	31.055	25.331	28.011
H_3	27.915	30.523	24.539	27.681	32.484	24.424	27.798
H_4	26.566	28.463	23.831	26.662	28.963	23.805	26.614
H_5	26.213	28.677	23.819	26.024	28.407	23.601	26.119
H_6	25.703	28.662	23.229	25.449	29.059	23.227	25.576
H_7	24.735	27.092	22.784	24.405	26.901	22.712	24.570
H_8	23.587	24.965	22.199	23.442	25.014	22.286	23.515
H_9	23.137	23.991	21.923	23.200	24.625	21.485	23.169
MD	29.754	31.383	28.164	29.505	31.289	28.033	29.630
PN	27.295	28.990	24.165	26.987	28.757	24.232	27.141

3.2.3.2　盐度的垂向分布

盐度的垂向变幅很小，上层略低于下层（表 3－19），取 11 个测站的盐度平均值，0.2H 层为 26.004、0.8H 层为 26.854。经盐度的层化系数计算（表 3－20），各站层化系数在 0.005～0.050，层化现象很弱，属强混合类型[6]。

表 3－19　涨、落潮各层次平均盐度

站号	涨潮平均盐度			落潮平均盐度		
	0.2H	0.6H	0.8H	0.2H	0.6H	0.8H
H_1	28.517	29.283	29.730	28.202	29.198	29.637
H_2	27.246	28.065	28.383	27.472	28.329	28.570
H_3	27.044	28.157	28.543	26.951	27.820	28.271
H_4	25.912	26.691	27.095	26.111	26.702	27.175
H_5	25.613	26.309	26.715	25.361	26.089	26.622
H_6	25.160	25.744	26.205	25.020	25.564	25.762
H_7	24.343	24.787	25.077	24.177	24.450	24.588
H_8	23.331	23.606	23.822	23.302	23.456	23.568
H_9	22.931	23.231	23.250	23.027	23.223	23.350
MD	29.315	29.828	30.119	28.948	29.662	29.904
PN	27.216	27.339	27.329	26.888	26.999	27.073

表 3-20　各站平均层化系数 R

测站	R	测站	R	测站	R
H_1	0.046	H_5	0.045	H_9	0.016
H_2	0.040	H_6	0.035	MD	0.030
H_3	0.050	H_7	0.023	PN	0.005
H_4	0.042	H_8	0.016		

3.2.4　泥沙

3.2.4.1　含沙量分布

1）沿程分布

各站垂线平均含沙量变化较大，为0.502～2.111 kg/m^3，在航道轴线上的分布趋势为东低西高。H_1、H_2站最小分别为0.502 kg/m^3、0.842 kg/m^3，H_3～H_7站为1.199～1.631 kg/m^3，H_8、H_9站平均含沙量最大，分别达到1.874 kg/m^3、2.111 kg/m^3，详见表3-21[6]。

表 3-21　航道沿程各站垂线平均含沙量

测站	含沙量（kg/m^3）			
	大潮	中潮	小潮	平均
H_1	0.705	0.611	0.092	0.502
H_2	1.14	0.98	0.283	0.842
H_3	1.682	1.684	0.228	1.279
H_4	1.444	1.724	2.241	1.199
H_5	2.19	1.653	0.242	1.436
H_6	2.22	2.004	0.339	1.631
H_7	1.651	1.695	0.651	1.383
H_8	2.421	2.338	0.637	1.874
H_9	2.504	2.807	0.764	2.111
MD	0.687	0.253		0.531
PN	1.438	1.335		1.396

2）涨落潮分布

在航道上，H_1～H_7站落潮含沙量略大于涨潮，H_8、H_9站涨潮含沙量比落潮含沙量大0.6 kg/m^{3}左右（表3-22）。以11个测站的平均含沙量来看，涨、落潮平均含沙量分别为1.253 kg/m^3、1.240 kg/m^3，基本持平。

表3-22 航道沿程各站涨、落潮平均含沙量（kg/m^3）

测站	涨潮	落潮	测站	涨潮	落潮
0.441	0.495	0.441	1.188	1.498	1.188
0.766	0.833	0.766	2.007	1.606	2.007
1.116	1.233	1.116	2.543	1.948	2.543
1.052	1.228	1.052	0.416	0.512	0.416
1.35	1.377	1.35	1.426	1.347	1.426
1.475	1.567	1.475			

3）大小潮分布

大潮含沙量总体略大于中潮（个别站中潮大于大潮），中潮含沙量显著大于小潮。以11个测站的平均含沙量来看，大、中、小潮垂线平均含沙量分别为1.644 kg/m^3、1.553 kg/m^3、0.388 kg/m^3。大潮与小潮之比为4.24∶1.0，中潮与小潮之比为4.0∶1.0。

各站大、中、小潮涨、落潮最大含沙量列于表3-23。由表可知：进港外航道，测点最大涨潮含沙量为2.409～7.947 kg/m^3，H_6站最大；测点最大落潮含沙量为2.956～5.010 kg/m^3。进港航道：H_7站测点最大涨、落潮含沙量分别为5.975 kg/m^3、3.947 kg/m^3。港内航道：H_8站测点最大涨、落潮含沙量分别为4.651 kg/m^3、4.726 kg/m^3。调头水域：H_9站测点最大涨、落潮含沙量分别为5.518 kg/m^3、5.519 kg/m^3。锚地含沙量最低，测点最大为2.209 kg/m^3。抛泥区含沙量最高，测点最大涨、落潮含沙量分别达9.694 kg/m^3、7.017 kg/m^3。测点最大涨、落潮含沙量均发生在底层。

表3-23 航道沿程各站最大含沙量（kg/m^3）

站号	大潮		中潮		小潮	
	涨潮	落潮	涨潮	落潮	涨潮	落潮
H_1	3.104	2.995	3.957	4.233	0.465	0.393
H_2	2.409	2.956	2.236	2.841	1.640	1.164
H_3	4.566	3.640	4.425	4.932	2.135	1.360
H_4	2.730	3.168	3.976	4.034	0.712	2.644
H_5	3.945	5.010	4.113	4.010	1.295	1.735
H_6	7.947	4.525	5.020	4.458	2.075	1.663
H_7	5.975	3.947	3.524	3.552	3.975	3.261
H_8	4.362	4.159	4.651	4.726	2.720	2.620
H_9	5.169	4.393	5.518	5.519	3.468	2.674
MD	1.336	2.209	1.857	0.819		
PN	3.821	3.992	9.694	7.017		

4）最大含沙量发生时间

H_1 ~ H_7站最大含沙量发生在低潮位后 1 h 左右，H_8、H_9站则发生在中潮位附近[6]。

5）垂线分布

含沙量的垂向分布具有表层低、底层高的显著特点，详见表 3 – 24 和表 3 – 25。表层平均含沙量进港外航道的 H_1 ~ H_5 站在 0.5 kg/m³ 以下，进港航道和港内航道在 0.607 ~ 0.732 kg/m³，调头水域的 H_9站大于 1 kg/m³。底层平均含沙量只有 H_1、MD 站不足1 kg/m³，其他 9 个测站均大于 1 kg/m³，其中 H_5、H_6、H_7、H_8、H_9、PN 站大于 2 kg/m³（表 3 – 26）。

实际上各测站含沙量的垂向变化不尽相同，并且随机性极大。以 11 个测站平均来看，表层平均为 0.468 kg/m³，底层平均为 1.929 kg/m³，表、底层平均含沙量之比 1.0 : 4.12，即底层的平均含沙量为表层的 4.12 倍。

表 3 – 24　各测点涨潮含沙量（kg/m³）

测站	潮次	0*H*	0.2*H*	0.4*H*	0.6*H*	0.8*H*	1.0*H*	平均
H_1	大潮	0.172	0.450	0.686	0.743	0.934	0.955	0.675
	中潮	0.128	0.305	0.363	0.557	0.759	1.548	0.564
	小潮	0.045	0.064	0.061	0.071	0.082	0.228	0.083
H_2	大潮	0.490	0.978	1.162	1.291	1.304	1.316	1.128
	中潮	0.177	0.786	0.914	1.042	1.162	1.327	0.931
	小潮	0.066	0.105	0.143	0.224	0.381	0.622	0.239
H_3	大潮	0.567	1.542	1.587	1.828	1.908	2.165	1.646
	中潮	0.172	1.182	1.488	1.690	2.236	2.981	1.634
	小潮	0.048	0.077	0.108	0.211	0.330	0.702	0.220
H_4	大潮	0.654	1.136	1.298	1.658	1.610	2.019	1.408
	中潮	0.131	1.044	1.394	1.753	2.184	2.649	1.558
	小潮	0.047	0.079	0.146	0.190	0.303	0.410	0.189
H_5	大潮	0.630	1.834	2.404	2.452	2.721	2.832	2.229
	中潮	0.240	0.895	1.239	2.046	2.134	3.080	1.595
	小潮	0.056	0.069	0.116	0.181	0.302	0.872	0.227
H_6	大潮	0.739	1.703	2.283	2.452	2.751	3.091	2.221
	中潮	0.284	0.992	1.778	2.247	2.747	3.272	1.980
	小潮	0.075	0.108	0.176	0.234	0.458	0.946	0.297
H_7	大潮	0.906	1.141	1.241	1.503	1.612	2.462	1.436
	中潮	0.697	1.256	1.266	1.741	1.834	2.318	1.521
	小潮	0.107	0.256	0.467	0.731	0.871	1.317	0.608
H_8	大潮	1.585	2.559	2.742	2.814	2.796	3.089	2.650
	中潮	1.074	2.529	2.596	2.858	2.735	3.097	2.561
	小潮	0.145	0.279	0.580	0.878	1.293	1.890	0.810

续表

测站	潮次	0H	0.2H	0.4H	0.6H	0.8H	1.0H	平均
H_9	大潮	1.856	2.625	2.410	2.744	2.565	3.135	2.568
	中潮	1.314	2.584	2.934	3.170	3.379	3.890	2.934
	小潮	0.175	0.466	0.805	1.181	1.325	1.547	0.928
MD	大潮	0.297	0.452	0.557	0.666	0.727	0.822	0.592
	中潮	0.105	0.139	0.124	0.134	0.305	0.903	0.241
PN	大潮	0.809	1.361	1.269	1.722	1.363	1.792	1.403
	中潮	0.423	0.718	1.025	1.510	2.030	3.491	1.448

表3－25　各测点落潮含沙量（kg/m³）

测站	潮次	0H	0.2H	0.4H	0.6H	0.8H	1.0H	平均
H_1	大潮	0.297	0.620	0.702	0.741	0.917	1.103	0.736
	中潮	0.111	0.222	0.473	0.637	1.085	1.578	0.653
	小潮	0.054	0.069	0.110	0.100	0.097	1.176	0.098
H_2	大潮	0.500	0.861	1.203	1.289	1.440	1.455	1.154
	中潮	0.256	0.569	0.909	1.125	1.476	1.857	1.027
	小潮	0.078	0.126	0.241	0.403	0.451	0.645	0.317
H_3	大潮	0.843	1.461	1.743	1.878	2.053	2.162	1.728
	中潮	0.162	0.903	1.442	2.125	2.598	3.020	1.732
	小潮	0.051	0.089	0.135	0.216	0.417	0.612	0.238
H_4	大潮	0.827	1.287	1.399	1.689	1.650	1.959	1.484
	中潮	0.265	1.241	1.871	2.244	2.640	2.828	1.909
	小潮	0.083	0.127	0.185	0.266	0.514	0.629	0.290
H_5	大潮	1.281	1.898	2.175	2.139	2.265	2.615	2.145
	中潮	0.364	1.113	1.306	2.230	2.185	3.259	1.729
	小潮	0.078	0.135	0.166	0.266	0.358	0.626	0.256
H_6	大潮	1.142	1.884	2.190	2.488	2.446	3.037	2.220
	中潮	0.707	1.508	2.081	2.368	2.652	3.109	2.104
	小潮	0.090	0.176	0.235	0.406	0.594	0.862	0.377
H_7	大潮	1.040	1.667	1.794	2.167	1.916	2.422	1.855
	中潮	0.775	1.579	1.717	2.122	2.362	2.742	1.908
	小潮	0.115	0.377	0.499	0.696	1.118	1.502	0.700
H_8	大潮	0.953	2.068	2.326	2.372	2.571	2.631	2.226
	中潮	0.548	1.633	2.146	2.458	2.613	2.912	2.116
	小潮	0.090	0.194	0.347	0.467	0.677	1.293	0.475

续表

测站	潮次	0*H*	0.2*H*	0.4*H*	0.6*H*	0.8*H*	1.0*H*	平均
H_9	大潮	1.509	2.283	2.575	2.741	2.521	2.935	2.468
	中潮	1.181	1.802	2.732	3.391	3.299	3.521	2.715
	小潮	0.139	0.353	0.510	0.776	0.937	1.318	0.661
MD	大潮	0.381	0.700	0.737	0.791	0.848	1.077	0.761
	中潮	0.165	0.238	0.193	0.221	0.301	0.552	0.262
PN	大潮	0.638	1.325	1.350	1.661	1.670	2.054	1.471
	中潮	0.350	0.458	0.688	1.325	1.892	3.155	1.223

表 3－26　各测点垂线平均含沙量（kg/m^3）

测站	0*H*	0.2*H*	0.4*H*	0.6*H*	0.8*H*	1.0*H*	平均
H_1	0.135	0.289	0.399	0.475	0.646	0.931	0.502
H_2	0.262	0.572	0.762	0.896	1.036	1.204	0.842
H_3	0.307	0.876	1.084	1.325	1.590	1.940	1.279
H_4	0.343	0.819	1.049	13.10	1.484	1.749	1.199
H_5	0.443	0.991	1.235	1.553	1.711	22.14	1.436
H_6	0.506	1.062	1.457	1.699	1.941	2.386	1.631
H_7	0.607	1.446	1.164	1.494	1.619	2.127	0.383
H_8	0.732	1.548	1.790	1.975	2.115	2.486	1.874
H_9	1.029	1.686	1.995	2.334	2.338	2.724	2.111
MD	0.237	0.383	0.403	0.453	0.546	0.839	0.531
PN	0.555	0.966	1.083	1.555	1.739	2.624	1.396

3.2.4.2　输沙率和输沙量

1）输沙率

输沙率是表征垂线上涨、落潮的单宽输沙状况，经统计各站涨、落潮平均垂线输沙率见表 3－27[6]。

表 3－27　垂线平均输沙率

测站	涨潮		落潮		涨—落潮输沙率
	输沙率（kg/s）	方向（°）	输沙率（kg/s）	方向（°）	（kg/s）
H_1	9.03	291	9.67	117	－0.64
H_2	30.96	301	26.23	101	4.73
H_3	22.99	256	24.65	86	－1.66

续表

测站	涨潮		落潮		涨—落潮输沙率 (kg/s)
	输沙率（kg/s）	方向（°）	输沙率（kg/s）	方向（°）	
H_4	19.05	281	20.36	108	-1.31
H_5	16.23	278	18.30	101	-2.07
H_6	26.11	290	28.65	102	-2.54
H_7	42.14	276	58.67	100	-16.53
H_8	24.04	276	22.02	104	2.02
H_9	19.04	304	19.07	127	-0.03
MD	6.50	298	10.21	123	-3.71
PN	21.15	290	20.10	98	1.10

各站涨、落潮输沙方向与各站涨、落潮主流一致。

H_2、H_8、PN 站以涨潮输沙占优势，大多测站以落潮输沙占优势，H_7站位于进港航道的虎啸蛇岛附近，涨、落潮输沙率虽然很高，但涨、落相抵落潮输沙仍占优势，净输沙率最大，达 16.53 kg/s[6]。

从表 3-28 中我们可以看出：不同月相的涨落潮输沙方向变化不大，且基本一致；垂线输沙率大、中、小潮相差较大，大潮远高于小潮；在三种月相之间，同一测站有时涨潮大于落潮，有时落潮大于涨潮；各测站不同月相下，涨大于落或落大于涨并不完全一致[6]。

表 3-28　各潮次垂线输沙率

测站	大潮				中潮				小潮			
	涨潮		落潮		涨潮		落潮		涨潮		落潮	
	输沙率 (kg/s)	方向 (°)	输沙率 (kg/s)	方向 (°)	输沙率 (kg/s)	方向 (°)	输沙率 (kg/s)	方向 (°)	输沙率 (kg/s)	方向 (°)	输沙率 (kg/s)	方向 (°)
H_1	18.13	292	20.39	113	8.27	287	7.86	111	0.7	293	0.75	123
H_2	56.7	307	46.66	98	31.96	306	28.15	104	4.24	290	3.89	102
H_3	40.47	258	42.47	84	27	254	28.96	85	1.5	255	2.53	89
H_4	34.23	282	30.21	114	21.44	280	28.7	113	1.47	280	2.18	96
H_5	30.73	277	34.69	108	16.73	278	19.12	100	1.24	279	1.09	100
H_6	48.45	301	51.87	105	28.09	296	31.83	100	1.78	273	2.26	88
H_7	63.69	277	100.7	110	52.45	274	65.57	103	10.28	278	9.72	97
H_8	36.91	296	34.59	102	30.61	264	29.01	113	4.6	268	2.45	100
H_9	33.49	303	28.9	128	21.41	299	26.11	130	2.21	309	2.19	124
MD	9.59	305	15.65	124	3.41	290	4.76	122				
PN	26.16	300	28.77	102	16.14	279	11.43	93				

2）输沙量

输沙率与时间相乘即为单宽输沙量，上海东海海洋工程勘察设计研究院计算各测点的单宽输沙量见表3－29。

进港外航道总体为涨潮输沙量大于落潮输沙量，其中H_2站最大，平均净输沙量达110.19万吨。进港航道、港内航道和调头水域落潮输沙量大于涨潮输沙量，H_7站大潮全潮落潮输沙量达507.6万t，平均净输沙量187.35万t。

由表可见，调头水域、进港航道和港内航道的净输沙量为流出，进港外航道的净输沙量为流入，那么，H_6站和H_7站间为涨、落潮输沙的交汇水域[6]。

表3－29　垂线单宽输沙量（$\times 10^4$t）

测站	潮次	涨潮	落潮	涨—落	平均
H_1	大潮	88.11	100.93	－12.82	－20.18
	中潮	36.46	42.42	－5.96	
	小潮	2.09	3.49	－1.40	
H_2	大潮	311.30	218.35	92.95	110.19
	中潮	158.19	136.79	21.40	
	小潮	13.35	17.51	－4.16	
H_3	大潮	229.48	187.31	42.17	40.90
	中潮	138.50	135.51	2.99	
	小潮	5.53	9.79	－4.26	
H_4	大潮	187.95	141.41	46.54	27.42
	中潮	113.83	129.15	－15.28	
	小潮	5.17	9.01	－3.84	
H_5	大潮	163.15	165.47	－2.32	6.39
	中潮	91.85	82.58	9.27	
	小潮	4.14	4.70	－0.56	
H_6	大潮	239.84	270.77	30.93	23.32
	中潮	144.11	148.98	－4.87	
	小潮	6.42	9.16	－2.74	
H_7	大潮	326.71	507.60	－180.89	－187.35
	中潮	283.24	289.14	－5.90	
	小潮	37.92	38.48	－0.56	
H_8	大潮	166.09	171.21	－5.12	－4.84
	中潮	135.01	146.20	－5.19	
	小潮	15.74	10.37	5.47	
H_9	大潮	117.56	171.68	－54.12	－127.86
	中潮	78.99	148.07	－69.08	
	小潮	6.18	10.64	－4.66	

续表

测站	潮次	涨潮	落潮	涨—落	平均
MD	大潮	38.83	84.49	-45.66	-50.95
	中潮	7.99	13.28	-5.29	
	小潮				
PN	大潮	115.38	145.00	-29.62	-18.98
	中潮	43.57	32.93	10.64	
	小潮				

3.2.4.3 悬沙粒径

各站大、中、小潮悬沙粒径的平均、最大、最小值列于表 3-30，从表可知，中值粒径 d_{50}的平均粒度为 6.51 ~ 13.18 μm，最大为 18.48 μm、最小为 3.75 μm；平均粒径 M_Z 的平均粒度为 7.53 ~ 13.70 μm，最大为 18.47 μm、最小为 3.87 μm。按《海洋调查规范》划分属细粉砂和极细粉砂两种类型。按《疏浚岩土分类标准》划分，属粉砂质黏土和细粉砂两类。

从各站大、中、小潮的中值粒径、平均粒径的平均值来看，各站差别不大，H_1站相对偏细为 8.88 μm，其他各站为 9.86 ~ 11.34 μm，H_8站相对偏粗[6]。

表 3-30 悬移质颗分特征值

测站	潮次	d_{50}（μm）			M_Z（μm）			平均	
		最大	最小	平均	最大	最小	平均	d_{50}（μm）	M_Z（μm）
H_1	大潮	15.49	6.56	10.81	15.60	7.05	11.37	8.88	9.63
	中潮	12.59	7.47	9.31	13.09	8.12	9.98		
	小潮	7.60	5.65	6.51	8.60	6.28	7.53		
H_2	大潮	13.03	7.05	10.19	14.10	7.81	10.98	9.86	20.58
	中潮	15.05	8.15	11.39	14.84	8.80	12.08		
	小潮	10.09	6.25	8.01	11.00	6.80	8.67		
H_3	大潮	16.94	3.75	11.56	17.95	3.87	12.43	10.51	11.23
	中潮	15.49	7.59	12.37	15.5	8.38	12.94		
	小潮	11.46	4.98	7.61	11.76	5.34	8.32		
H_4	大潮	16.97	8.13	12.20	17.69	8.76	12.99	10.89	11.56
	中潮	18.04	7.72	13.18	17.76	8.85	13.70		
	小潮	9.69	5.83	7.30	10.55	6.63	7.99		
H_5	大潮	18.48	7.46	13.36	18.47	7.75	13.66	10.71	11.19
	中潮	16.08	6.10	11.27	16.66	6.44	11.77		
	小潮	10.04	5.37	7.49	10.78	5.63	8.15		

续表

测站	潮次	d_{50}（μm）			M_Z（μm）			平均	
		最大	最小	平均	最大	最小	平均	d_{50}（μm）	M_Z（μm）
H_6	大潮	16.74	6.11	11.47	17.26	6.63	12.12	9.99	10.61
	中潮	16.15	5.93	11.53	16.66	7.47	12.17		
	小潮	8.50	6.01	6.99	9.04	6.35	7.54		
H_7	大潮	16.07	7.15	12.33	15.67	7.79	12.78	10.67	11.19
	中潮	15.58	8.40	12.20	15.27	8.9	12.71		
	小潮	9.60	6.21	7.49	11.05	6.61	8.09		
H_8	大潮	15.96	7.08	11.81	16.05	7.57	12.34	11.34	11.72
	中潮	17.77	8.52	12.94	17.77	9.07	13.49		
	小潮	10.88	7.14	8.66	11.38	7.59	9.33		
H_9	大潮	16.65	7.55	11.84	17.06	7.89	12.50	10.78	11.51
	中潮	14.88	4.51	11.42	15.37	4.96	12.07		
	小潮	11.78	6.57	9.09	13.06	6.70	9.95		
MD	大潮	13.59	6.95	11.08	14.24	7.35	11.73	9.59	10.21
	中潮	9.93	6.15	8.10	10.58	6.73	8.69		
PN	大潮	17.84	7.07	11.88	17.51	8.02	12.42	10.86	11.45
	中潮	15.01	7.81	9.83	15.65	8.37	10.47		

3.2.4.4 底质类型

底质粒径分布，上海东海海洋工程勘察设计研究院于2002年进行水文测验，底质类型及黏度组成见表3－31。由表可见：测验区海底表层细颗粒沉积物占优势，以黏土质粉砂（YT）和粉砂（T）为主，所有样本中均含有少量的砂。各取样点的中值粒径分布为：进港外航道各测站（除 H_2 站）底质粒度的中值粒径相对偏细，一般在0.0116～0.0240 mm之间；进港航道和港内航道的 H_7、H_8 站底质粒度的中值粒径相对偏粗，在0.0337～0.0340 mm。

表3－31　底质类型及黏度组成

测站	沉积物组成（%）			底质类型
	砂	粉砂	黏土	
H_1	0.329	68.5	31.18	YT
H_2	2.831	75.55	21.62	T
H_3	3.327	62.39	30.47	YT
H_4	2.158	73.253	24.59	YT
H_5	0.471	66.94	32.59	YT
H_6	2.568	68.36	28.89	YT
H_7	1.704	82.91	15.39	T
H_8	8.622	70.77	20.61	T

续表

测站	沉积物组成（%）			底质类型
	砂	粉砂	黏土	
H_9	15.936	59.56	24.51	YT
MD	5.29	66.64	28.07	YT
PN	0.122	6.421	35.67	YT

必须指出：海岸分为淤泥质、粉砂质和砂质三类，而泥沙类型也有黏土、粉砂、砂之分，二者虽有相同之处，但并不一一对应，表 3－32 列出了海岸类型与泥沙颗粒分类对照关系[7]。笔者对表中加 * 的数据做了修改。

表 3－32　海岸类型与泥沙颗粒分类对照表

海岸类型	粒径范围（mm）	泥沙颗粒分类	
		欧美标准	中国标准
砂质海岸 $d_{50}>0.125$ mm	1.00～2.00	极粗砂	砂（0.062～2.00）*
	0.50～1.00	粗砂	
	0.25～0.50	中砂	
	0.125～0.25	细砂	
粉砂质海岸 0.031 mm $\leqslant d_{50}\leqslant$ 0.125 mm	0.062～0.125	极细砂	
	0.031～0.062	粗粉砂	粉砂（0.004～0.062）*
淤泥质海岸 $d_{50}<0.031$ mm	0.016～0.031	中粉砂	
	0.008～0.016	细粉砂	
	0.004～0.008	极细粉砂	
	0.002～0.004	粗黏土	黏土（<0.004）*
	0.0010～0.002	中黏土	
	0.0005～0.0010	细黏土	
	0.00024～0.0005	极细黏土	

3.2.4.5　航道工程地质条件[6]

航道工程区域揭露的岩土层为第四纪全新世晚期和现代堆积的海相松散堆积层及燕山期花岗岩。根据 2000 年 10 月和 2002 年 2 月在进港航道疏浚区、洋山深水港锚地和泥灰礁以及 2004 年 4 月在洋山深水港外航道西段、中西段和航道进口灯船水域勘探揭露的地质时代、成因类型和工程地质特征，航道工程范围地质划分为 5 个工程地质单元体。各单元体特征如下：

1）灰黄色淤泥

饱和，流塑。含少量腐殖物，含少量云母及贝壳碎片，夹粉砂微薄层，局部为淤泥混砂。土质极软，钻具自沉。顶板标高为 －14.9～－12.4 m，层厚 0.9～3.0 m，实测标贯击数小于 1 击。

2）灰黄色粉质黏土夹粉砂

灰色，饱和，软塑。局部为黏质粉土或粉砂夹粉质黏土。顶板标高 -19.8 ~ -8.6 m，厚度0.6 ~3.6 m（局部未揭穿）。

3）灰黄—灰色淤泥质黏土

饱和，流塑—软塑。切面光滑，含少量腐殖物，夹较多粉细砂微薄层，局部近淤泥质黏土夹粉细砂。顶板标高 -27.1 ~ -14.3 m，厚度未揭穿，实测标贯击数一般小于 1 ~ 2 击。

4）灰黄—灰色淤泥质粉质黏土

饱和，流塑—软塑。含少量砂眼及腐殖物，夹粉细砂微薄层。顶板标高 -24.5 ~ -9.2 m，厚度未揭穿。实测标贯击数一般小于 1 击。

5）黏质粉土

灰色，稍—中密，湿—很湿，厚层状，土质不均，以黏质粉土为主，局部地段为砂质粉土，间夹较多淤泥质粉质黏土，韧性软，干强度低，摇震反应快。厚度约 2.6 m。该层具中等压缩性，物理力学性质较好。地基承载力特征值 *fak* = 110 kpa。

按疏浚岩土分类标准，港内水域疏浚区土质属 4 级、8 级土；进港航道疏浚段的疏浚土质属 3 ~4 级土。

3.3 主航道疏浚区回淤

3.3.1 回淤的时间分布

疏浚施工前、天然状况下的海床变化，2002 年 3 月测图与 2004 年 3 月测图相比，主航道挖槽段水域略有冲淤，但幅度不大，整个海床基本处于动态平衡之中，见图 3 -9[3]。

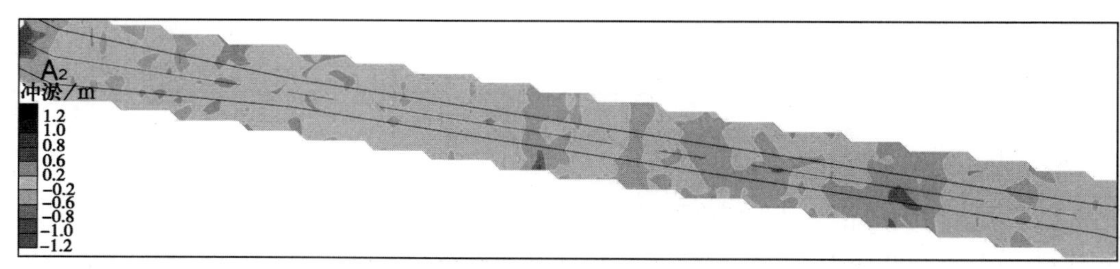

图 3 -9 主航道水域冲淤比较（2002 年 3 月至 2004 年 3 月）

主航道人工疏浚段位于 A1 ~ A2 段，疏浚区长约 11 km，航道走向 279°—99°，设计疏浚底标高 -16.5 m，横向开挖边坡 1∶15[3]。

2005 年 10 月洋山深水港外航道及一期港池水域疏浚工程顺利完成，在施工过程中，除正常淤积外，也出现了底部浮泥造成短时间内的强淤现象。10 月 10 日和 24 日外航道疏浚段全槽出现了大量浮泥，测图水深分别淤浅 0.7 m 和 0.5 m，其量分别为 280 万 m^3 和

200 万 m^3；10 月 6 日在一期泊位水域，通过潜水员探摸也发现有 0.9 ~ 1.4 m 浮泥层[8]。

自 2005 年 10 月底交工验收至 2008 年年初，根据航道维护施工情况，主要可以分为两个时段：①2005 年 10 月至 2007 年 6 月：自然冲淤状态；②2007 年 7 月至 2008 年 1 月：维护疏浚。主航道挖槽平均水深统计见表 3 – 33[3]。

表 3 – 33　人工挖槽段平均水深统计（三期）

测量时间	平均水深（m）	累计间隔时间（d）	累计冲淤厚度（m）	累计月平均冲淤厚度（m）	备注
2005 年 10 月交工	16.80				
2006 年 1 月	16.46	85	-0.34	-0.12	
2006 年 3 月	16.44	145	-0.36	-0.07	
2006 年 4 月	16.39	179	-0.41	-0.07	
2006 年 6 月	16.32	243	-0.48	-0.06	
2006 年 10 月	15.60	353	-1.20	-0.10	
2007 年 1 月	15.53	447	-1.27		
2007 年 6 月	15.80	584	-1.00		
2007 年 8 月底	16.30				维护疏浚
2007 年 10 月底	15.47				台风影响
2007 年 12 月	16.06				
2008 年 1 月	16.40				维护疏浚

根据 2008 年 1 月测图资料，航道水深已恢复到 16.4 m。

从上表可以看出，航道处于自然冲淤的 2005 年 10 月至 2006 年 10 月约 1 年的时间内，挖槽平均水深从 16.80 m 淤浅为 15.60 m，平均淤积厚度 1.2 m，折合月均淤积厚度约 0.1 m，和设计预测的 1.1 m/a 的年淤积强度取值基本相当。

2006 年 10 月至 2007 年 6 月，挖槽淤积幅度减缓，甚至在 2007 年 1—6 月间略有增深，初步分析，主要是由于 2007 年 1 月挖槽平均水深已淤浅至 15.6 m，水深较浅导致回淤速率有所减小。

2007 年 7 月后航道进行维护疏浚，在 2007 年 9—10 月，洋山海区先后受台风“韦帕”“罗莎”影响，根据台风前后测图比较，航道挖槽分别淤浅 0.32 m 和 0.51 m，从挖槽淤积的取样分析来看，主要是台风后的浮泥淤积。

从自然冲淤时段挖槽横断面形态变化情况看（图 3 – 10），2006 年 10 月挖槽断面和 2005 年 10 月底相比，挖槽内均有幅度不等的淤浅。对于挖深较大的断面（ADCP-2 断面），其挖槽断面形态仍基本保持，且挖槽边坡仍基本维持设计取值 1∶15 的边坡；但对挖槽东、西侧挖深较小的断面（ADCP-1 断面），由于挖深较小，挖槽内、外泥面已基本相同，断面形态不明显。

从人工挖槽段轴线处的纵断面看（图 3 – 11），2006 年 10 月挖槽断面和 2005 年交工验收时相比，挖槽淤积幅度和挖深关系密切，淤积幅度沿程的分布呈中间大、两端小的总体格局。

从2008年1月测图反映，经过多次维护疏浚，水深纵向分布平缓，并逐步恢复至设计水深[3]。

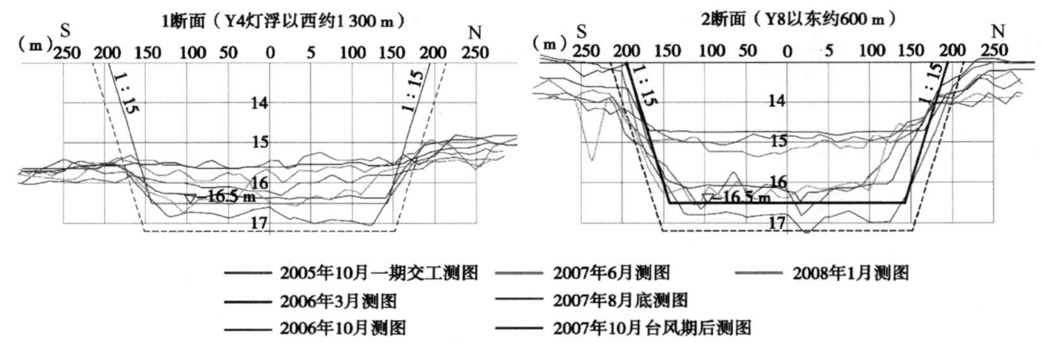

图3－10　人工挖槽段横断面[3]

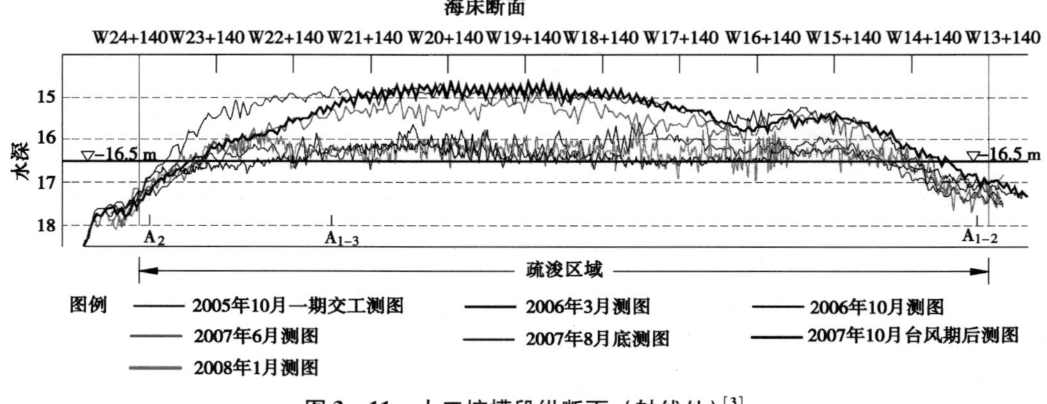

图3－11　人工挖槽段纵断面（轴线处）[3]

3.3.2　回淤原因分析

在海岸河口水域建港，港池和航道一般需要开挖，港口、航道建设中的泥沙回淤问题往往是十分重要的中心问题。近海水域挖槽中的泥沙回淤，主要取决于三个基本要素：泥沙条件、动力条件和边界条件[9]。

泥沙条件包括当地底质特性（砂质或淤泥质等）、悬沙条件（含沙量和粒径等）和供沙条件（包括疏浚抛泥）等。

在海岸河口水域，当地动力条件主要为径流、潮流和波浪。

边界条件主要指水深条件（如工程附近浅滩水深、挖槽水深等）、附近的海岸工程或其他的影响等。

对某确定海域，在没有人为因素扰动的情况下，当地的泥沙运动一般可认为处于相对动态平衡状态，或处于相对缓变过程，即泥沙的冲淤幅度较小，或者仅仅是周期性的、季节性的循环变化[9]。

但人类活动往往通过改变边界条件、动力条件或供沙条件（抛泥等），打破原有的动态平衡，造成在较短的时段内泥沙迅速、大量的冲淤变化。当我们关心的港口、航道范围内泥沙淤积速度或回淤量远远超出常规情况时，可称为骤淤[9]。

在近海动力环境下，“骤淤”一般与异常恶劣的大风浪气象条件密切相关。工程界往往将在异常气象条件下、较短时间内港区航道发生的淤积称为骤淤[9]。

3.3.3 航道回淤计算

淤泥质海岸泥沙运动特点，以泥沙悬移状态为主，水流、波浪共同掀沙，水流挟沙，当挟沙水流流经航槽时，由于水深加大，水流动力减弱，可能导致部分泥沙沉淤到床面[3,5,10]。

3.3.3.1 采用公式

1）刘家驹公式

中国工程建设标准化协会水运工程委员会推荐的刘家驹公式为

$$P = \frac{\omega ST}{\gamma_0}\left\{K_1\left[1 - \left(\frac{H_1}{H_2}\right)^3\right]\sin\theta + K_2\left[1 - \frac{H_1}{2H_2}\left(1 + \frac{H_1}{H_2}\right)\right]\cos\theta\right\} \tag{3-1}$$

式中：P——年回淤强度（m/a）；

ω——细颗粒泥沙絮凝沉速（m/s）；

S——当地年平均含沙量（kg/m^3）；

T——1年的总秒数 315.36×10^5（s）；

H_1、H_2——滩面水深和航道水深（m）；

K_1、K_2——经验系数，分别取0.35和0.13；

θ——水流流向与航道走向的夹角（°）；

γ_0——淤积泥沙干容重（kg/m^3）。

2）曹祖德公式

$$P = \frac{\alpha\omega ST}{\gamma_0}\left[1 - \left(\frac{H_1}{H_2}\right)^3\sin^2\theta - \left(\frac{H_1}{H_2}\right)^{0.6}\cos^2\theta\right] \tag{3-2}$$

式中：α——经验系数，其取值应据当地实测资料的验证来确定。参考该公式在天津港和伶仃洋航道时的计算，取为0.40。其他符号意义同前。

3）蒋睢耀公式[10]

$$P = \int_0^{T'} \frac{\alpha f(S_0 d_{50} V) S_0}{\gamma_0}\mathrm{d}T' - \frac{1}{\gamma_0}\int_0^{T} M\left[\left(\frac{U_*}{u_{*c}}\right)^2 - 1\right]\mathrm{d}T'' \tag{3-3}$$

式中：P——T'时间段内淤强（m）；

α——沉积系数，根据试验结果确定；

$f(S_0 d_{50} V)$——沉速 ω 函数式，随水域条件变化（m/s）；

S_0——开挖前含沙量（kg/m^3）；

γ_0——淤积物干容重（kg/m^3）；

T'——一个潮周期内累计淤积时间（s）；

M——沉积物冲刷系数（kg/m^2·s）；

U_*——dT''时段底部水流摩阻流速（m/s）；

u_{*c}——底部泥沙起动摩阻流速（m/s）；

T'——一个潮周期内累计冲刷时间（s）。

3.3.3.2 计算参数[10]

（1）开挖深度：依据洋山港工程方案，航道底标高均为 -16.0 m，宽度 260 m，航道约有9 km需进行开挖。

（2）水流速度：水流速度是判断泥沙运动状态和确定泥沙沉速的要素。采用数学模型中潮流速计算成果进行淤积计算。

（3）含沙量：根据小洋山码头水域长期的表层含沙量观测结果和三次大规模水文测验资料推算，选取航道年平均含沙量值为 1.12 kg/m^3，其中涨潮含沙量为 1.07 kg/m^3，落潮含沙量为 1.18 kg/m^3。

（4）水力特性值：判别泥沙不淤流速和沉降速度均采用环形水槽试验结果。根据航道开挖后流速全潮变化过程确定淤积时段，然后依据淤积时段逐时流速选取泥沙动水沉速进行淤积计算。

（5）淤积物干容重：选取 γ =1 450 kg/m^{3}作为统一计量标准，则干容重 γ_0 =693 kg/m^3。

（6）沉积系数：沉积系数在逐时累积法淤强计算式中系指水体中泥沙随流速变化的沉积率，该系数由环形水槽平衡含沙量试验确定，用下式表示：

$$\alpha = \frac{S_0 - S_P}{S_0} = 1 - \frac{S_P}{S_0}$$

式中：S_0——水体含沙量（kg/m^3）；

S_P——平衡含沙量（kg/m^3）。

（7）起动摩阻流速：采用环形水槽试验结果，取悬沙 u_{*c} =4.2 cm/s。

（8）滩面摩阻流速：滩面摩阻流速采用现场实测资料根据普朗特定律分析而得。

（9）冲刷系数 M 是泥沙水动力特性的重要指标之一，它与泥沙特性及固结程度有关，根据滩面冲刷平衡（即冲刷量等于淤积量），由水流实测资料和其他泥沙特性参数反算而得。

3.3.3.3 计算结果

按上述公式和参数，将航道开挖淤强估算值列于表 3-34，可知，曹祖德公式和刘家驹公式计算得出的平均淤强为 0.80～0.83 m/a，蒋雎耀公式计算的平均淤强为 0.75 m/a，各公式计算的平均淤强基本都在同一量级[10]。

表3－34　航道开挖回淤强度（m/a）估算

计算点	蒋氏公式	刘氏公式	曹氏公式
1	0.46	0.53	0.49
2	0.75	0.84	0.80
3	0.90	0.96	0.94
4	0.94	1.03	1.00
5	0.96	1.07	1.07
6	0.92	1.06	1.04
7	0.76	0.84	0.80
8	0.58	0.60	0.55
9	0.46	0.53	0.49
平均	0.75	0.83	0.80

3.3.3.4　实际回淤厚度

采用经验公式、潮流泥沙模型以及对杭州湾试挖槽实测资料分析等多种手段，确定正常情况下洋山进港主航道淤强为1.1 m/a，一期港内水域淤强为1.76 m/a。根据2005年10月验收至2007年1月的观测资料，进港主航道累积淤积1.27 m，和原设计取值一致[1,3]。

本章参考文献

［1］赵庆英，陈荣华，王小波，等．洋山港内及航道水域沉积环境分析［J］．海洋工程，2005，23（2）：77－81.

［2］JTS165—2013 海港总平面设计规范［S］.

［3］周海，徐元．上海国际航运中心洋山港深水港区三期工程航道工程初步设计（第一分册）［R］．上海：中交上海航道勘察设计研究院有限公司，2008.

［4］万军，应强，焦志斌．洋山深水港区进港外航道台风期适航水深研究［R］．上海：上海达华测绘有限公司，2010.

［5］周海，徐元．上海国际航运中心洋山港深水港区二期工程航道工程初步设计（第一分册）［R］．上海：中交上海航道勘察设计研究院有限公司，2005.

［6］徐新华．上海国际航运中心洋山深水港一期工程航道工程初步设计阶段水文泥沙测验分析报告［R］．上海：上海东海海洋工程勘察设计研究院，2002.

［7］曹祖德，焦桂英，赵冲久．粉沙质泥沙运动和淤积分析计算［J］．海洋工程，2004，22（1）：59－65.

［8］李蓓，吴明阳．上海国际航运中心洋山港深水港区一期港池水域浮泥观测及泥沙淤积分析资料汇编［R］．天津：交通部天津水运工程科学研究所，2006.

［9］徐啸．上海国际航运中心洋山港深水港区一期工程港区及航道泥沙骤淤问题分析研究［R］．南京：南京水利科学研究院，2002.

［10］杨华，冯学英．上海洋山港区和进港航道水域泥沙特性及回淤分析研究［J］．水道港口，2000，（3）：17－22.

第 4 章　航道表层淤泥特性分析

4.1　航道泥沙主要来源

长江口的泥沙主要来自长江流域，三峡工程建设前，年输沙总量达 4.86 亿 t。泥沙出河口后在涨落潮的作用下，最终较细的泥沙被输入东海，除少量直接落淤于深海外，主要随海流往南、北沿海输移。其中大量泥沙随杭州湾涨、落潮流大进大出，往返输移后，继续往南运移。较粗的泥沙部分沉积在水下三角洲前缘，延伸到小戢山后，受强劲的涨潮流顶托，不再向东延伸，泥沙转而向西南方向运移。中间海域东、西向的涨潮流，导致该海区呈现东西间往返运移，从而形成该海区微淤趋势。

洋山港的西面为杭州湾水域，因此杭州湾的泥沙运动、潮流特性、历史演变趋势关系到航道淤积。杭州湾淤积的泥沙来自上游和口外两个方面，其中以口外长江外海来沙为主。长江下泄南移的大量细颗粒泥沙在口外随大戢洋、黄泽洋等潮汐通道的涨潮流进入杭州湾。据沉积物分析表明，表层沉积物中的细砂主要来源于本海区岛上的岩石风化产物，粉砂来源于长江口和杭州湾，也受外海来沙的影响，黏土主要来源于长江入海泥沙。

洋山港进港外航道的大地构造隶属我国新华夏系第二隆起带。表层岩石初步推测为晚侏罗系熔结凝灰岩，基底为燕山期花岗岩，上伏第四纪地层较为发育，上部一般为亚砂土及亚黏土层，下部则由淤泥质亚黏土夹粉细砂组成。进港航道自西向东分为 3 段，上段靠近马鞍山和虎啸蛇两岛。表层地层一般为基岩层，板底标高在 -40 ~ -20 m 之间，中上段地层以亚砂土和亚黏土层为主，板顶标高在 -20 ~ -12.5 m，层厚小于 10 m；中下段地层（位于小衢山北侧）一般为淤泥质亚黏土层，顶板标高在 -25.9 ~ -12.7 m 之间，平均厚约 10 m。航道浅段的地层为亚黏土或淤泥质亚黏土。

综上所述，对航道淤积起控制作用的是在风浪潮流综合作用下的泥沙悬扬搬移，属间接性泥沙来源。

4.2　表层沉积物取样

4.2.1　外航道

2009 年 11 月份开始在洋山港进港外航道进行了大范围的表层沉积物取样工作。按照研究大纲的要求，在取样区布置取样点 20 个，其中航槽内取样 8 个，航道边滩取样 12 个，各点间隔距离约 4 km。取样点坐标见表 4-1，航道取样点示意图见图 4-1[1]。

样品分析采用密度计法和激光粒度分析仪，分析过程中严格执行《海洋监测规范》。

表 4－1　各淤泥取样点相对坐标（m）

测点号	X 坐标	Y 坐标	测点号	X 坐标	Y 坐标
F1	82 356.2	16 921.1	F11	82 786.1	21 571.8
F2	82 277.3	17 448.5	F12	82 486.3	23 541.1
F3	81 994.2	19 444.8	F13	82 182.4	25 518.8
F4	81 660.3	21 406.1	F14	81 877.6	27 495.5
F5	81 355.6	23 379.9	F15	81 267.4	17 300.2
F6	81 051.5	25 363.1	F16	80 987.6	19 286.9
F7	80 747.4	27 334.8	F17	80 673.9	21 266.9
F8	80 671.9	27 820.6	F18	80 339.3	23 239.6
F9	83 405.0	17 611.8	F19	80 041.3	25 210.1
F10	83 091.9	19 593.4	F20	79 741.1	27 184.7

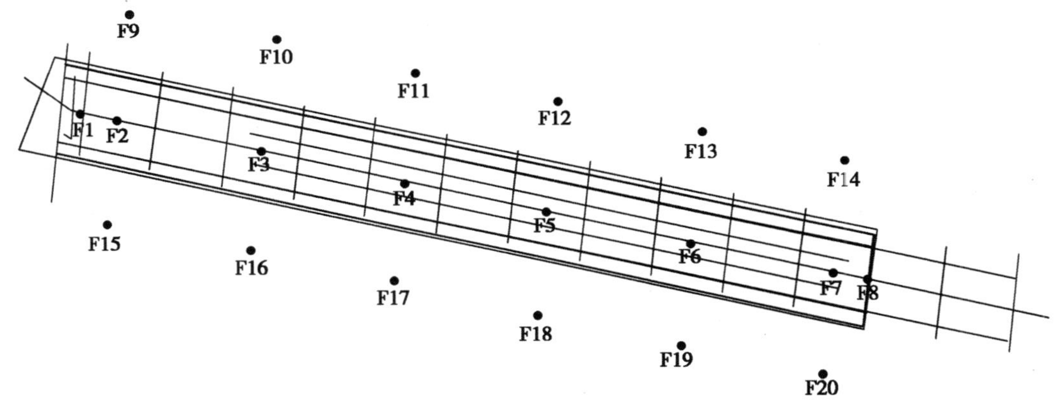

图 4－1　洋山港航道取样点示意

4.2.2　港池

2005 年 11 月 28 日至 12 月 9 日历时 12 天，天津水运工程科学研究所在一期港池前沿开展了水域水深、淤积物容重分布、底质以及水流、含沙量等项观测。为了解一期港池水域淤积物容重垂线分布变化，共布置 63 个测点，取样点坐标见表 4－2，航道取样点示意图见图 4－2。采用荷兰 STEMA 音叉密度计测量淤泥层垂向容重分布，并配以滚轴采样器同步采样[2]。

表 4－2　2005 年 12 月密度计测量点位平面相对坐标（m）

测点号	X 坐标	Y 坐标	测点号	X 坐标	Y 坐标
1－25 m	89 783. 365	4 996. 371	5－200 m	89 112. 131	5 524. 065
1－50 m	89 764. 214	4 980. 301	5－500 m	88 882. 318	5 331. 229
1－75 m	89 745. 063	4 964. 232	5－800 m	88 652. 505	5 138. 392
1－100 m	89 725. 912	4 948. 162	6－25 m	89 117. 632	5 789. 762
1－200 m	89 649. 308	4 883. 883	6－50 m	89 098. 481	5 773. 692
1－500 m	89 419. 494	4 691. 047	6－75 m	89 079. 329	5 757. 622
1－800 m	89 189. 681	4 498. 211	6－100 m	89 060. 178	5 741. 552
2－25 m	89 631. 862	5 176. 926	6－200 m	88 983. 574	5 677. 274
2－50 m	89 612. 711	5 160. 856	6－500 m	88 753. 761	5 484. 437
2－75 m	89 593. 560	5 144. 787	6－800 m	88 523. 947	5 291. 601
2－100 m	89 574. 408	5 128. 717	7－25 m	88 989. 074	5 942. 970
2－200 m	89 497. 804	5 064. 438	7－50 m	88 969. 923	5 926. 901
2－500 m	89 267. 991	4 871. 602	7－75 m	88 950. 772	5 910. 831
2－800 m	89 038. 177	4 678. 766	7－100 m	88 931. 621	5 894. 761
3－25 m	89 503. 304	5 330. 135	7－200 m	88 855. 016	5 830. 483
3－50 m	89 484. 153	5 314. 065	7－500 m	88 625. 203	5 637. 646
3－75 m	89 465. 002	5 297. 996	7－800 m	88 395. 390	5 444. 810
3－100 m	89 445. 851	5 281. 926	8－25 m	88 860. 517	6 096. 179
3－200 m	89 369. 246	5 217. 647	8－50 m	88 841. 365	6 080. 110
3－500 m	89 139. 433	5 024. 811	8－75 m	88 822. 214	6 064. 040
3－800 m	88 909. 620	4 831. 974	8－100 m	88 803. 063	6 047. 970
4－25 m	89 374. 747	5 483. 344	8－200 m	88 726. 459	5 983. 691
4－50 m	89 355. 596	5 467. 274	8－500 m	88 496. 645	5 790. 855
4－75 m	89 336. 444	5 451. 204	8－800 m	88 266. 832	5 598. 019
4－100 m	89 317. 293	5 435. 135	9－25 m	88 707. 763	6 278. 224
4－200 m	89 240. 689	5 370. 856	9－50 m	88 688. 612	6 262. 154
4－500 m	89 010. 876	5 178. 020	9－75 m	88 669. 461	6 246. 084
4－800 m	88 781. 062	4 985. 183	9－100 m	88 650. 310	6 230. 014
5－25 m	89 246. 189	5 636. 553	9－200 m	88 573. 706	6 165. 736
5－50 m	89 227. 038	5 620. 483	9－500 m	88 343. 892	5 972. 899
5－75 m	89 207. 887	5 604. 413	9－800 m	88 114. 079	5 780. 063
5－100 m	89 188. 736	5 588. 344			

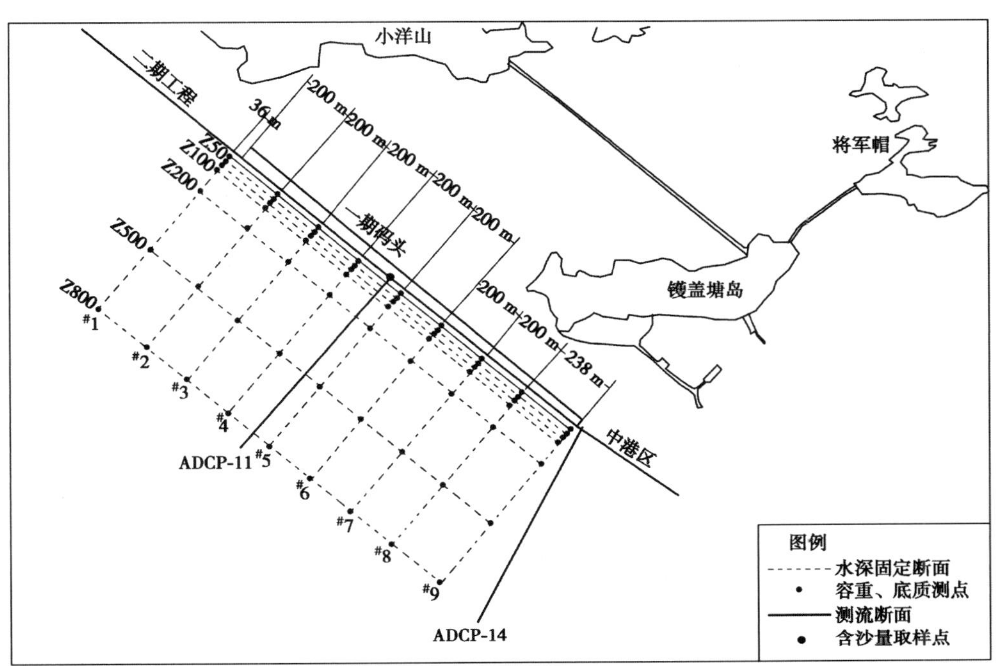

图 4－2　2005 年 12 月一期港池浮泥测量断面布置示意

4.3　颗粒分析

4.3.1　密度计法

根据《土工试验方法标准》（GB/T 50123—1999）规定，颗粒分析试验就是测定土中各种粒组所占该土总质量的百分数的试验方法，可分为筛析法和沉降分析法。其中沉降分析法又有密度计法和移液管法等。对于粒径大于 0.075 mm 的土粒可用筛分析的方法来测定，而对于粒径小于 0.075 mm 的土粒则用沉降分析方法来测定。

此次航道取样的泥沙颗粒较细，粒径小于 0.075 mm，故采用《土工试验方法标准》（GB/T 50123—1999）[4] 中的密度计法，对 20 个淤泥样本进行分析，各样的粒配曲线见图 4－3，各样本泥沙的基本特征值见表 4－3。其中 C_u 为不均匀系数 $C_u = d_{60}/d_{10}$，C_c 为曲率系数 $C_c = d_{30}^2/(d_{10}d_{60})$，$d$ 为泥沙粒径。

由表 4－3 可知，航槽内 8 个样品淤泥中值粒径变化为 0.015～0.017 mm，航道北侧边滩 6 个样品淤泥中值粒径变化为 0.014～0.018 mm，航道南侧边滩 6 个样品淤泥中值粒径变化为 0.015～0.022 mm[3]。

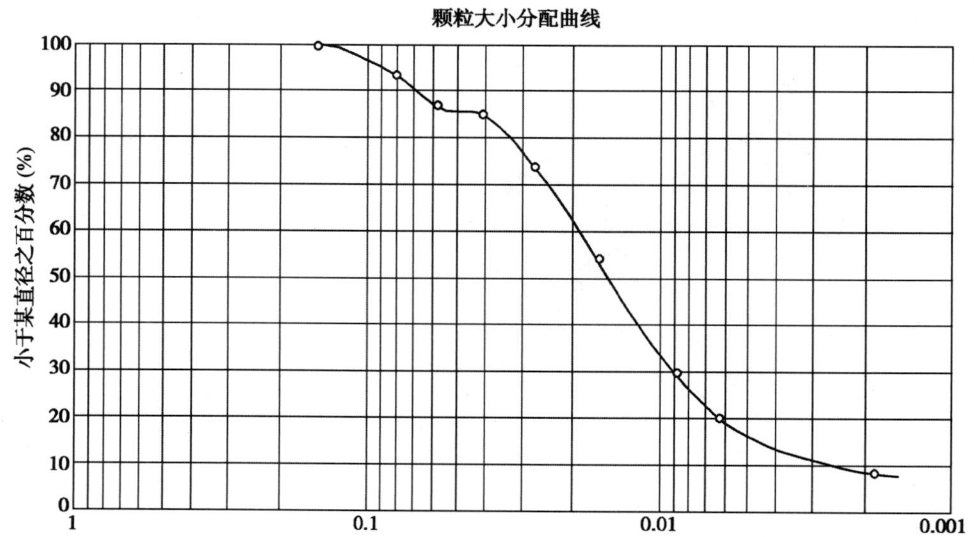

颗粒组成											土的分类：粉土				
> 10	10 ~ 5.0	5.0 ~ 2.0	2.0 ~ 0.5	0.5 ~ 0.25	0.25 ~ 0.075	0.075~ 0.05	0.05 ~ 0.001	0.01 ~ 0.005	< 0.005	< 0.002	d_{60}	d_{50}	d_{10}	C_u	C_c
					7.9	6.1	52.2	17.5	16.3	8.7	0.019	0.015	0.003	6.333	1.421

试验编号：kf1217　　土样编号：f1　　日期：12/17/2009　　试验者：

图 4－3（1）　F1 测点淤泥颗分曲线

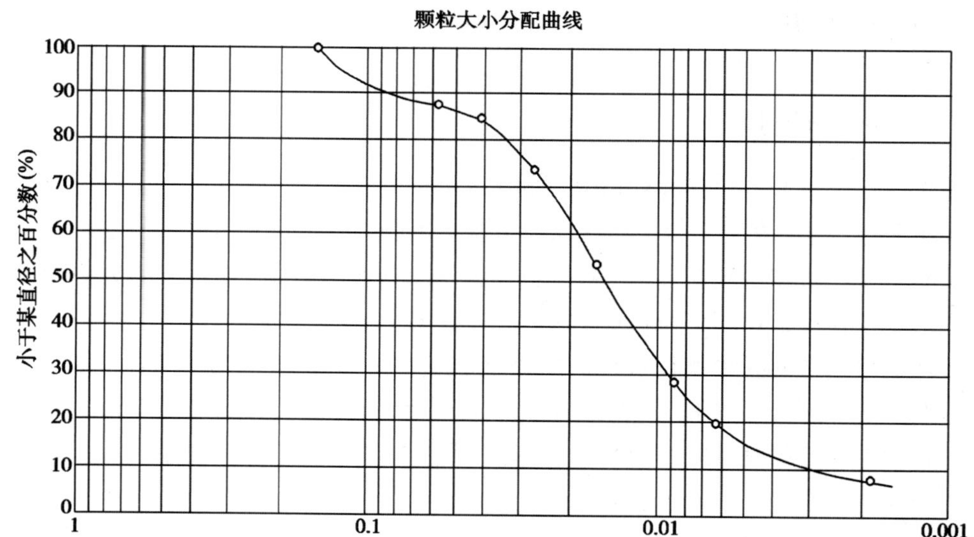

颗粒组成											土的分类：粉土				
> 10	10 ~ 5.0	5.0 ~ 2.0	2.0 ~ 0.5	0.5 ~ 0.25	0.25 ~ 0.075	0.075~ 0.05	0.05 ~ 0.001	0.01 ~ 0.005	< 0.005	< 0.002	d_{60}	d_{50}	d_{10}	C_u	C_c
					11.1	2.5	53.7	17.5	15.2	7.4	0.019	0.015	0.003	6.333	1.421

试验编号：kf1217　　土样编号：f2　　日期：12/17/2009　　试验者：

图 4－3（2）　F2 测点淤泥颗分曲线

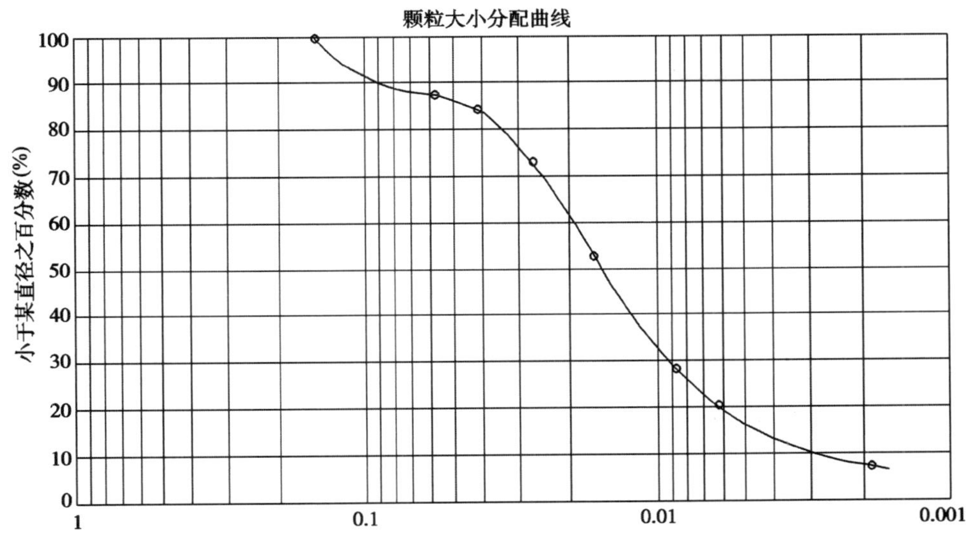

颗粒组成											土的分类：粉土				
> 10	10 ~ 5.0	5.0 ~ 2.0	2.0 ~ 0.5	0.5 ~ 0.25	0.25 ~ 0.075	0.075~ 0.05	0.05 ~ 0.001	0.01 ~ 0.005	< 0.005	< 0.002	d_{60}	d_{50}	d_{10}	C_u	C_c
					11.4	2.3	53.8	16.6	15.9	7.1	0.019	0.015	0.003	6.333	1.421

试验编号：kf1217　　土样编号：f3　　日期：12/17/2009　　试验者：

图 4－3（3）　F3 测点淤泥颗分曲线

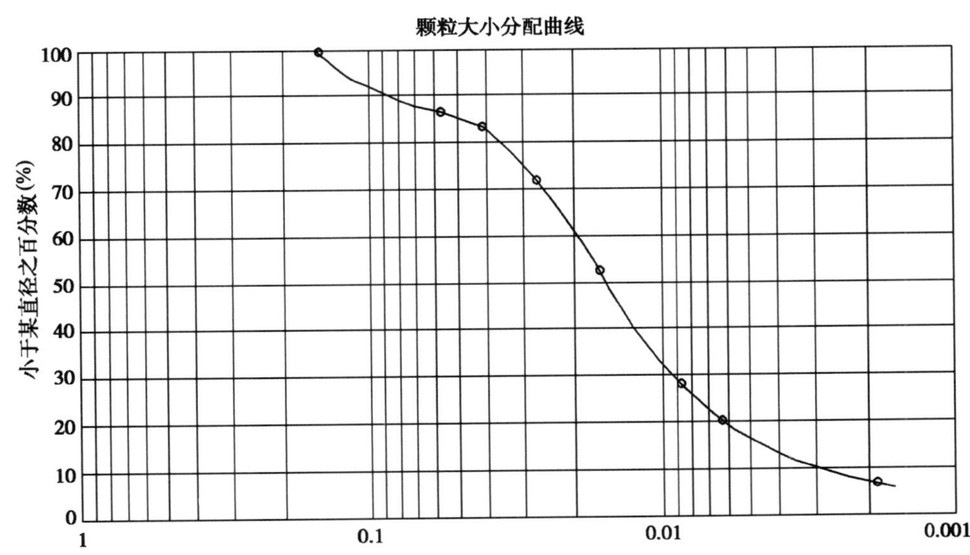

颗粒组成											土的分类：粉土				
> 10	10 ~ 5.0	5.0 ~ 2.0	2.0 ~ 0.5	0.5 ~ 0.25	0.25 ~ 0.075	0.075~ 0.05	0.05 ~ 0.001	0.01 ~ 0.005	< 0.005	< 0.002	d_{60}	d_{50}	d_{10}	C_u	C_c
					11.3	3.2	53.1	16.1	16.3	7.1	0.019	0.015	0.003	6.333	1.421

试验编号：kf1217　　土样编号：f4　　日期：12/17/2009　　试验者：

图 4－3（4）　F4 测点淤泥颗分曲线

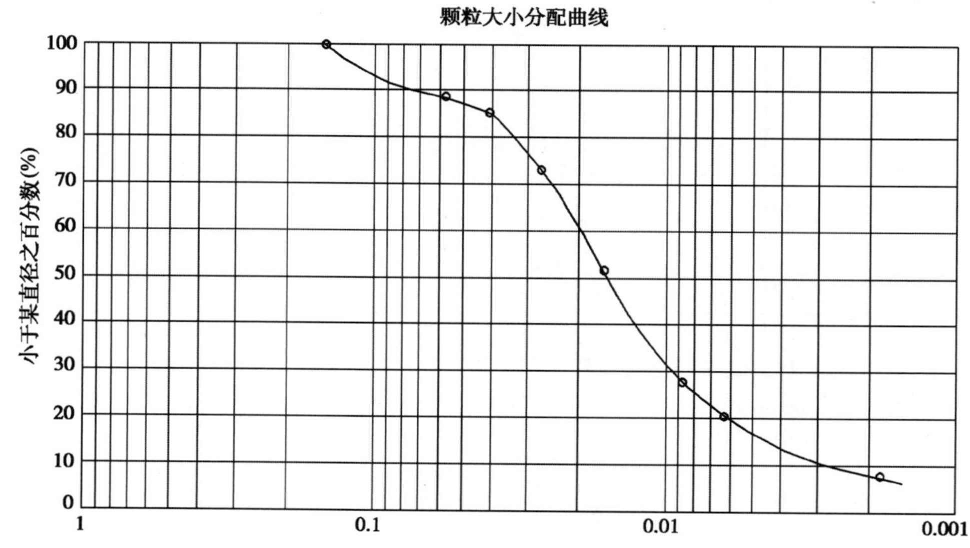

颗粒组成											土的分类：粉土				
> 10	10～ 5.0	5.0～ 2.0	2.0～ 0.5	0.5～ 0.25	0.25～ 0.075	0.075～ 0.05	0.05～ 0.001	0.01～ 0.005	< 0.005	< 0.002	d_{60}	d_{50}	d_{10}	C_u	C_c
					9.8	2.9	55.9	15.0	16.5	7.5	0.020	0.016	0.003	6.667	1.667

试验编号：kf1217　　土样编号：f5　　日期：12/17/2009　　试验者：

图 4－3（5）　F5 测点淤泥颗分曲线

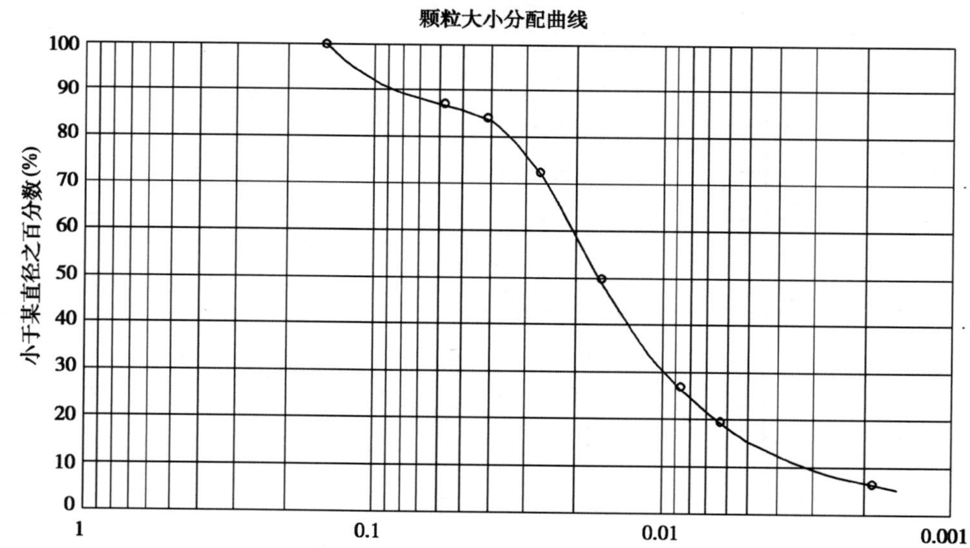

颗粒组成											土的分类：粉土				
> 10	10～ 5.0	5.0～ 2.0	2.0～ 0.5	0.5～ 0.25	0.25～ 0.075	0.075～ 0.05	0.05～ 0.001	0.01～ 0.005	< 0.005	< 0.002	d_{60}	d_{50}	d_{10}	C_u	C_c
					11.3	3.2	55.8	15.4	14.4	5.4	0.021	0.017	0.004	5.250	1.190

试验编号：kf1217　　土样编号：f6　　日期：12/17/2009　　试验者：

图 4－3（6）　F6 测点淤泥颗分曲线

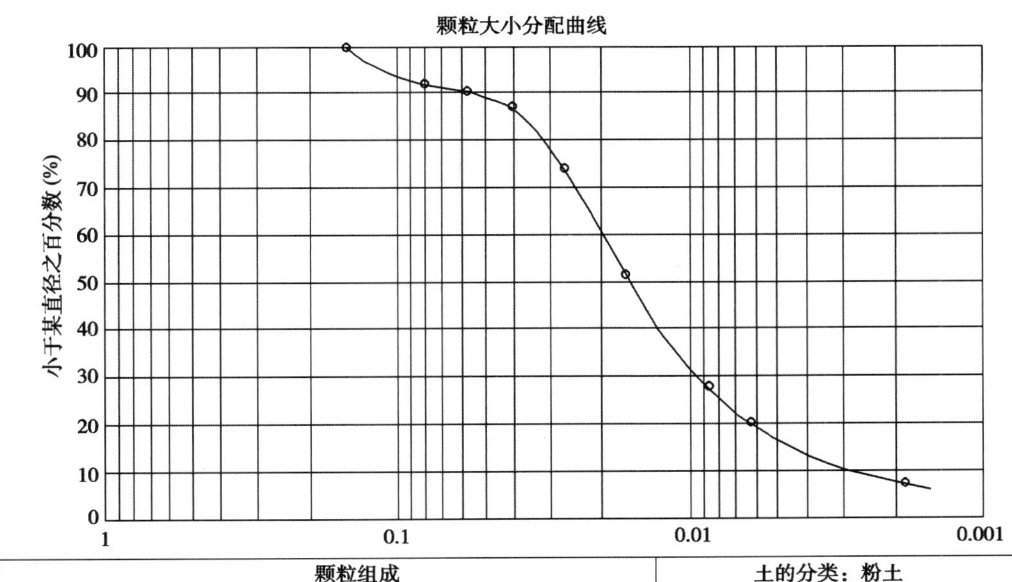

颗粒组成											土的分类：粉土				
> 10	10 ~ 5.0	5.0 ~ 2.0	2.0 ~ 0.5	0.5 ~ 0.25	0.25 ~ 0.075	0.075~ 0.05	0.05 ~ 0.001	0.01 ~ 0.005	< 0.005	< 0.002	d_{60}	d_{50}	d_{10}	C_u	C_c
					8.7	2.2	58.2	15.5	15.4	6.4	0.020	0.016	0.003	6.667	1.667

试验编号：kf1217　　土样编号：f7　　日期：12/17/2009　　试验者：

图 4－3（7）　F7 测点淤泥颗分曲线

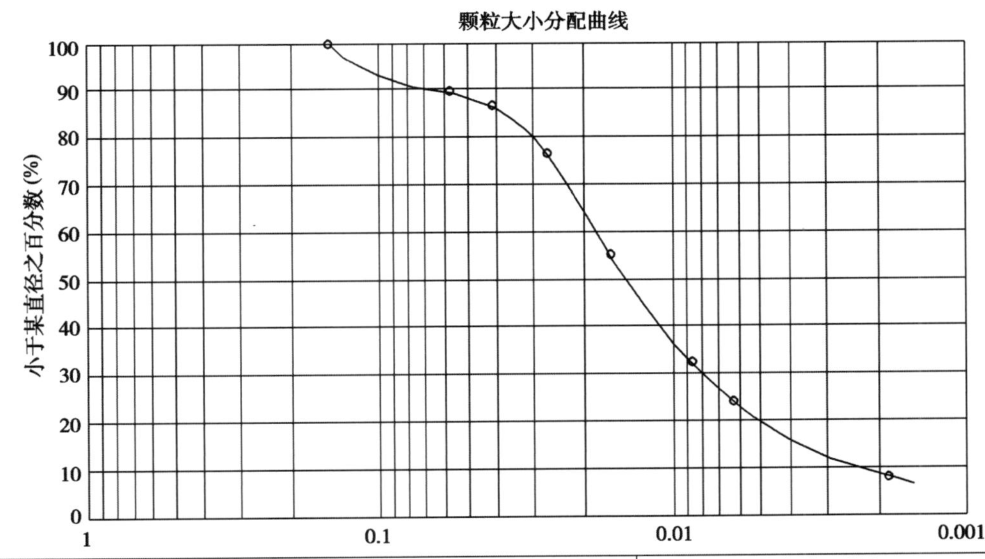

颗粒组成											土的分类：粉土				
> 10	10 ~ 5.0	5.0 ~ 2.0	2.0 ~ 0.5	0.5 ~ 0.25	0.25 ~ 0.075	0.075~ 0.05	0.05 ~ 0.001	0.01 ~ 0.005	< 0.005	< 0.002	d_{60}	d_{50}	d_{10}	C_u	C_c
					9.7	2.2	52.2	17.2	18.8	7.6	0.018	0.015	0.003	6.000	1.185

试验编号：kf1217　　土样编号：f8　　日期：12/17/2009　　试验者：

图 4－3（8）　F8 测点淤泥颗分曲线

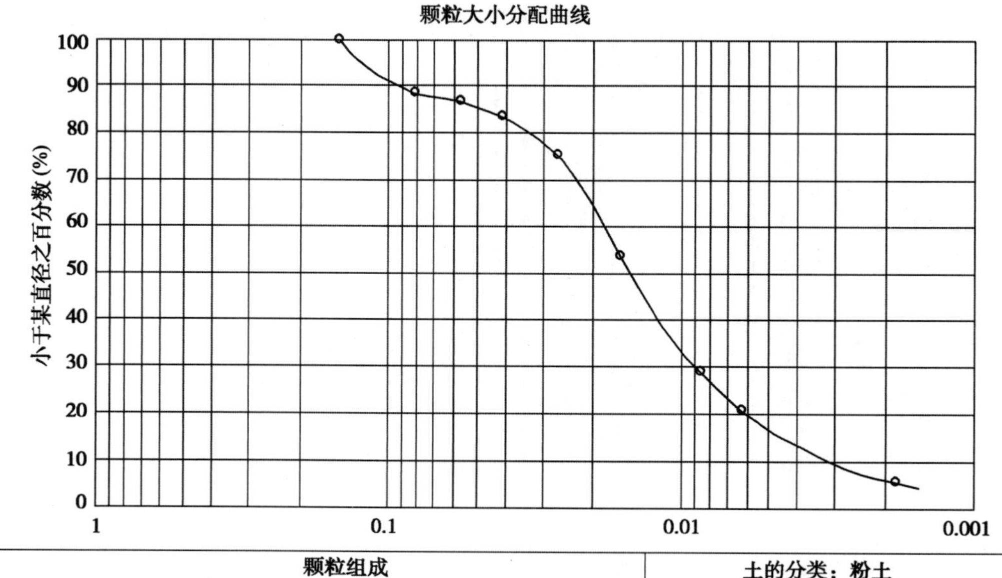

颗粒组成											土的分类：粉土				
> 10	10 ~ 5.0	5.0 ~ 2.0	2.0 ~ 0.5	0.5 ~ 0.25	0.25 ~ 0.075	0.075~ 0.05	0.05 ~ 0.001	0.01 ~ 0.005	< 0.005	< 0.002	d_{60}	d_{50}	d_{10}	C_u	C_c
					12.1	2.4	51.9	17.1	16.5	5.9	0.019	0.015	0.003	6.333	1.421

试验编号：kf1217　　土样编号：f9　　日期：12/17/2009　　试验者：

图 4－3（9）　F9 测点淤泥颗分曲线

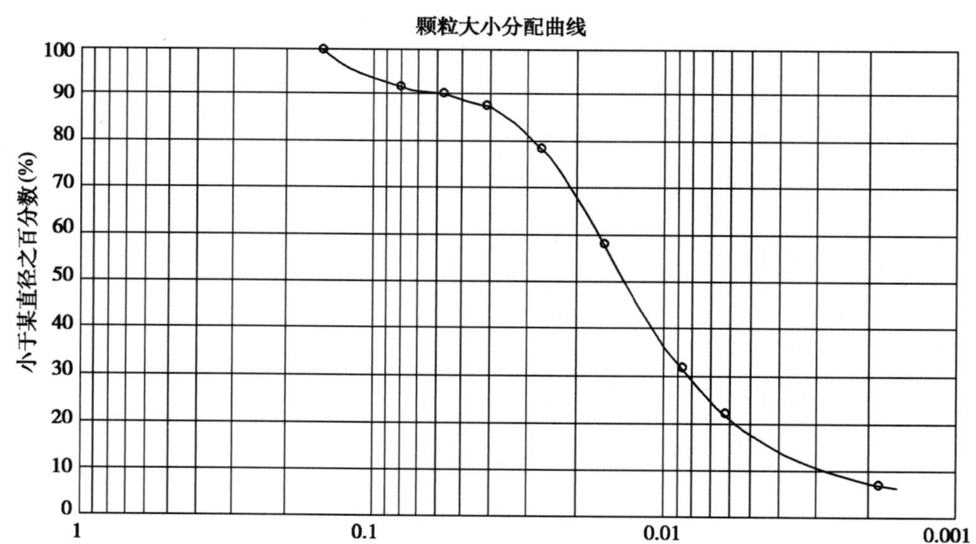

颗粒组成											土的分类：粉土				
> 10	10 ~ 5.0	5.0 ~ 2.0	2.0 ~ 0.5	0.5 ~ 0.25	0.25 ~ 0.075	0.075~ 0.05	0.05 ~ 0.001	0.01 ~ 0.005	< 0.005	< 0.002	d_{60}	d_{50}	d_{10}	C_u	C_c
					8.7	2.1	52.5	19.3	17.3	7.1	0.017	0.014	0.003	5.667	1.255

试验编号：kf1217　　土样编号：f10　　日期：12/17/2009　　试验者：

图 4－3（10）　F10 测点淤泥颗分曲线

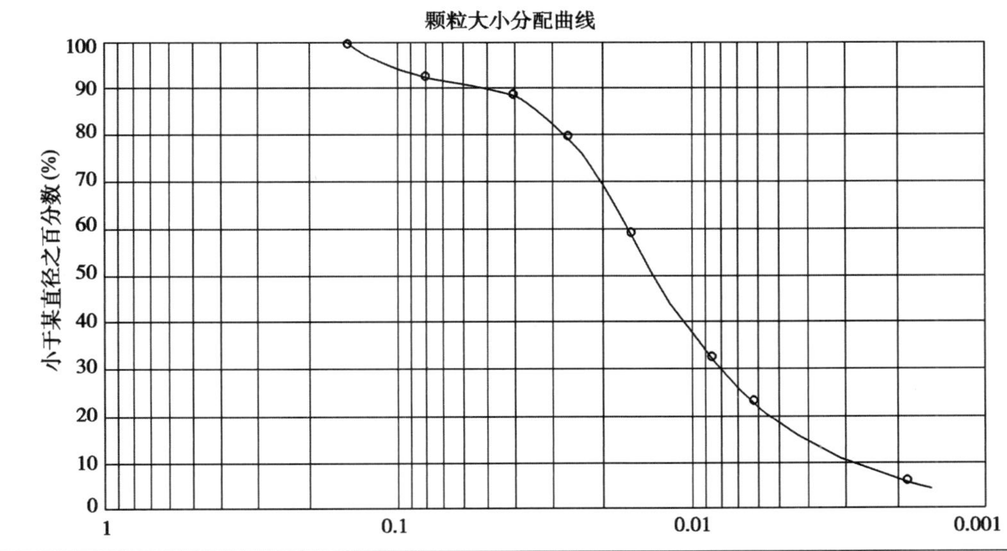

颗粒组成											土的分类：粉土				
> 10	10～ 5.0	5.0～ 2.0	2.0～ 0.5	0.5～ 0.25	0.25～ 0.075	0.075～ 0.05	0.05～ 0.001	0.01～ 0.005	< 0.005	< 0.002	d_{60}	d_{50}	d_{10}	C_u	C_c
					8.0	2.0	52.3	19.3	18.4	6.6	0.017	0.013	0.003	5.667	1.255

试验编号：kf1217　　土样编号：f11　　日期：12/17/2009　　试验者：

图 4－3（11）　F11 测点淤泥颗分曲线

颗粒大小分配曲线

100
90
80
70
60
50
40
30
20
10
0
小于某直径之百分数 (%)
1
0.1
0.01
0.001

颗粒组成											土的分类：粉土				
> 10	10～ 5.0	5.0～ 2.0	2.0～ 0.5	0.5～ 0.25	0.25～ 0.075	0.075～ 0.05	0.05～ 0.001	0.01～ 0.005	< 0.005	< 0.002	d_{60}	d_{50}	d_{10}	C_u	C_c
					10.4	2.0	52.9	18.8	15.9	7.4	0.018	0.014	0.003	6.000	1.500

试验编号：kf1217　　土样编号：f12　　日期：12/17/2009　　试验者：

图 4－3（12）　F12 测点淤泥颗分曲线

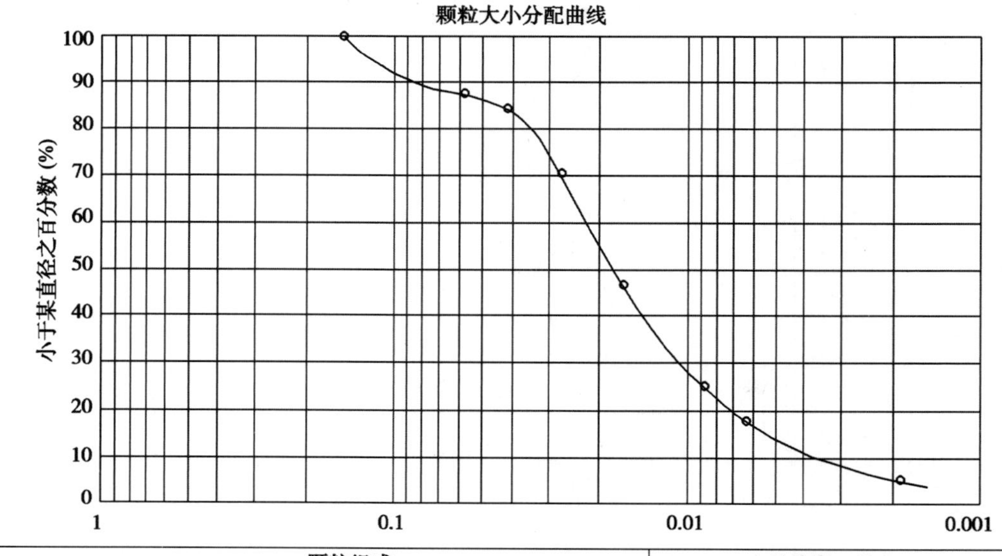

颗粒组成											土的分类：粉土				
> 10	10 ~ 5.0	5.0 ~ 2.0	2.0 ~ 0.5	0.5 ~ 0.25	0.25 ~ 0.075	0.075~ 0.05	0.05 ~ 0.001	0.01 ~ 0.005	< 0.005	< 0.002	d_{60}	d_{50}	d_{10}	C_u	C_c
					11.2	2.5	57.8	14.6	13.9	5.4	0.022	0.018	0.004	5.500	1.375

试验编号：kf1217　　土样编号：f13　　日期：12/17/2009　　试验者：

图 4－3（13）　F13 测点淤泥颗分曲线

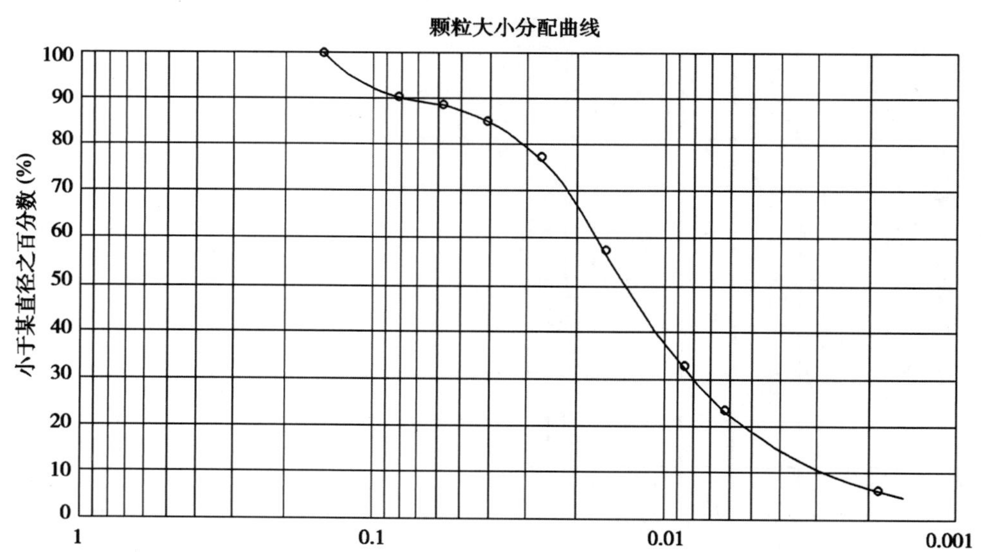

颗粒组成											土的分类：粉土				
> 10	10 ~ 5.0	5.0 ~ 2.0	2.0 ~ 0.5	0.5 ~ 0.25	0.25 ~ 0.075	0.075~ 0.05	0.05 ~ 0.001	0.01 ~ 0.005	< 0.005	< 0.002	d_{60}	d_{50}	d_{10}	C_u	C_c
					10.4	2.3	49.7	19.2	18.4	6.6	0.017	0.014	0.003	5.667	1.255

试验编号：kf1217　　土样编号：f14　　日期：12/17/2009　　试验者：

图 4－3（14）　F14 测点淤泥颗分曲线

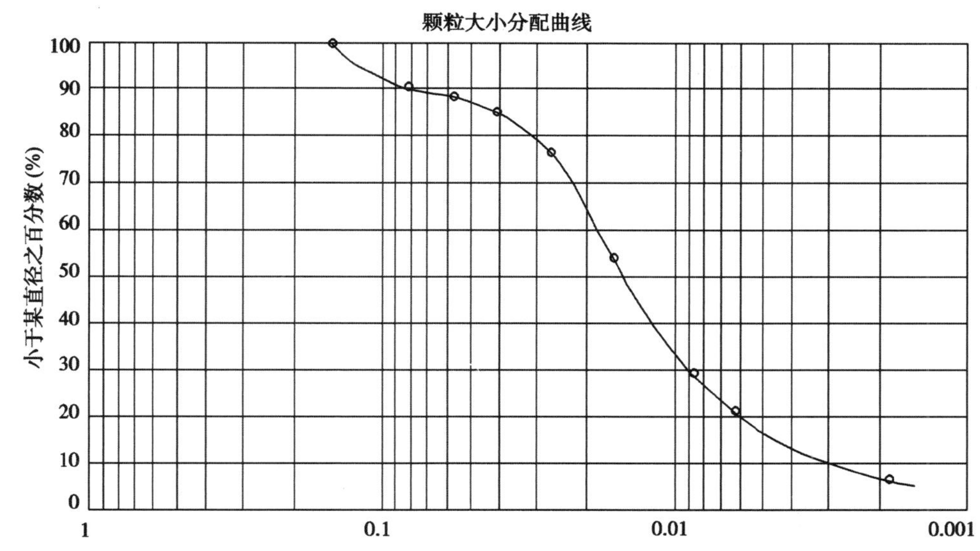

颗粒组成											土的分类：粉土				
> 10	10 ~ 5.0	5.0 ~ 2.0	2.0 ~ 0.5	0.5 ~ 0.25	0.25 ~ 0.075	0.075~ 0.05	0.05 ~ 0.001	0.01 ~ 0.005	< 0.005	< 0.002	d_{60}	d_{50}	d_{10}	C_u	C_c
					10.4	2.3	53.6	17.0	16.6	6.5	0.018	0.015	0.003	6.000	1.500

试验编号：kf1217　　土样编号：f15　　日期：12/17/2009　　试验者：

图 4－3（15）　F15 测点淤泥颗分曲线

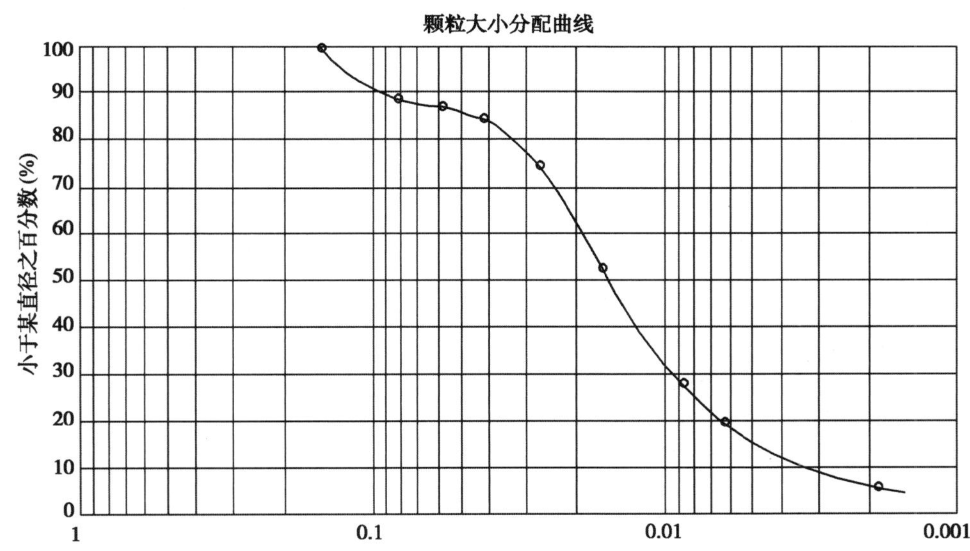

颗粒组成											土的分类：粉土				
> 10	10 ~ 5.0	5.0 ~ 2.0	2.0 ~ 0.5	0.5 ~ 0.25	0.25 ~ 0.075	0.075~ 0.05	0.05 ~ 0.001	0.01 ~ 0.005	< 0.005	< 0.002	d_{60}	d_{50}	d_{10}	C_u	C_c
					12.1	2.1	54.0	16.7	15.1	5.8	0.019	0.016	0.003	6.333	1.421

试验编号：kf1217　　土样编号：f16　　日期：12/17/2009　　试验者：

图 4－3（16）　F16 测点淤泥颗分曲线

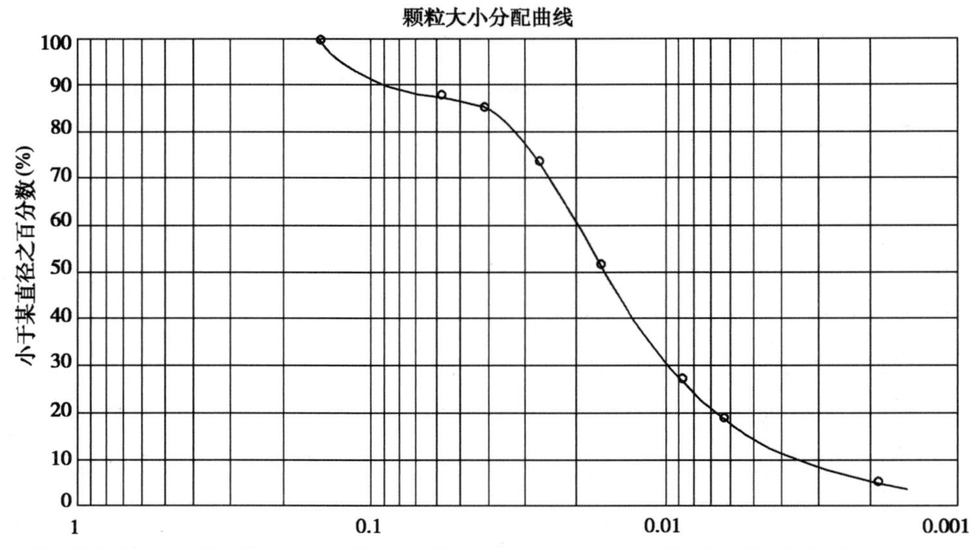

颗粒组成											土的分类：粉土				
> 10	10～ 5.0	5.0～ 2.0	2.0～ 0.5	0.5～ 0.25	0.25～ 0.075	0.075～ 0.05	0.05～ 0.001	0.01～ 0.005	< 0.005	< 0.002	d_{60}	d_{50}	d_{10}	C_u	C_c
					11.4	2.0	55.6	16.6	14.5	5.4	0.020	0.016	0.004	5.000	1.250

试验编号：kf1217　　土样编号：f17　　日期：12/17/2009　　试验者：

图 4－3（17）　F17 测点淤泥颗分曲线

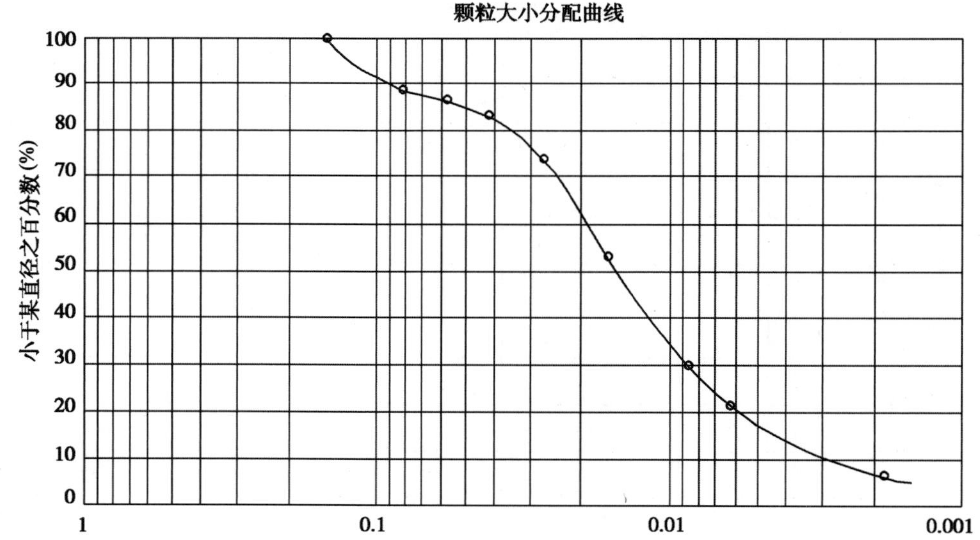

颗粒组成											土的分类：粉土				
> 10	10～ 5.0	5.0～ 2.0	2.0～ 0.5	0.5～ 0.25	0.25～ 0.075	0.075～ 0.05	0.05～ 0.001	0.01～ 0.005	< 0.005	< 0.002	d_{60}	d_{50}	d_{10}	C_u	C_c
					12.2	2.9	50.5	17.5	16.9	6.5	0.019	0.015	0.003	6.333	1.421

试验编号：kf1217　　土样编号：f18　　日期：12/17/2009　　试验者：

图 4－3（18）　F18 测点淤泥颗分曲线

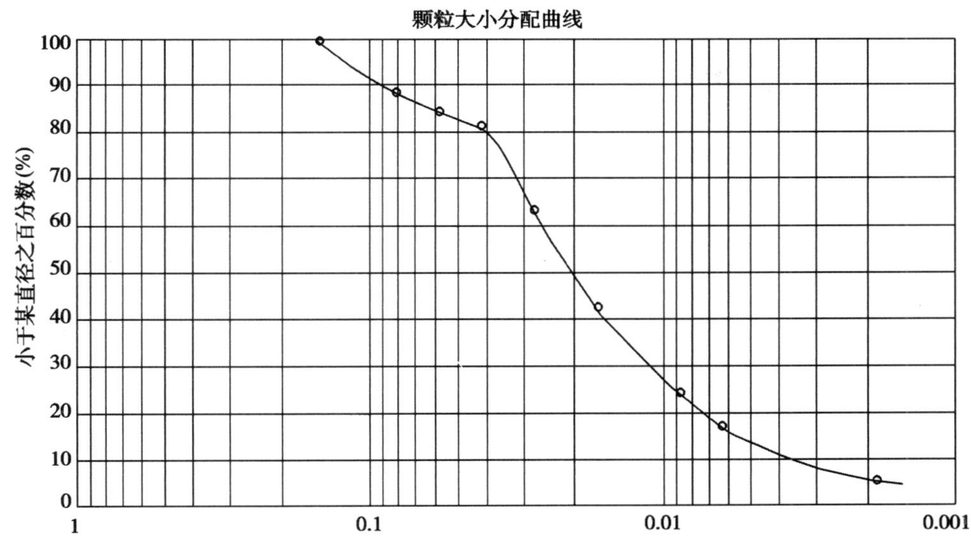

颗粒组成											土的分类：粉土				
> 10	10～ 5.0	5.0～ 2.0	2.0～ 0.5	0.5～ 0.25	0.25～ 0.075	0.075～ 0.05	0.05～ 0.001	0.01～ 0.005	< 0.005	< 0.002	d_{60}	d_{50}	d_{10}	C_u	C_c
					12.7	4.7	55.3	14.0	13.4	5.4	0.026	0.021	0.004	6.500	1.163

试验编号：kf1217　　土样编号：f19　　日期：12/17/2009　　试验者：

图 4－3（19）　F19 测点淤泥颗分曲线

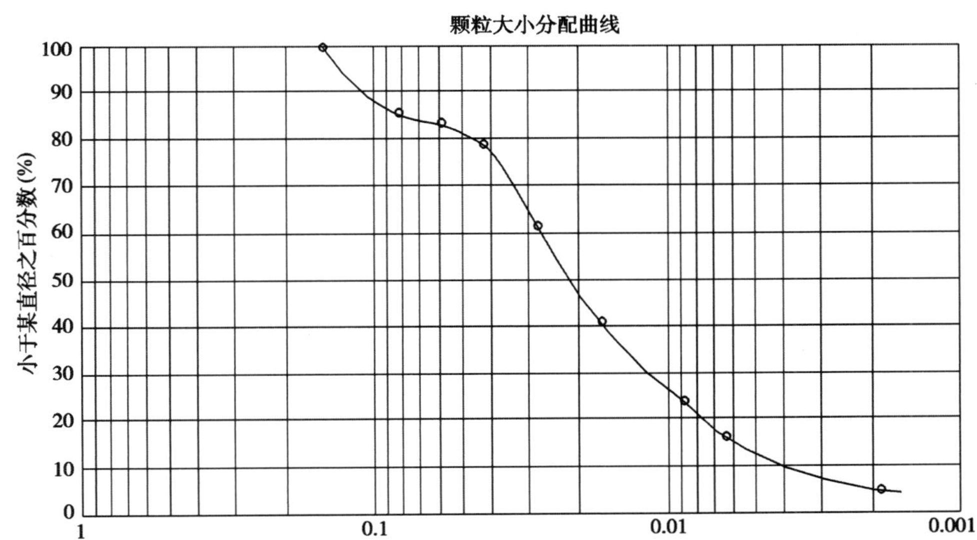

颗粒组成											土的分类：粉土				
> 10	10～ 5.0	5.0～ 2.0	2.0～ 0.5	0.5～ 0.25	0.25～ 0.075	0.075～ 0.05	0.05～ 0.001	0.01～ 0.005	< 0.005	< 0.002	d_{60}	d_{50}	d_{10}	C_u	C_c
					15.7	2.9	54.9	14.1	12.4	4.7	0.027	0.022	0.004	6.750	1.333

试验编号：kf1217　　土样编号：f20　　日期：12/17/2009　　试验者：

图 4－3（20）　F20 测点淤泥颗分曲线

表 4-3　密度计法泥沙特性指标

土样编号	粒级含量（%）			d_{60} (mm)	d_{50} (mm)	d_{30} (mm)	d_{10} (mm)	C_u	C_c
	>0.075 mm	0.005~0.075 mm	<0.005 mm						
F1	7.9	75.8	16.3	0.019	0.015	0.009	0.003	6.333	1.421
F2	11.1	73.7	15.2	0.019	0.015	0.009	0.003	6.333	1.421
F3	11.4	72.7	15.9	0.019	0.015	0.009	0.003	6.333	1.421
F4	11.3	72.4	16.3	0.019	0.015	0.009	0.003	6.333	1.421
F5	9.8	73.7	16.5	0.020	0.016	0.010	0.003	6.667	1.667
F6	11.3	74.3	14.4	0.021	0.017	0.010	0.004	5.250	1.190
F7	8.7	75.9	15.4	0.020	0.016	0.010	0.003	6.667	1.667
F8	9.7	71.5	18.8	0.018	0.015	0.008	0.003	6.000	1.185
F9	12.1	71.4	16.5	0.019	0.015	0.009	0.003	6.333	1.421
F10	8.7	74.0	17.3	0.017	0.014	0.008	0.003	5.667	1.255
F11	8.0	73.6	18.4	0.017	0.013	0.008	0.003	5.667	1.255
F12	10.4	73.7	15.9	0.018	0.014	0.009	0.003	6.000	1.500
F13	11.1	75.0	13.9	0.022	0.018	0.011	0.004	5.500	1.375
F14	10.4	71.2	18.4	0.017	0.014	0.008	0.003	5.667	1.255
F15	10.4	73.0	16.6	0.018	0.015	0.009	0.003	6.000	1.500
F16	12.1	72.8	15.1	0.019	0.016	0.009	0.003	6.333	1.421
F17	11.4	74.1	14.5	0.020	0.016	0.010	0.004	5.000	1.250
F18	12.2	70.9	16.9	0.019	0.015	0.009	0.003	6.333	1.421
F19	12.7	73.9	13.4	0.026	0.021	0.011	0.004	6.500	1.163
F20	15.7	71.9	12.4	0.027	0.022	0.012	0.004	6.750	1.333

4.3.2　激光粒度仪法

EyeTech 激光粒度粒形分析仪为荷兰安米德（Ankersmid）有限公司产品，以激光方式直接测定颗粒的大小，其粒度分析范围为 0.1~3 600 μm，能分析粒度、粒形与浓度，测量结果直接与颗粒大小相关；能分析非球状颗粒的形状，它具有单个颗粒检测、多参数数据显示（包括粒径的数量分布，粒径的体积分布）、浓度检测等功能；具有直接进行颗粒分析的功能。结构形式见图 4-4。

试验时，采用激光粒度粒形分析仪对每个试样进行三次颗分试验，各颗分曲线见图 4-5，并将三次试验的结果进行统计，得出中值粒径，见表 4-4。

图4－4 EyeTech 激光粒度仪

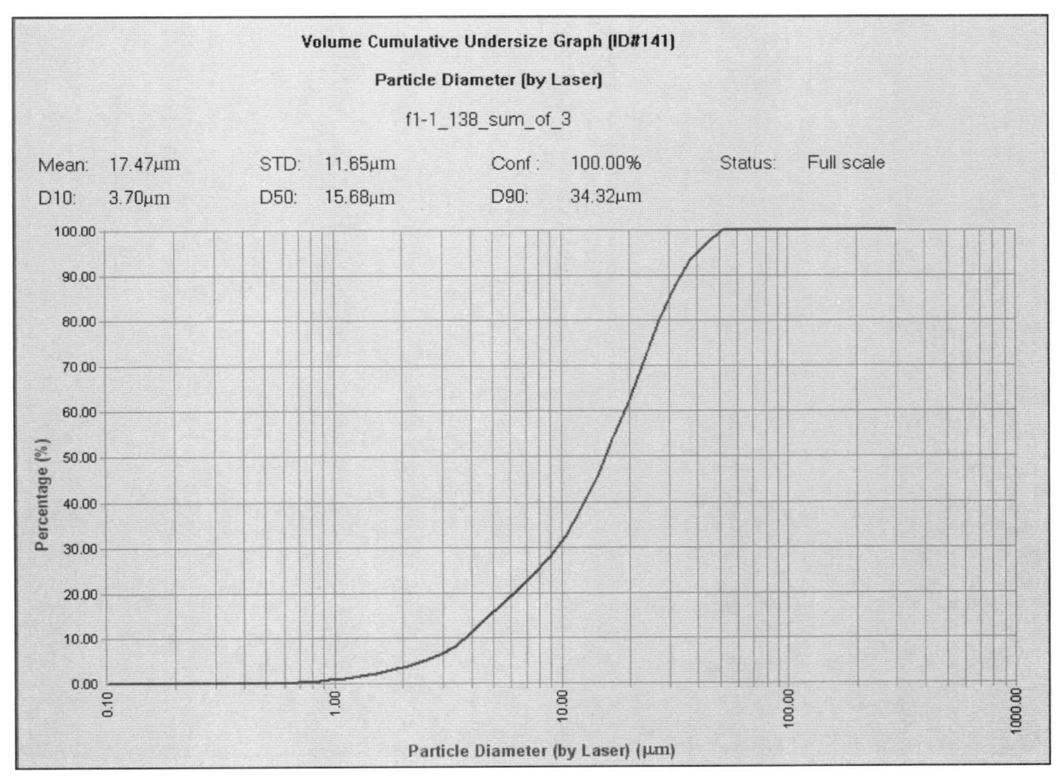

图4－5（1） F1 测点淤泥颗分曲线

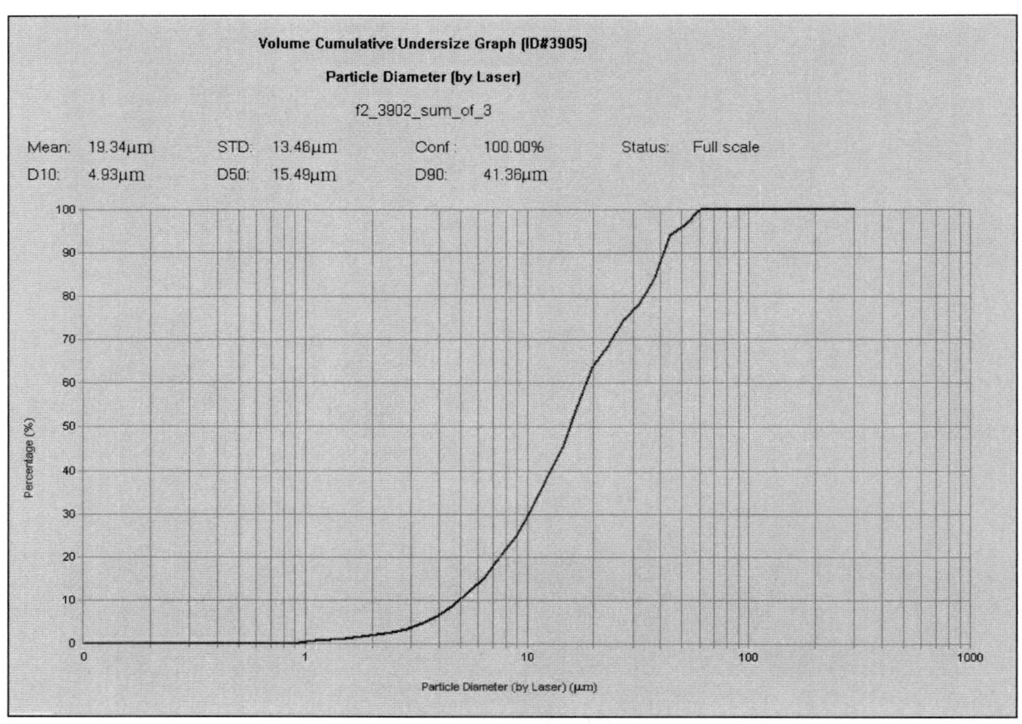

图 4－5（2） F2 测点淤泥颗分曲线

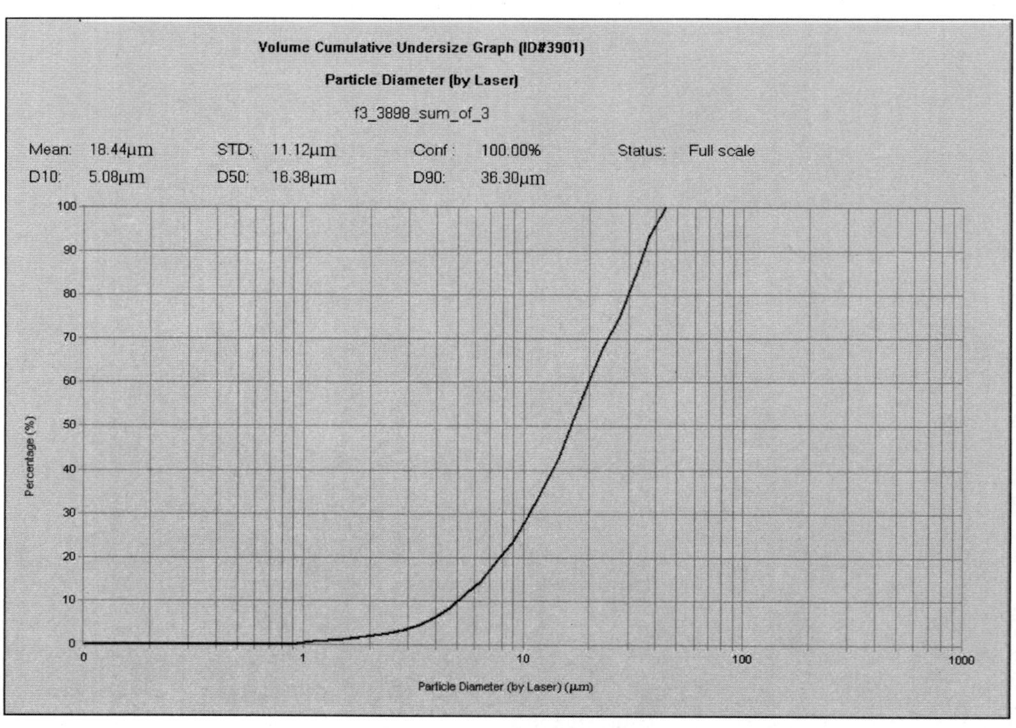

图 4－5（3） F3 测点淤泥颗分曲线

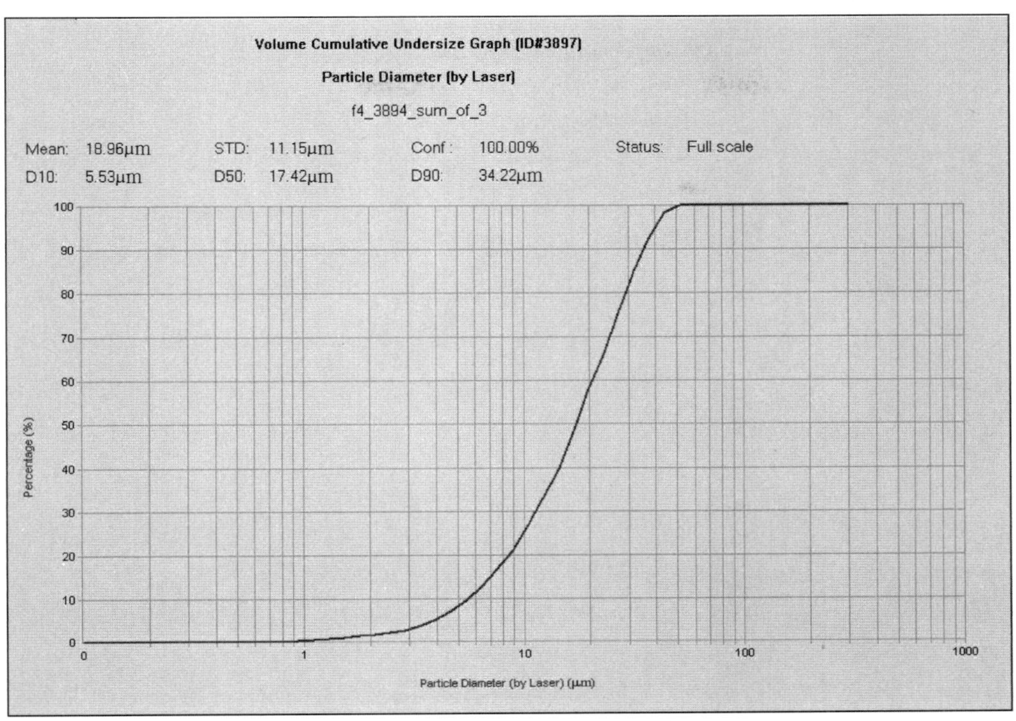

图 4－5（4） **F4 测点淤泥颗分曲线**

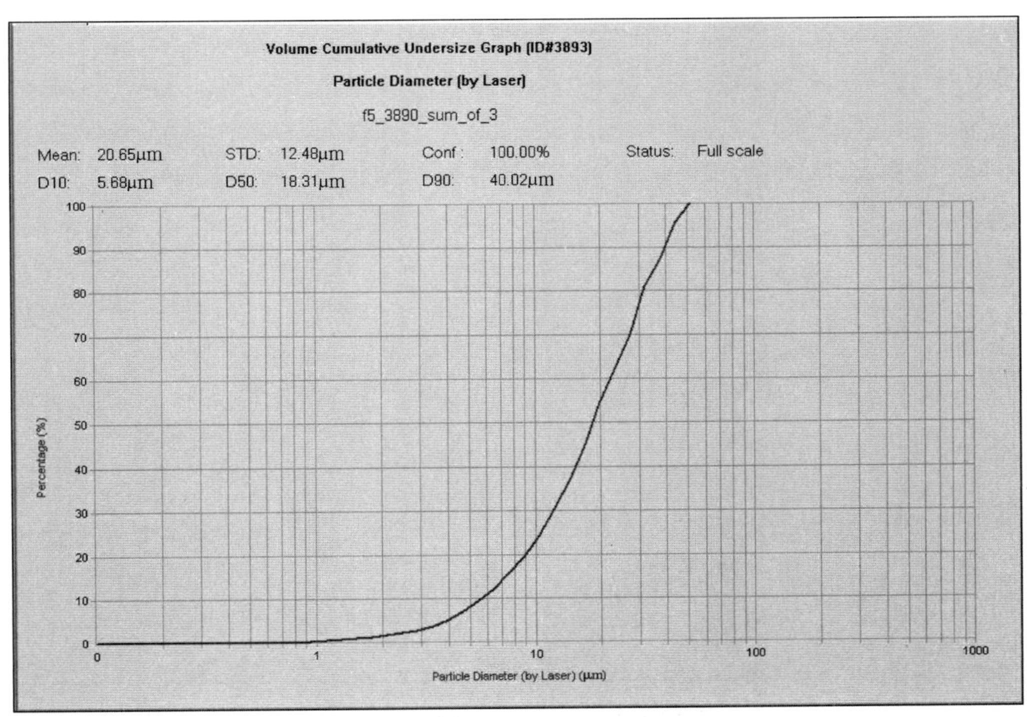

图 4－5（5） **F5 测点淤泥颗分曲线**

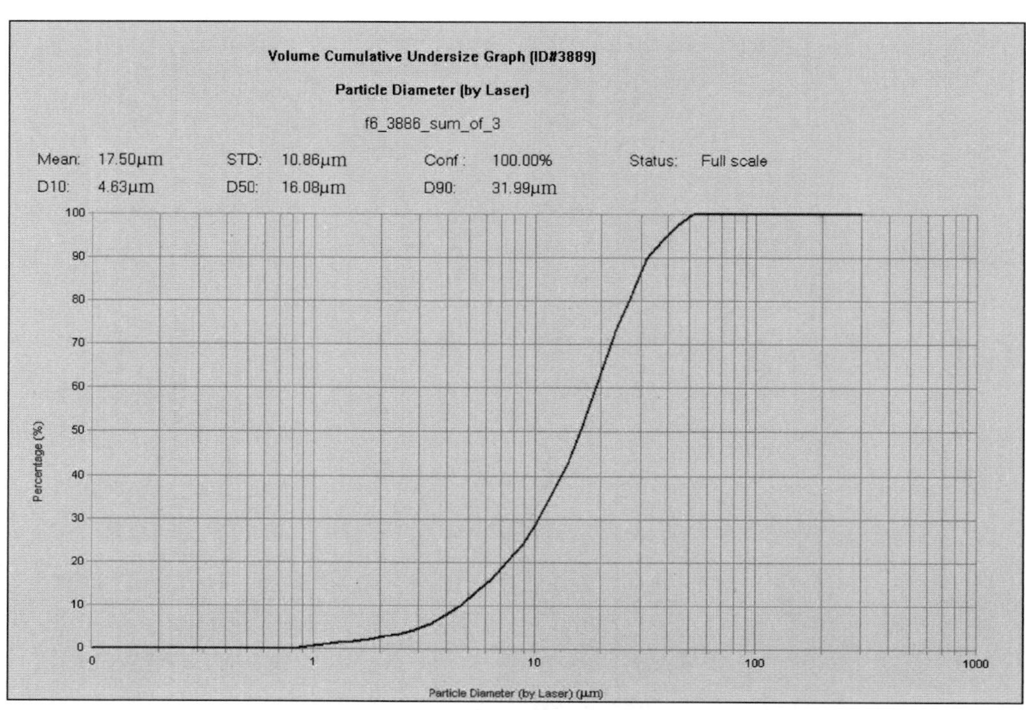

图 4－5（6） F6 测点淤泥颗分曲线

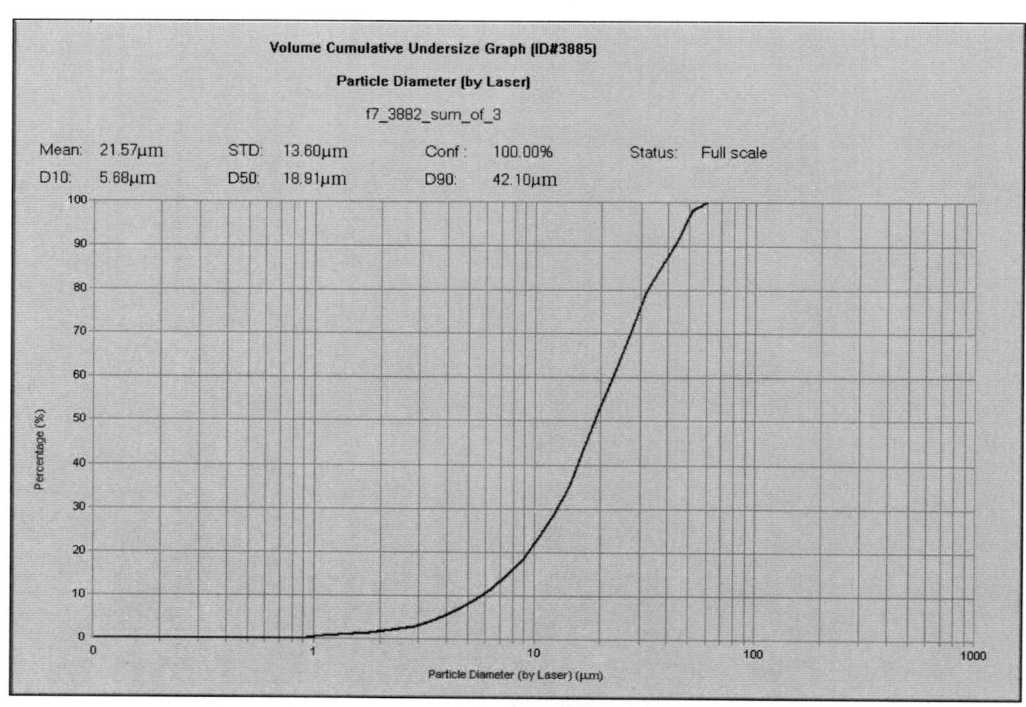

图 4－5（7） F7 测点淤泥颗分曲线

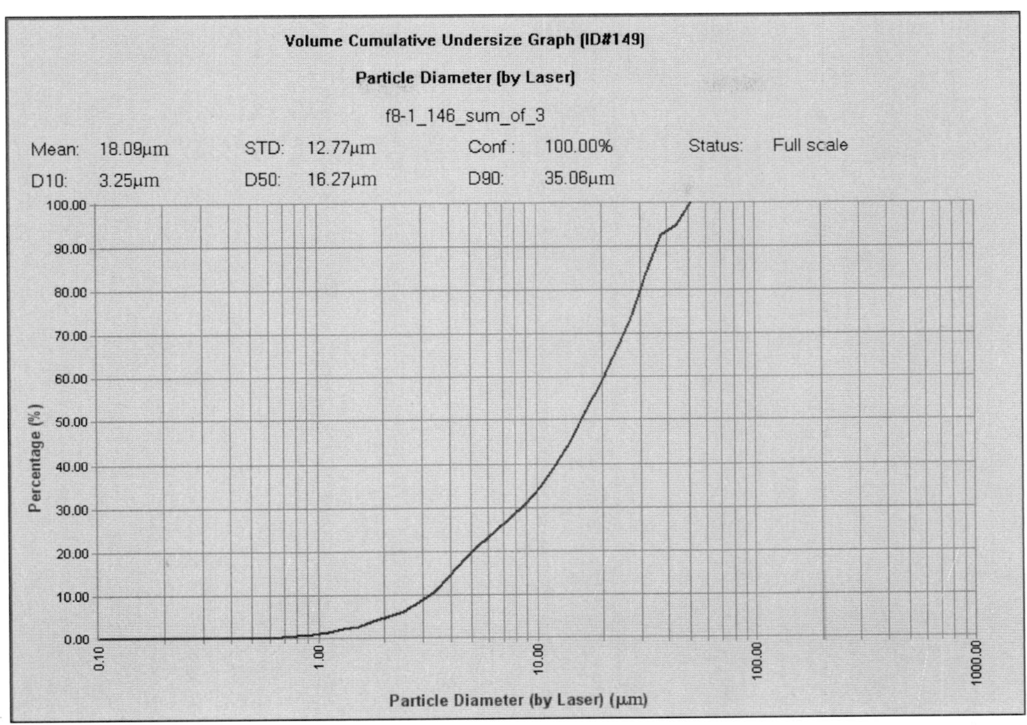

图 4-5（8） F8 测点淤泥颗分曲线

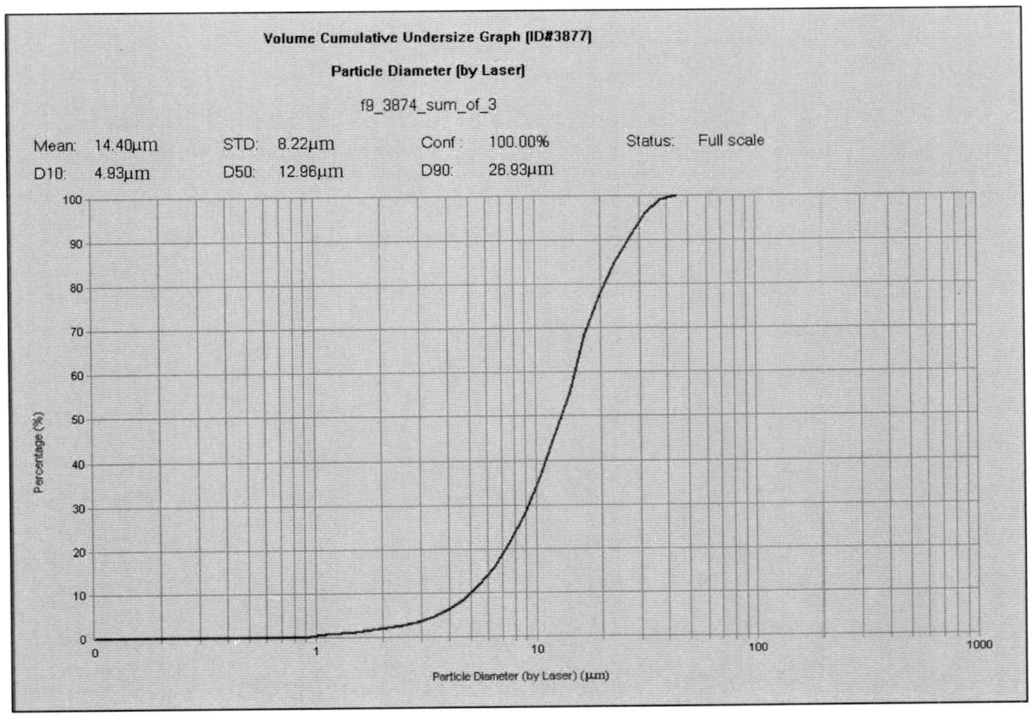

图 4-5（9） F9 测点淤泥颗分曲线

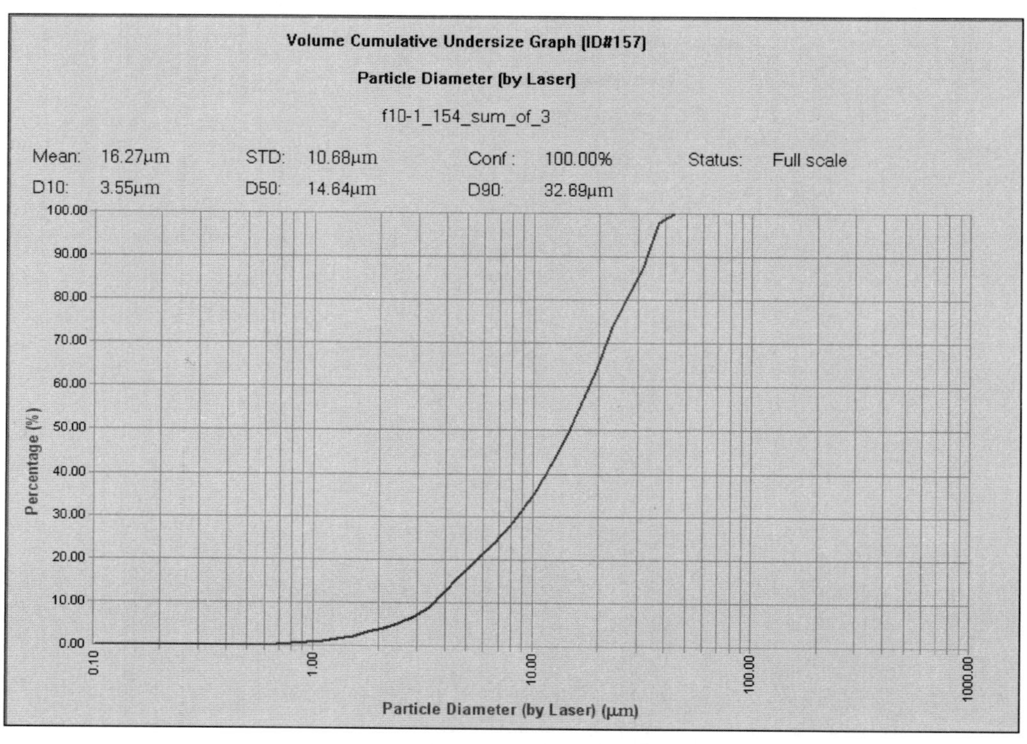

图 4－5（10） **F10 测点淤泥颗分曲线**

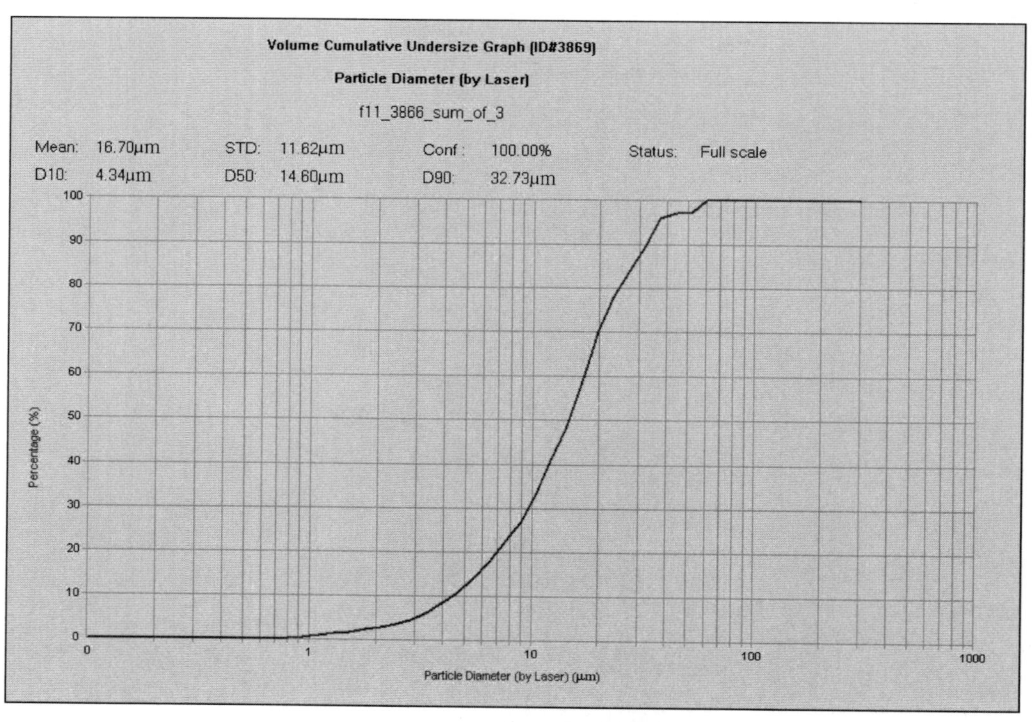

图 4－5（11） **F11 测点淤泥颗分曲线**

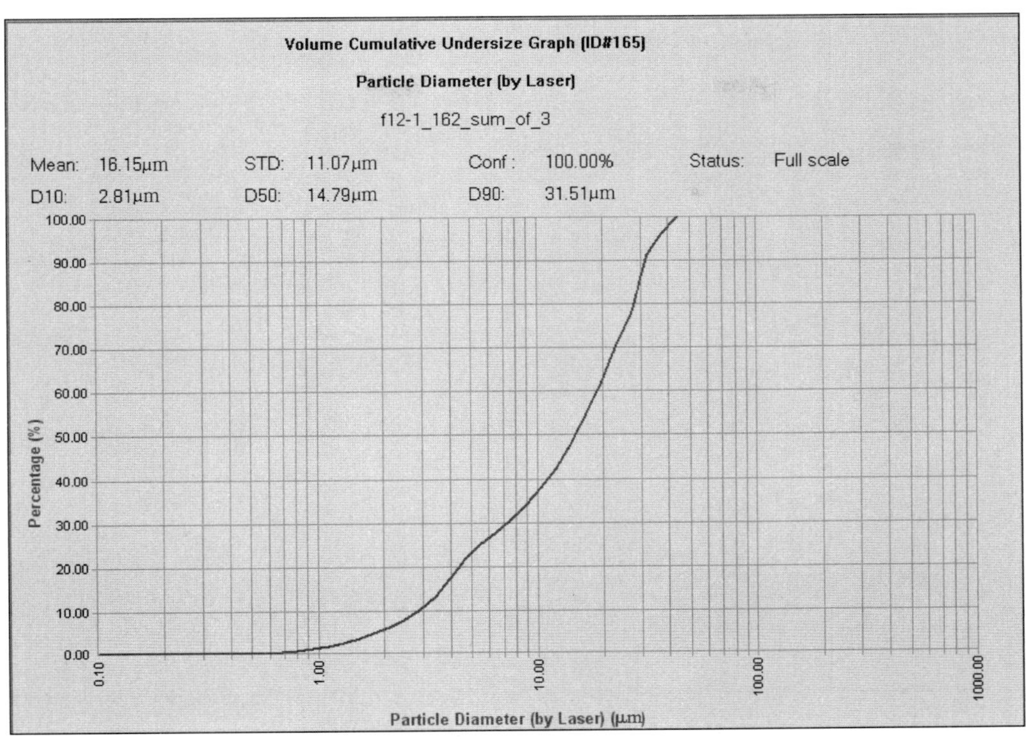

图 4－5（12） F12 测点淤泥颗分曲线

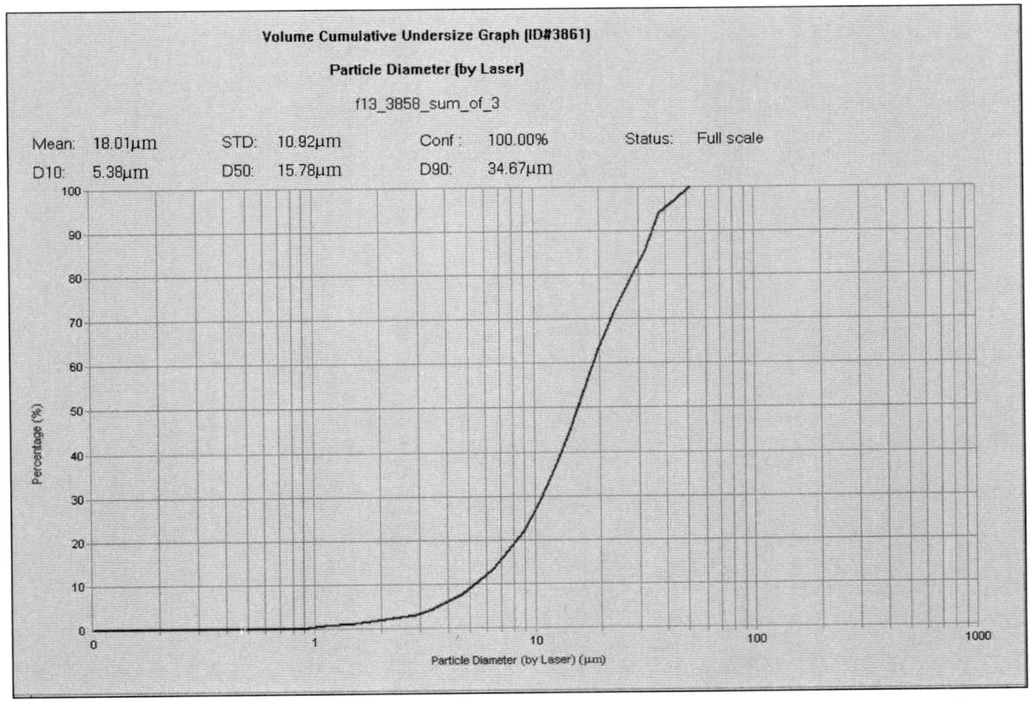

图 4－5（13） F13 测点淤泥颗分曲线

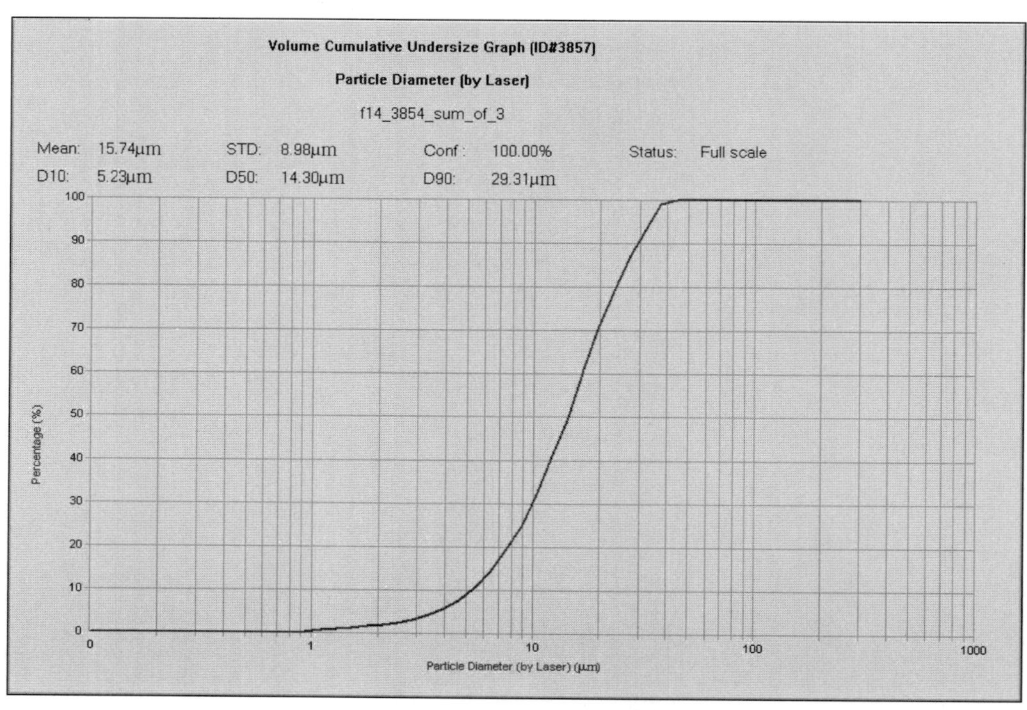

图 4－5（14） F14 测点淤泥颗分曲线

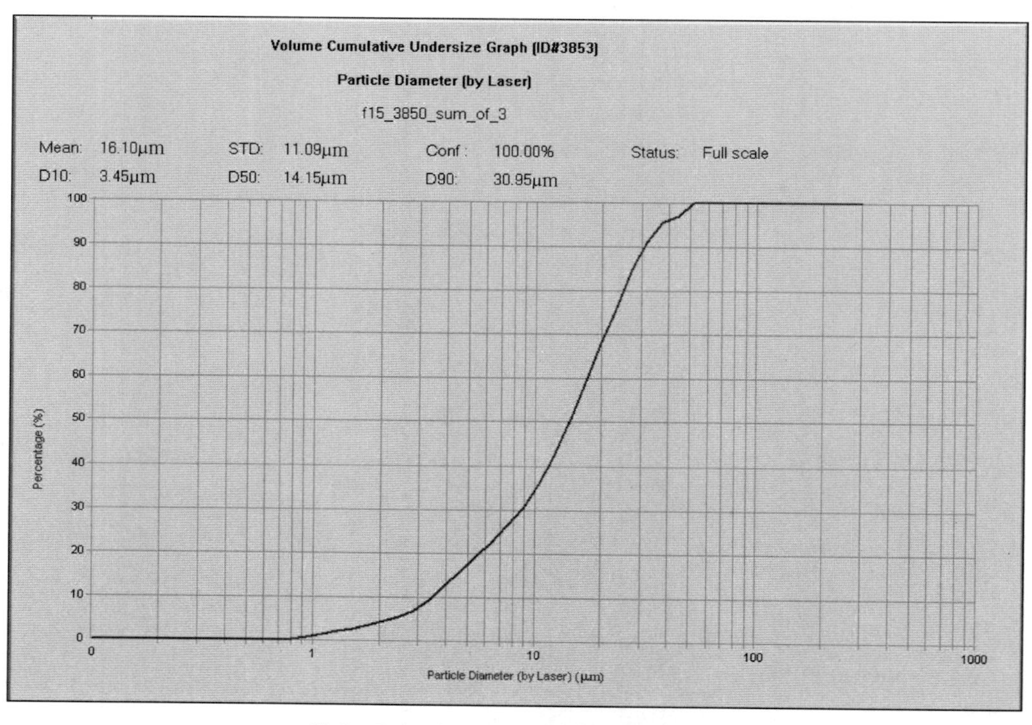

图 4－5（15） F15 测点淤泥颗分曲线

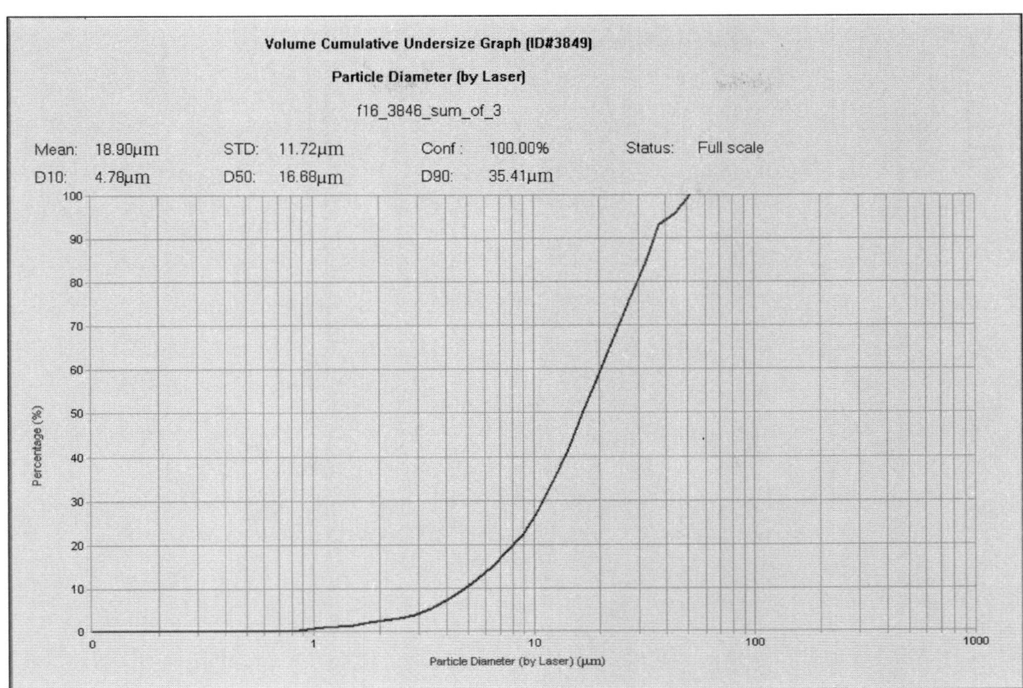

图 4－5（16） F16 测点淤泥颗分曲线

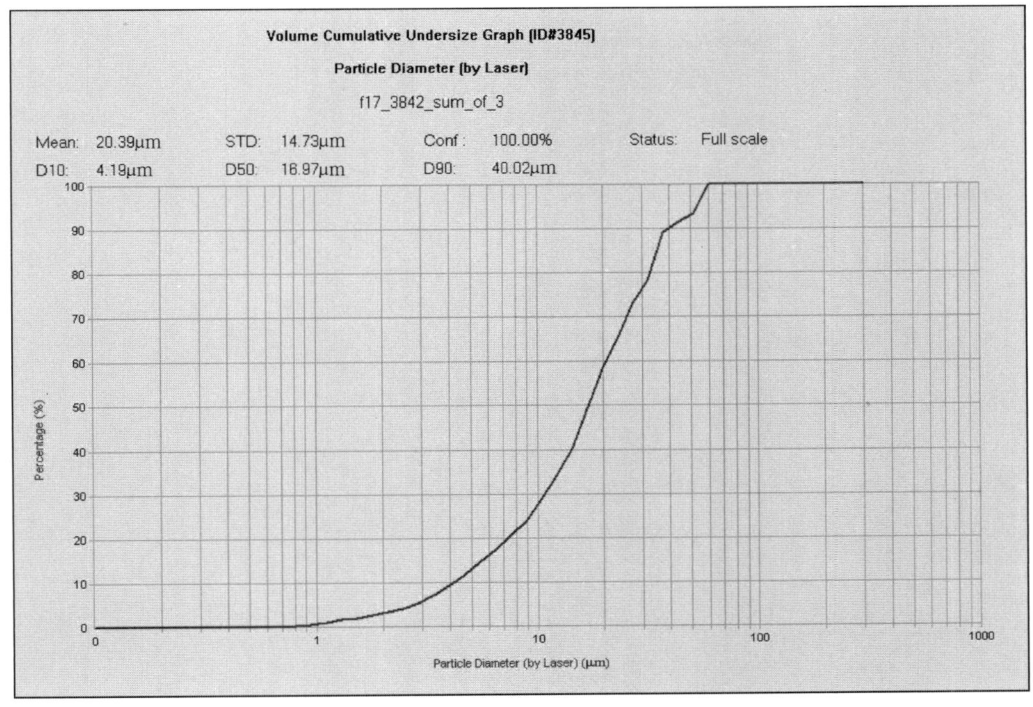

图 4－5（17） F17 测点淤泥颗分曲线

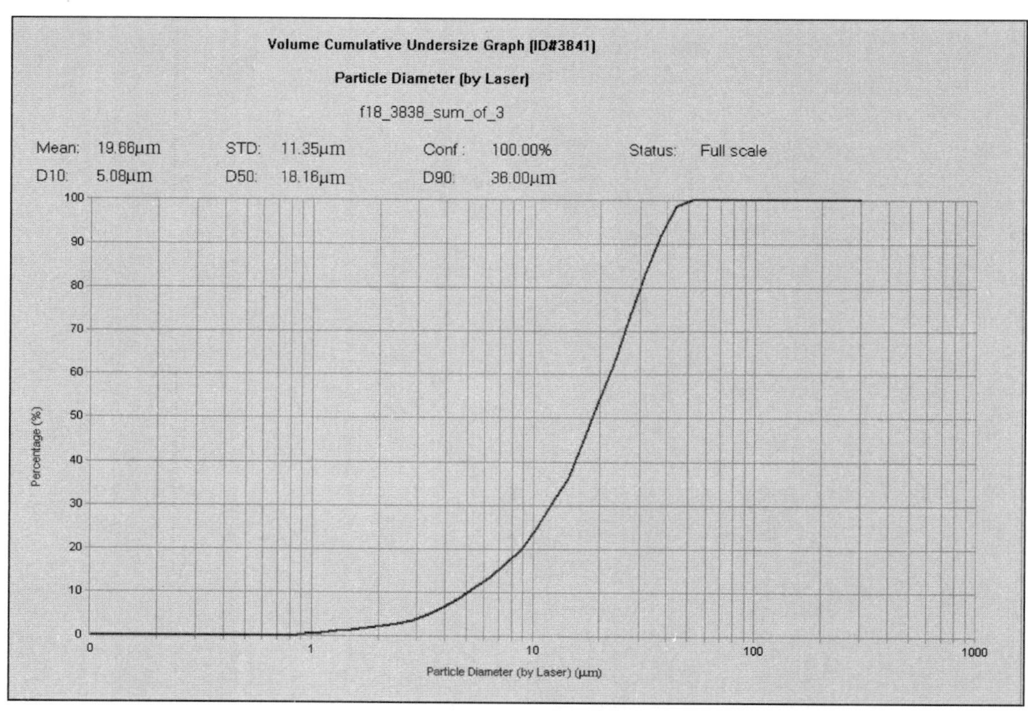

图 4 –5（18） F18 测点淤泥颗分曲线

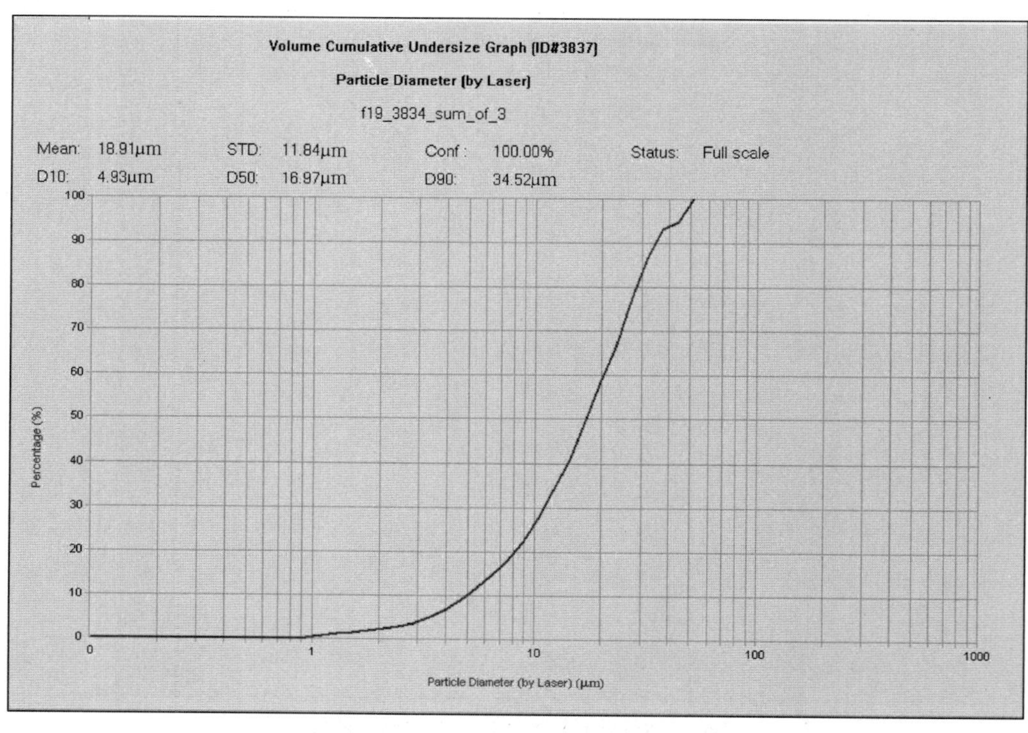

图 4 –5（19） F19 测点淤泥颗分曲线

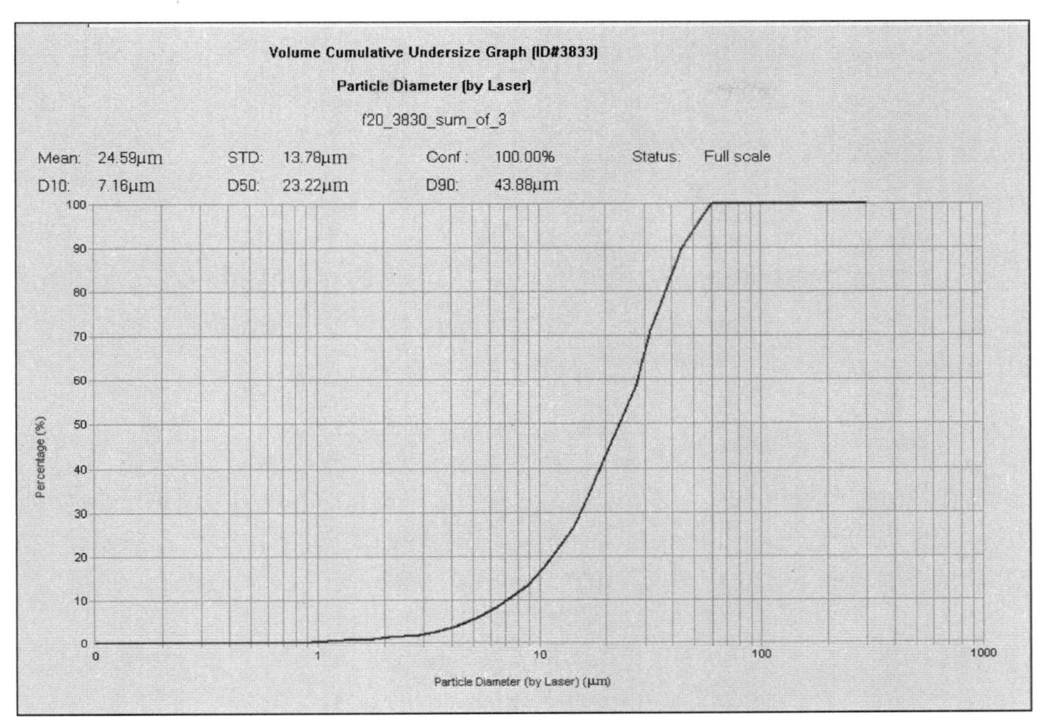

图 4-5（20） F20 测点淤泥颗分曲线

表 4-4 两种方法所测的中值粒径（mm）

测点编号	密度计法	激光粒度仪	测点编号	密度计法	激光粒度仪
F1	0.015	0.015 7	F11	0.013	0.014 6
F2	0.015	0.015 5	F12	0.014	0.014 8
F3	0.016	0.016 4	F13	0.018	0.015 8
F4	0.016	0.017 4	F14	0.014	0.014 3
F5	0.016	0.018 3	F15	0.015	0.014 2
F6	0.017	0.016 1	F16	0.016	0.016 7
F7	0.016	0.018 9	F17	0.016	0.017 0
F8	0.015	0.016 3	F18	0.015	0.018 2
F9	0.015	0.013 0	F19	0.021	0.017 0
F10	0.017	0.014 6	F20	0.022	0.023 2

4.4 沉积物级配曲线的特征值

沉积物的特征值很多，主要有中值粒径、分选系数、偏度和峰态等[6]。

中值粒径是指在累计粒度分布百分数达到50%时所对应的粒径，用 d_{50}表示。

分选系数是指粒度累计曲线上，25%和75%处所对应的颗粒直径的比值，用 $Qd\varphi$ 表示。它是表示泥沙分选性的一种参考，见式（4－1）。当颗粒分选很好时，d_{25}和 d_{75}两值很靠近，所以越接近于1，反之，则远大于1。

$$Qd_{\varphi} = \sqrt{\frac{d_{75}}{d_{25}}} \tag{4-1}$$

偏度是用以度量频率曲线的不对称程度，指示沉积物粒径的平均值与中位数的相对位置的指标，用 Sk_{φ} 表示，用式（4－2）计算。如为正偏，则表示此沉积物的级配中主要粒级集中在粗粒部分，反之，负偏则表示淤泥的主要粒级集中在细粒部分。

$$Sk_{\varphi} = \frac{\varphi_{84} + \varphi_{16} - 2\varphi_{50}}{2(\varphi_{84} - \varphi_{16})} + \frac{\varphi_{95} + \varphi_{5} - 2\varphi_{50}}{2(\varphi_{95} - \varphi_{5})} \tag{4-2}$$

峰态是以分布曲线尾部展开度与中间展开度的比例来表示的，用于衡量分布曲线的峰凸程度，用来说明与正态分布曲线相比时分布曲线的峰的宽窄尖锐程度，反映水动力环境对沉积物的影响程度，常用 K_G表示，用式（4－3）计算。

$$K_G = \frac{\varphi_{95} - \varphi_{5}}{2.44(\varphi_{75} - \varphi_{25})} \tag{4-3}$$

上面各式中，十进制粒径（d）与等比制粒径 φ 的关系为

$$d = 2^{-\varphi} \tag{4-4}$$

4.4.1　外航道

采用密度计法和激光粒度粒形分析仪所得到的各泥沙样品中值粒径的结果见表4－4，由表可知，两种方法所测的泥沙中值粒径值相近，航槽内8个淤泥样品中值粒径变化为0.015～0.018 9 mm，航道北侧边滩中6个淤泥样品中值粒径变化为0.013～0.018 mm，航道南侧边滩中6个淤泥样品中值粒径变化为0.014 2～0.023 2 mm。

将航槽内、南北侧边滩的各样品分别平均，所得结果见表4－5，由表分析可知，洋山深水港区进港外航道北侧边滩粒径最细，航道粒径居中，南侧边滩最粗。

表4－5　不同区域的平均中值粒径（mm）

区域	密度计法	激光粒度粒形分析仪
北侧边滩	0.015 2	0.014 5
航　　道	0.015 8	0.016 8
南侧边滩	0.017 5	0.017 7

表4－6为各样本的分选系数、偏度和峰态等值，由表可见，20个样本点的分选系数、偏度和峰态的变化范围分别为1.527～2.431、－0.030～0.472、0.599～0.993。

表 4-6 表层沉积物颗粒分析

编号	粒级含量（%）				d_{50}（mm）	分选系数	偏度	峰态
	砂 >0.062 mm	细粉砂 0.062~0.031 mm	淤泥质粉砂 0.031~0.004 mm	黏土 <0.004 mm				
F1	12.2	10.4	63.8	13.6	0.015	1.779	0.129	0.599
F2	12.6	10.8	64.4	12.2	0.015	1.764	0.472	0.895
F3	12.2	11.0	63.6	13.2	0.016	1.729	0.277	0.721
F4	12.6	12.2	62.0	13.2	0.016	1.651	0.302	0.786
F5	11.6	12.0	62.8	13.6	0.016	1.700	0.373	0.760
F6	12.8	11.4	64.1	11.7	0.017	1.628	0.150	0.921
F7	9.9	12.0	65.7	12.4	0.016	1.602	0.420	0.922
F8	10.8	9.7	64.7	14.8	0.015	2.060	0.304	0.781
F9	12.8	9.1	64.9	13.2	0.015	1.527	0.060	0.907
F10	9.6	8.2	68.4	13.8	0.017	1.852	0.071	0.755
F11	9.2	7.6	68.8	14.4	0.013	1.614	0.378	0.960
F12	11.2	10.4	65.8	12.6	0.014	2.431	0.239	0.611
F13	12.4	12.0	64.4	11.2	0.018	1.630	0.143	0.836
F14	11.6	8.8	65.2	14.4	0.014	1.532	0.272	0.893
F15	11.6	9.0	66.4	13.0	0.015	1.813	0.180	0.830
F16	12.8	9.6	65.8	11.8	0.016	1.668	0.282	0.826
F17	12.2	10.6	65.6	11.6	0.016	1.770	0.393	0.993
F18	13.6	9.8	63.2	13.4	0.015	1.633	0.362	0.768
F19	15.6	17.0	56.2	11.2	0.021	1.677	-0.030	0.897
F20	16.6	18.0	55.5	9.9	0.022	1.531	0.224	0.864

表 4-7 为航道、南北侧边滩样品的统计值。由表可见，20 个样本点的平均分选系数为 1.73，航道、南北侧边滩的平均分选系数分别为 1.74、1.68、1.76。按《海洋监测规范》的划分标准，均属于分选中常的范畴。

表 4-7 航道、边滩样本组成特征值分析

土样编号	粒级含量（%）				分选系数	偏度	峰态
	砂 >0.062 mm	细粉砂 0.062~0.031 mm	淤泥质粉砂 0.031~0.004 mm	黏土 <0.004 mm			
南侧边滩	13.7	12.3	62.2	11.8	1.68	0.24	0.86
航道	11.8	11.2	63.9	13.1	1.74	0.30	0.80
北侧边滩	11.0	9.4	66.3	13.3	1.76	0.19	0.83
平　均	12.1	11.0	64.1	12.8	1.73	0.25	0.83

从表4-6中可以看出，除F19点为负偏外，其余均为正偏。由表4-7可见，20个样本点的平均值为0.25，航道、南北侧边滩的各样本点平均偏度分别为0.30、0.24、0.19，在0.10~0.30之间，属于正偏范围。

根据表4-7可知，20个样本点的峰态平均值为0.83，航道、南北侧边滩的各样本点平均峰态值分别为0.80、0.86、0.83，属于宽峰的曲线型式，表示沉积物比较混杂，环境对它的改造不充分。

由表4-6可知，洋山港海域的无黏性粉砂的含量在16.8%~34.6%之间，其余均为有黏性泥沙。见表4-7，航道中及南侧、北侧边滩无黏性泥沙的平均值分别为23.0%、26.0%和20.4%。

《淤泥质海港适航水深应用技术规范》[5]中规定，港口使用适航水深，其前提是淤泥质海港。淤泥质海港的定义为：床面泥沙颗粒中值粒径小于0.03 mm，淤泥颗粒之间有黏结力并在海水中呈絮凝状态的海岸港和河口港。淤泥质海港（岸）的泥沙运动过程为波浪掀沙、潮流输沙，泥沙的运移形态以悬移质为主。

通过对洋山港回淤物现场所取样品的分析可知，中值粒径变化范围为0.013~0.023 mm，黏性泥沙占76.9%左右，因此就港口回淤物质而言，洋山港可定性为淤泥质港口。

4.4.2 港池

一期港池内63个样品中值粒径成果见表4-8和图4-6，各断面平均值的统计见表4-9，通过分析，得出如下结论[2]：

（1）沉积物质组成以黏土质粉砂为主，占78%，其次是粉砂占16%，砂质粉砂仅占6%。

（2）从断面中值粒径分布来看，港池西部（1~4断面）物质偏细，港池中、东部（5~9断面）物质略粗。

（3）从分选系数分布来看，港区东部（7~8断面）分选系数分别为1.39和1.42，基本属分选好的等级，其余断面分选系数在1.56~1.71之间变化，属分选中常的等级，所有样品的平均分选系数为1.59。

（4）从沉积物中值粒径等值线分布图（图4-6）来看，港池西侧物质偏细，其中有一条小于0.01 mm粒径等值线呈舌状向港池中部伸进；港池东部物质偏粗，中值粒径多在0.02~0.03 mm之间，并显示出泊位区一般粗于回旋水域等特征。

表4-8 2005年12月洋山深水港区沉积物表层取样分析成果[2]

样品号	名称		粒级含量（%）			d_{50}（mm）	$Qd\varphi$	$Sk\varphi$
			砂	粉砂	黏土			
1-1	砂质粉砂	ST	20.6	64.7	14.7	0.032 5	1.07	0.28
1-2	黏土质粉砂	YT	14.1	60.3	25.6	0.019 5	1.73	0.59
1-3	黏土质粉砂	YT	13.4	61.6	25.0	0.017 8	1.71	0.44
1-4	黏土质粉砂	YT	14.2	60.8	25.0	0.019 6	1.85	0.44

续表

样品号	名称		粒级含量（%）			d_{50}（mm）	$Qd\varphi$	$Sk\varphi$
			砂	粉砂	黏土			
1-5	黏土质粉砂	YT	13.3	61.4	25.3	0.017 6	1.64	0.53
1-6	黏土质粉砂	YT	13.0	60.5	26.5	0.016 9	1.76	0.43
1-7	黏土质粉砂	YT	8.5	51.8	39.7	0.006 6	1.58	-0.12
2-1	黏土质粉砂	YT	12.6	61.0	26.4	0.016 0	1.54	0.57
2-2	黏土质粉砂	YT	11.0	58.6	30.4	0.012 3	1.66	0.23
2-3	黏土质粉砂	YT	15.5	61.5	23.0	0.022 6	1.81	0.52
2-4	黏土质粉砂	YT	15.9	62.9	21.2	0.023 3	1.66	0.50
2-5	粉砂	T	17.7	63.4	18.9	0.027 1	1.36	0.44
2-6	黏土质粉砂	YT	10.1	57.6	32.3	0.010 1	1.83	-0.08
2-7	黏土质粉砂	YT	9.5	56.2	34.3	0.008 9	2.11	-0.49
3-1	黏土质粉砂	YT	12.3	60.8	26.9	0.015 2	1.75	0.32
3-2	黏土质粉砂	YT	14.4	62.2	23.4	0.020 1	1.71	0.48
3-3	黏土质粉砂	YT	12.5	60.9	26.6	0.015 8	1.77	0.33
3-4	黏土质粉砂	YT	14.8	61.8	23.4	0.020 9	1.77	0.47
3-5	砂质粉砂	ST	20.1	62.8	17.1	0.031 7	1.35	0.43
3-6	黏土质粉砂	YT	9.4	54.5	36.1	0.008 5	1.62	0.09
3-7	黏土质粉砂	YT	13.3	60.0	26.7	0.017 6	1.88	0.41
4-1	黏土质粉砂	YT	15.0	64.2	20.8	0.021 4	1.46	0.47
4-2	黏土质粉砂	YT	14.3	62.5	23.2	0.019 8	1.72	0.45
4-3	粉砂	T	15.5	65.9	18.6	0.022 6	1.54	0.40
4-4	黏土质粉砂	YT	12.4	61.4	26.2	0.015 5	1.76	0.27
4-5	黏土质粉砂	YT	11.3	59.2	29.5	0.012 9	1.87	0.10
4-6	黏土质粉砂	YT	10.3	58.5	31.2	0.010 6	1.63	0.14
4-7	黏土质粉砂	YT	10.1	56.3	33.6	0.010 1	1.67	0.18
5-1	黏土质粉砂	YT	15.7	63.4	20.9	0.022 9	1.56	0.45
5-2	黏土质粉砂	YT	15.2	62.4	22.4	0.021 9	1.72	0.47
5-3	粉砂	T	17.6	66.2	16.2	0.027 0	1.43	0.27
5-4	砂质粉砂	ST	21.1	65.0	13.9	0.033 5	1.09	0.29
5-5	粉砂	T	16.4	65.6	18.0	0.024 4	1.47	0.33
5-6	黏土质粉砂	YT	12.8	62.1	25.1	0.016 5	1.67	0.41
5-7	黏土质粉砂	YT	11.7	60.0	28.3	0.013 9	1.95	0.04
6-1	黏土质粉砂	YT	12.6	61.7	25.7	0.016 1	1.60	0.48
6-2	黏土质粉砂	YT	13.4	62.5	24.1	0.017 9	1.63	0.46
6-3	黏土质粉砂	YT	13.6	63.2	23.2	0.018 3	1.60	0.45
6-4	黏土质粉砂	YT	11.5	59.6	28.9	0.013 4	1.65	0.33

续表

样品号	名称		粒级含量（%）			d_{50}（mm）	$Qd\varphi$	$Sk\varphi$
			砂	粉砂	黏土			
6－5	黏土质粉砂	YT	12.2	61.5	26.3	0.015 0	1.78	0.20
6－6	黏土质粉砂	YT	13.3	61.4	25.3	0.017 5	1.81	0.36
6－7	黏土质粉砂	YT	8.7	53.5	37.8	0.007 1	1.60	－0.15
7－1	粉砂	T	15.4	64.9	19.7	0.022 4	1.47	0.41
7－2	粉砂	T	18.8	65.3	15.9	0.029 3	1.17	0.31
7－3	砂质粉砂	ST	23.0	66.6	10.4	0.036 7	0.89	0.12
7－4	粉砂	T	17.1	65.7	17.2	0.025 8	1.25	0.32
7－5	黏土质粉砂	YT	12.7	62.2	25.1	0.016 2	1.62	0.43
7－6	粉砂	T	17.3	63.6	19.1	0.026 4	1.43	0.46
7－7	黏土质粉砂	YT	12.8	59.4	27.8	0.016 4	1.88	0.39
8－1	黏土质粉砂	YT	13.3	63.7	23.0	0.017 5	1.54	0.42
8－2	黏土质粉砂	YT	14.3	64.0	21.7	0.019 8	1.52	0.47
8－3	黏土质粉砂	YT	11.5	59.6	28.9	0.013 5	1.81	0.18
8－4	黏土质粉砂	YT	10.3	58.6	31.1	0.010 6	1.59	0.14
8－5	粉砂	T	15.0	66.4	18.6	0.021 4	1.34	0.19
8－6	黏土质粉砂	YT	12.6	61.2	26.2	0.015 9	1.79	0.31
8－7	黏土质粉砂	YT	14.0	60.3	25.7	0.019 3	1.86	0.48
9－1	黏土质粉砂	YT	16.2	61.0	22.8	0.024 1	1.99	0.40
9－2	黏土质粉砂	YT	14.4	64.9	20.7	0.020 0	1.36	0.52
9－3	砂质粉砂	ST	20.8	68.4	10.8	0.033 0	0.94	0.10
9－4	粉砂	T	18.3	63.6	18.1	0.028 3	1.51	0.45
9－5	黏土质粉砂	YT	14.0	62.0	24.0	0.019 1	1.95	0.24
9－6	黏土质粉砂	YT	14.3	63.0	22.7	0.019 9	1.83	0.25
9－7	黏土质粉砂	YT	8.8	51.8	39.4	0.007 3	1.74	－0.01

表 4－9　横向断面粒度参数变化

断　面	d_{50}（mm）	$Qd\varphi$	$Sk\varphi$
1	0.018 6	1.620	0.370
2	0.017 2	1.710	0.241
3	0.018 5	1.693	0.361
4	0.016 1	1.664	0.287
5	0.022 9	1.556	0.323
6	0.015 0	1.667	0.304
7	0.024 7	1.387	0.349
8	0.016 9	1.636	0.313
9	0.021 7	1.617	0.279
平均	0.019 1	1.617	0.314

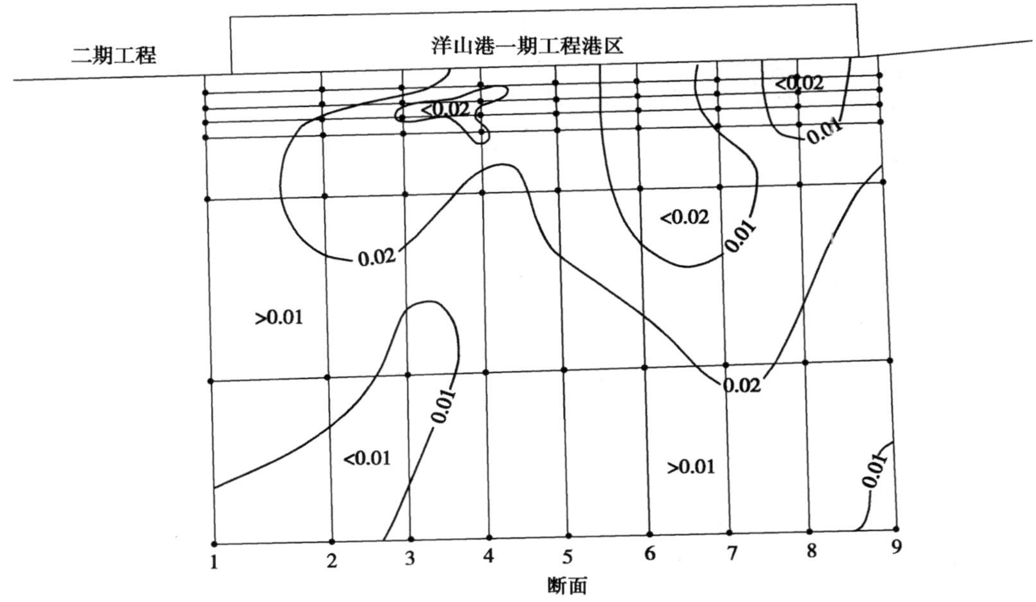

图 4－6　一期港池表层底质中值粒径（mm）分布[2]

本章参考文献

［1］万军，应强，焦志斌．洋山深水港区进港外航道台风期适航水深研究［R］．上海：上海达华测绘有限公司，2010．

［2］吴明阳，闫新兴，侯志强．上海国际航运中心洋山港深水港区一期港池水域浮泥观测及泥沙淤积分析资料汇编［R］．天津：交通部天津水运工程科学研究所，2006．

［3］应强，焦志斌，袁胜英．洋山港区航道适航水深试验研究报告［R］．南京：南京水利科学研究院，2010．

［4］GB/T 50123—1999，试验方法标准［S］．

［5］JTJ/T 325—2006，淤泥质海港适航水深应用技术规范［S］．

［6］徐君亮，李永兴，蔡福祥，等．珠江口伶仃洋滩槽发育演变［M］．北京：海洋出版社，1985．

第5章　航道淤泥沉降特性试验

5.1　细颗粒泥沙絮凝沉降的基本特性

泥沙在水中的沉速是标志泥沙运动特征的一个重要的物理量。通常所谓的泥沙沉速，是以单颗粒泥沙在静止的蒸馏水或离子水中下沉的情况。但对于粒径 d_{50} 小于 0.03 mm 的细颗粒泥沙，在一般的河水中，特别是在海水、湖水中，这样的细颗粒泥沙并非是单颗粒下沉，而是产生所谓絮凝沉降，即以单颗粒泥沙包成一团下沉，其实际沉降速度远大于单颗粒泥沙的沉降速度。

早在20世纪30年代，人们针对自来水的净化问题，即开展了水质化学成分和含沙浓度对细颗粒泥沙絮凝沉降的影响。进入20世纪60—70年代，对于细颗粒黏性泥沙的絮凝沉降，就有许多学者进行过深入细致的研究。严镜海、黄建维针对连云港、长江口泥沙，从泥沙颗粒间的碰撞几率与吸引势能大于排斥势能分析入手，得出了细颗粒泥沙产生絮凝的条件，建立絮凝沉速计算公式，并指出细颗粒泥沙絮凝沉降机理尚应包括化学的、生物的和物理方面的因素。国内外学者针对港口、河口泥沙冲淤问题，开展了海水中细颗粒泥沙絮凝沉降的大量试验研究，并总结了沉降规律和特征，分析了絮凝沉速与含沙浓度、海水含盐度以及水温的关系，成果被广泛用于海港工程[1,2]。

黏性泥沙由于其颗粒极细，特别在电解质（海水）的作用下会发生絮凝现象，即除了原有的物理力学作用外，胶体化学作用占了很大的比重，沉降性态和机理发生了很大变化。黄建维等人根据试验结果，黏性泥沙在水体中含沙量的不同，按其沉降性态和机理之不同，大致可以区分出四个性质不同的区段[3]：

（1）絮凝沉降段。当含沙量较低时，含沙量除了引起沉速减缓作用外，更由于絮凝作用而加速沉降，并且大大超过前者。这种絮凝作用的结果，将使整个问题不再属于恒定运动的范畴，任何一个水平断面的平均沉速将是时间的函数。絮凝沉降段内的沉速随含沙量、沉距和水温的增加而增大，这是絮凝沉降的基本属性，也是无黏性泥沙所不具备的特性。

（2）制约沉降段。起始含沙量超过一定程度后，含沙量的阻滞作用超过了絮凝的加速作用。随着含沙量的增加，沉速迅速减小，沉速仍是不恒定的。

（3）群体沉降段。随着含沙量进一步增大，黏性泥沙之间的絮凝羁绊形成一个整体结构，沿水深各处颗粒之间的相对位置保持一种相对稳定状态。从外观上看，表现为搅拌均匀后的浑水经过 2 ~ 30 min 后开始形成一个清浑水交界面，界面沉降是随时间以均匀速度下沉的，平均沉速不再随时间和深度而变化。在这一区段内的沉降机理，与无黏性泥沙在高含量下的沉降有类同之处，但由于絮凝羁绊力的影响，沉速随含沙量的增长而产生的衰减，远较无黏性泥沙衰减得快。

（4）密实沉降段。等速沉降不存在，随着颗粒间孔隙水的溢出而逐步固结，流态从塑性状态最后发展成固态。

5.2 淤泥絮凝沉降

5.2.1 试验方法

浑水体中含沙浓度的测定方法有多种，如光电法、比重瓶法、烘干法等。由于光电法、比重瓶法简单方便，因此常用此法测定浑水体含沙浓度，并且两种方法同时使用，相互校核。在沉降分析法中，大致有液体比重计法、吸管法和累计重量法等。比重计法精度较差，对于测定小含沙浓度下的絮凝沉降，以吸管法和累计重量法较为常用。

在挟沙水体中，泥沙运动方程如下：

$$\frac{\partial s}{\partial t}+U\frac{\partial s}{\partial x}+V\frac{\partial s}{\partial y}+W\frac{\partial s}{\partial z}+\partial\frac{(\overline{\omega}s)}{\partial x}-\frac{\partial}{\partial x}(e_x\frac{\partial s}{\partial x})-\frac{\partial}{\partial y}(e_y\frac{\partial s}{\partial y})-\frac{\partial}{\partial z}(e_z\frac{\partial s}{\partial z})=0 \tag{5-1}$$

式中：s——含沙浓度；

U、V、W——水流在 x、y、z 方向的分速度；

$\overline{\omega}$——泥沙平均沉速；

e_x、e_y、e_z——紊动交换系数在 x、y、z 方向的分量。

1961 年 T. McLaughlin 从输沙平衡方程式，得出在静水条件下，泥沙浓度、沉速的变化满足下列方程式：

$$\frac{\partial c}{\partial t}+\frac{\partial(\overline{\omega}c)}{\partial z}=0$$

在该式中对 z 积分得到下列方程式：

$$(\overline{\omega}s)_{z=H}=-\int_0^H\frac{\partial s}{\partial t}dz=-\frac{\partial}{\partial t}\int_0^H s\mathrm{d}z \tag{5-2}$$

在沉降试验中，通过测定不同时间的含沙浓度的分布，运用式（5－2），采用图积分的方法，即可求出不同 z 处的平均沉速 $\overline{\omega}$ 随时间的变化，此为 T. McLaughlin 的“重复深度吸管法”。这也是本课题所采用的方法。

沉降试验装置采用有机玻璃制作的圆筒，高 2.0 m、直径 0.5 m，圆筒自下向上每隔 0.2 m开一小孔，安装软管，其结构如图 5－1 所示。试验前，在筒内加入从现场取回的天然海水，倒入适量的淤泥，加水至距筒顶面 10 cm 即可，人工搅拌浑水水体，使水体中水沙充分混合，达到相对均匀的状态，即可开始试验。

试验时，由快到慢设置不同的时间间隔 t_1，t_2，…，t_n，分别在试验筒的 20 cm、60 cm、100 cm、140 cm、180 cm（从顶往下起算）高度上取水样，采用光电测沙仪和比重瓶分别测定浑水体含沙浓度。

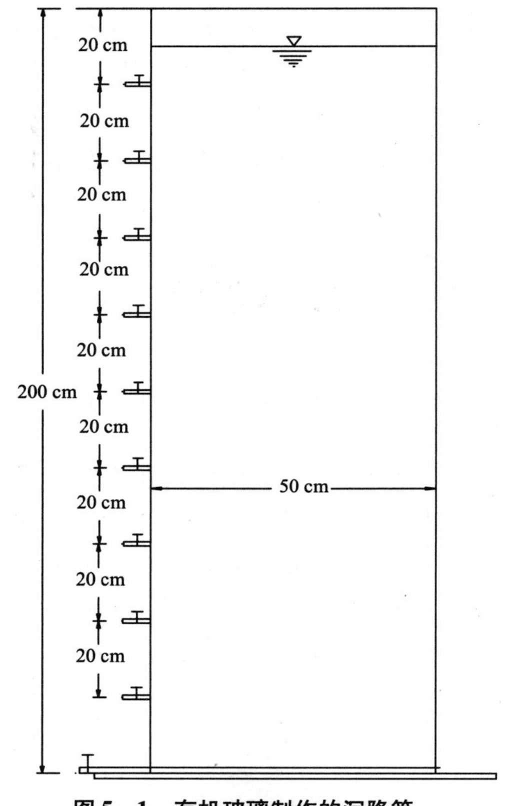

图 5－1　有机玻璃制作的沉降筒

5.2.2　含沙浓度随时间变化

研究区域内的泥沙中值粒径大多为 0.015～0.018 mm，各样本点的粒径差别不大，进行沉降样本选取时，考虑了以下两个因素：一是样本点在航道中；二是样本点的粒径能反映区域平均粒径。为此选取航道中的 F3 泥样作为此次沉降的研究对象。

沉速试验起始含沙浓度 S_0 = 0.42～3.37 kg/m^3，总共进行了 9 组不同初始含沙浓度的试验，不同组次的试验水温在 7～9°C 间变化，平均为 8°C。泥样沉降试验的初始含沙浓度见表5－1[4]。

表 5－1　沉降试验初始含沙浓度

泥样	初始含沙浓度（kg/m^3）	泥样	初始含沙浓度（kg/m^3）	泥样	初始含沙浓度（kg/m^3）
1	3.37	4	2.25	7	1.19
2	3.01	5	1.82	8	0.80
3	2.58	6	1.42	9	0.42

图 5－2 至图 5－10 为不同初始含沙量下位于沉降筒不同位置上含沙量随时间的变化过程线。从图中可以看出：

（1）随着时间的增长，含沙量呈减小趋势。不同位置的含沙量变化过程不同，位于上部（H=20 cm）的最先出现含沙量降低，而后在 H=60 cm、H=100 cm 等相继出现含沙量降低，底部位置出现含沙量降低的时间较晚。这是由于上部泥沙下沉，补充了原先水体中泥沙的下沉，从而使含沙量变化不大。

（2）虽然初始含沙量差别较大，最小的只有 0.42 kg/m^3，最大的却有 3.37 kg/m^3，在经过 160 min 的沉降后，最终的含沙量虽有差别，但相差较小，主要集中在 0.20～0.25 kg/m^3 之间。

（3）含沙量较大时，有一个较快的沉降过程，沉降曲线上表现含沙量在某一时间段会出现较大的变化；而含沙量较小时，沉降过程比较均匀，沉降曲线上表现也相对平缓些。

（4）位于底部的断面，含沙量可能出现较初始含沙量增大的情况（图 5－2 中较为明显）。

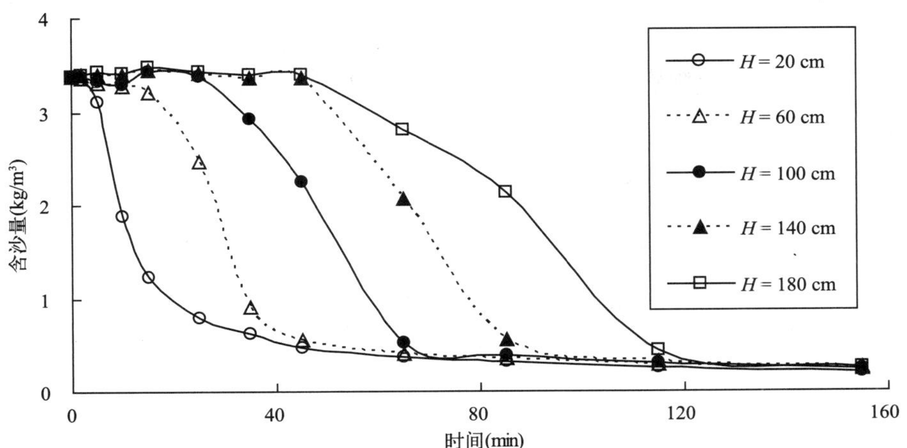

图 5－2　S_0 =3.37 kg/m³时不同距离处含沙量随时间变化曲线

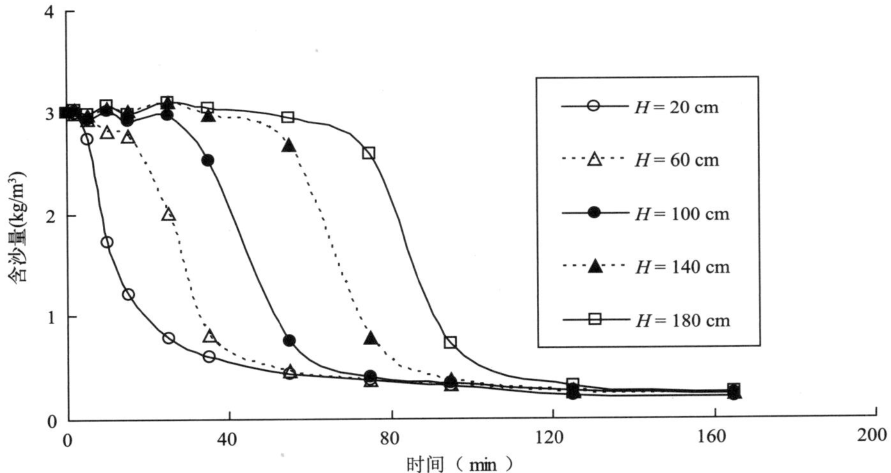

图 5－3　S_0 =3.01 kg/m³时不同距离处含沙量随时间变化曲线

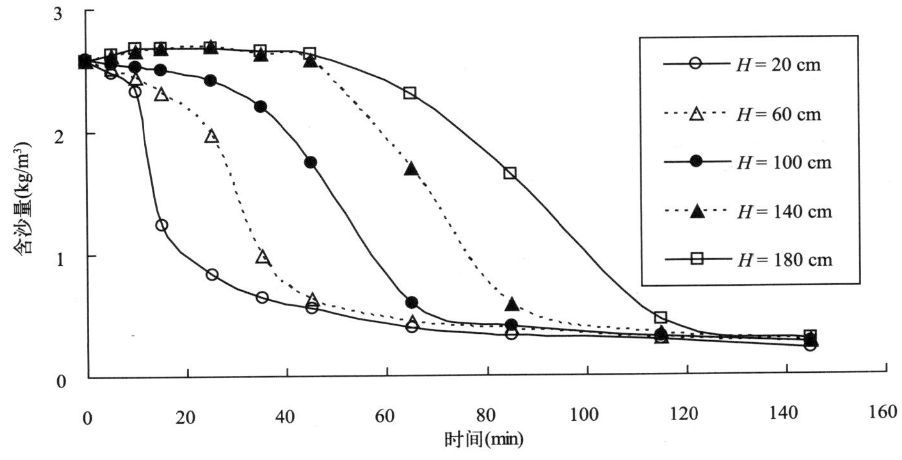

图 5－4　S_0 =2.58 kg/m³时不同距离处含沙量随时间变化曲线

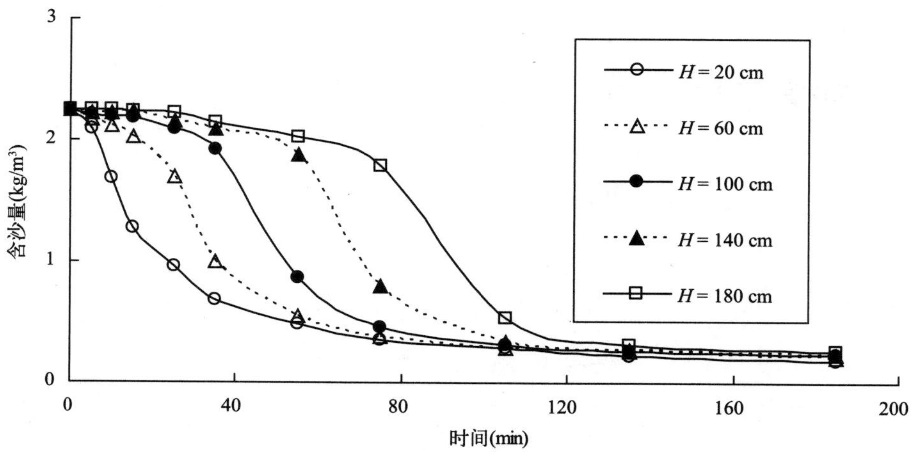

图 5-5　S_0 = 2.25 kg/m³时不同距离处含沙量随时间变化曲线

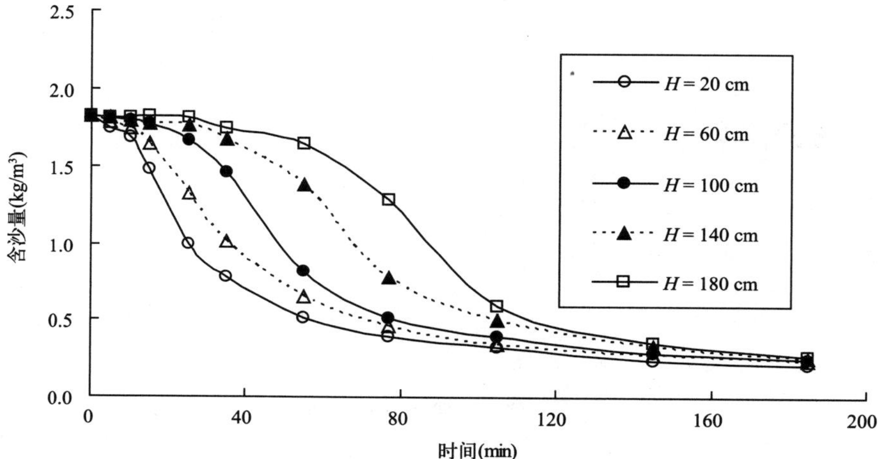

图 5-6　S_0 = 1.82 kg/m³时不同距离处含沙量随时间变化曲线

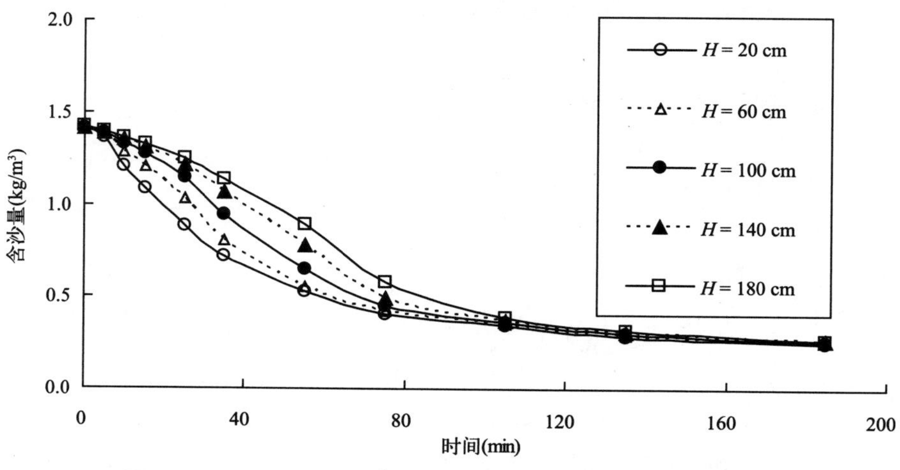

图 5-7　S_0 = 1.42 kg/m³时不同距离处含沙量随时间变化曲线

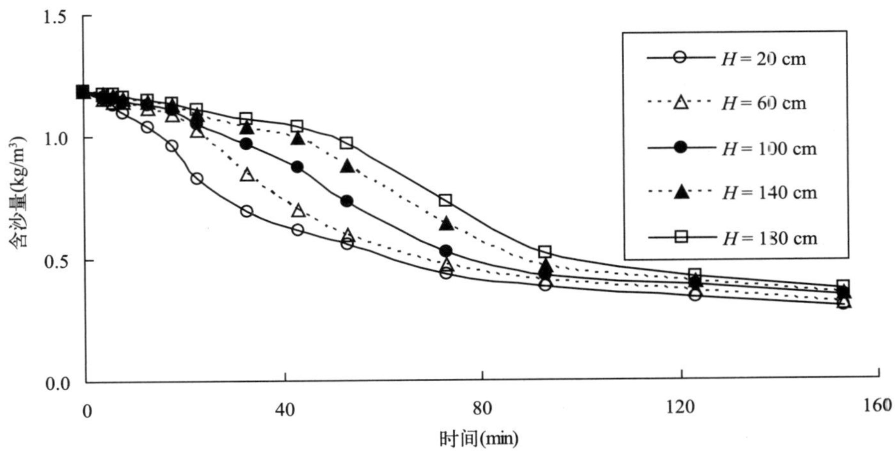

图5-8 $S_0=1.19\ kg/m^3$时不同距离处含沙量随时间变化曲线

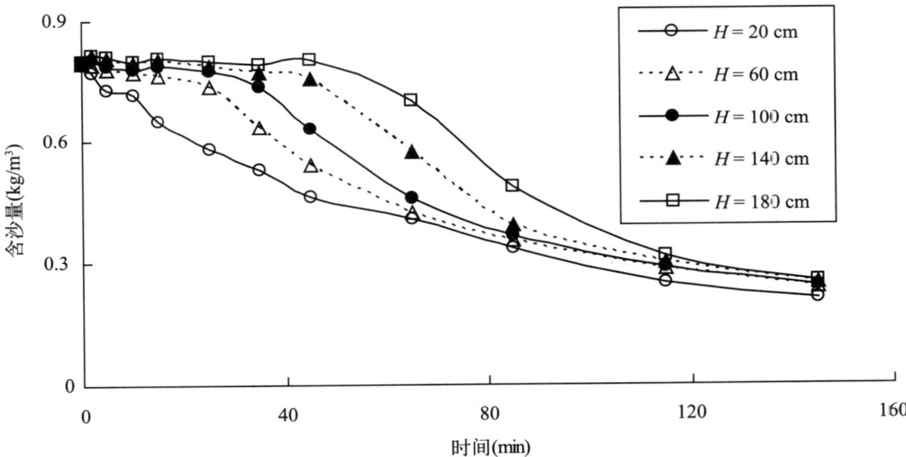

图5-9 $S_0=0.80\ kg/m^3$时不同距离处含沙量随时间变化曲线

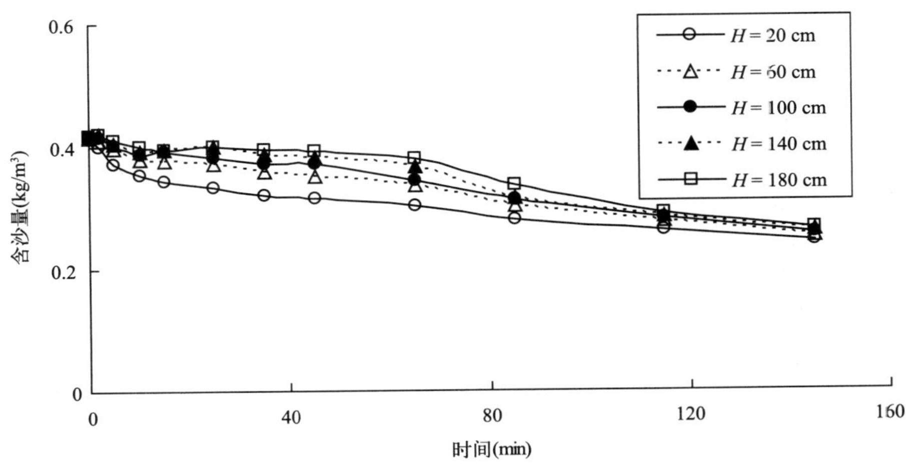

图5-10 $S_0=0.42\ kg/m^3$时不同距离处含沙量随时间变化曲线

5.2.3 泥沙沉降速度计算

相应于表 5-1 中的 9 组不同含沙量和实测含沙量随时间的变化过程（图 5-2 至图 5-10），计算了水深 H 处的沉降速度，不同起始含沙浓度下的沉降速度的变化过程见图 5-11 至图 5-19。图中 5 条曲线分别代表距离沉降筒顶部 20 cm、60 cm、100 cm、140 cm 和 180 cm 处沉速随时间的变化过程。由图可以看出：

（1）泥沙的沉降速度随时间变化有一个先增大，后减小，再增大，再减小，最后趋于稳定的过程。沉降中不同位置的泥沙沉速达到最大值的时间不同，离水面较近的断面，在较短的时间内，沉速达到最大值，而离筒底较近的断面，沉速出现最大值的时间较晚。

（2）含沙量较小时（$S_0=0.42\ \mathrm{kg/m^3}$），淤泥第一次出现的沉降速度较大，第二次出现的沉速速度较小。含沙量较大时（$S_0=3.37\ \mathrm{kg/m^3}$），淤泥第一次出现的沉降速度较小，第二次出现的沉降速度较大。

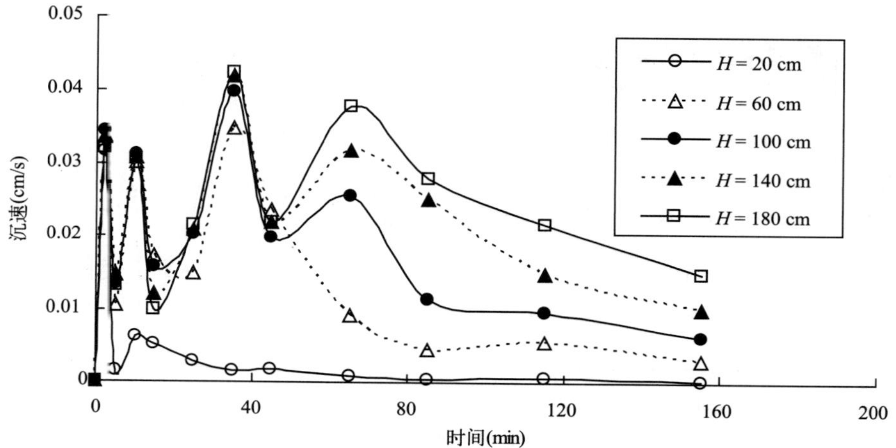

图 5-11　$S_0=3.37\ \mathrm{kg/m^3}$ 时不同距离处沉降速度随时间变化曲线

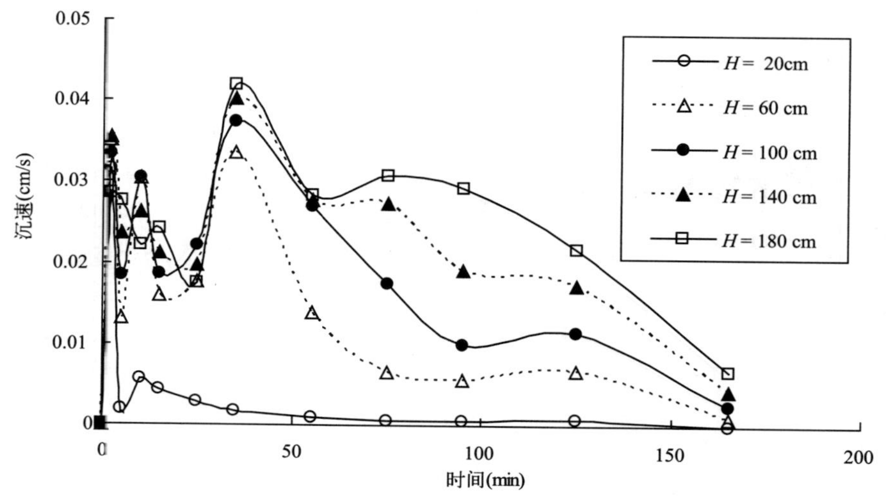

图 5-12　$S_0=3.01\ \mathrm{kg/m^3}$ 时不同距离处沉降速度随时间变化曲线

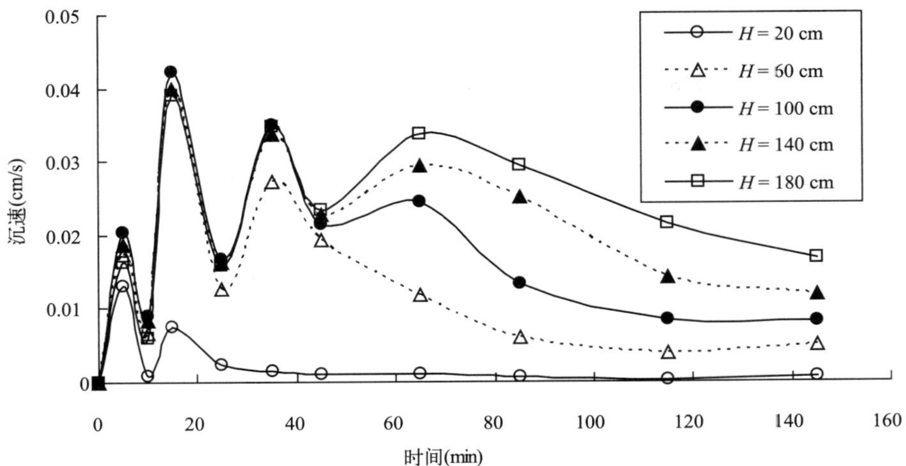

图 5-13　S_0 = 2.58 kg/m³时不同距离处沉降速度随时间变化曲线

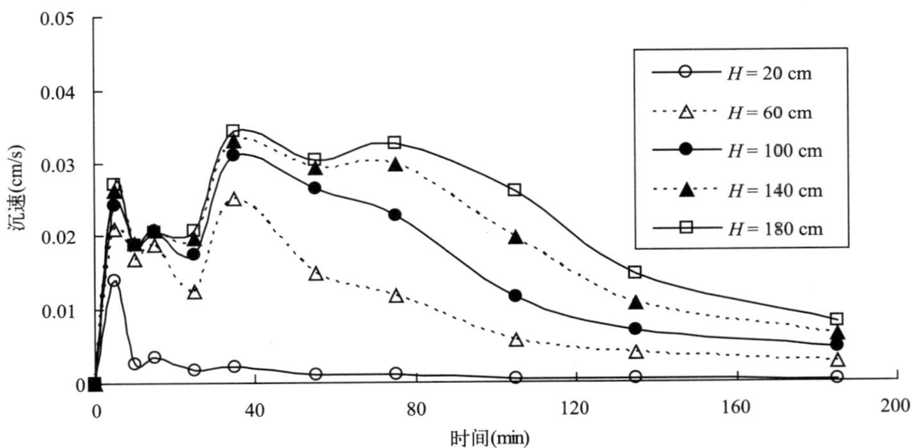

图 5-14　S_0 = 2.25 kg/m³时不同距离处沉降速度随时间变化曲线

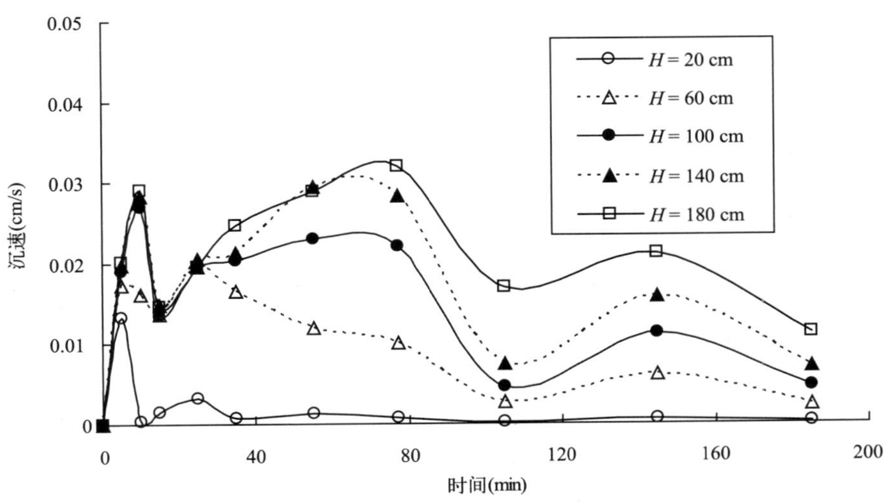

图 5-15　S_0 = 1.82 kg/m³时不同距离处沉降速度随时间变化曲线

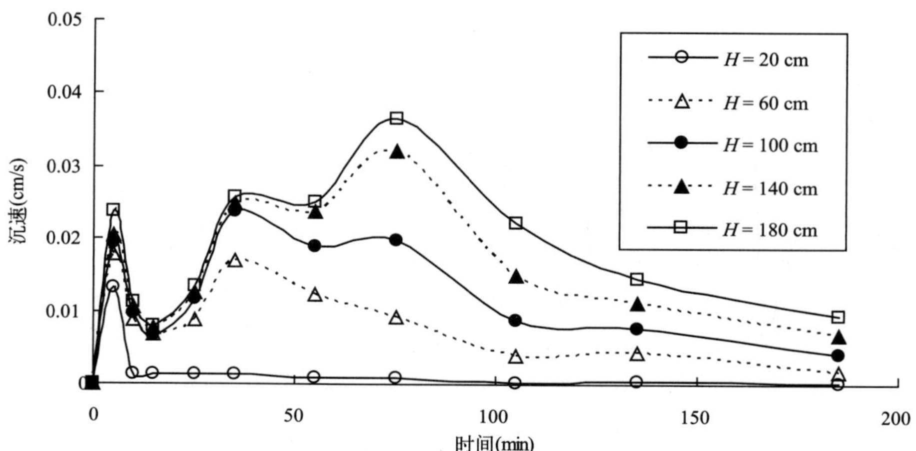

图 5－16　S_0 = 1.42 kg/m³时不同距离处沉降速度随时间变化曲线

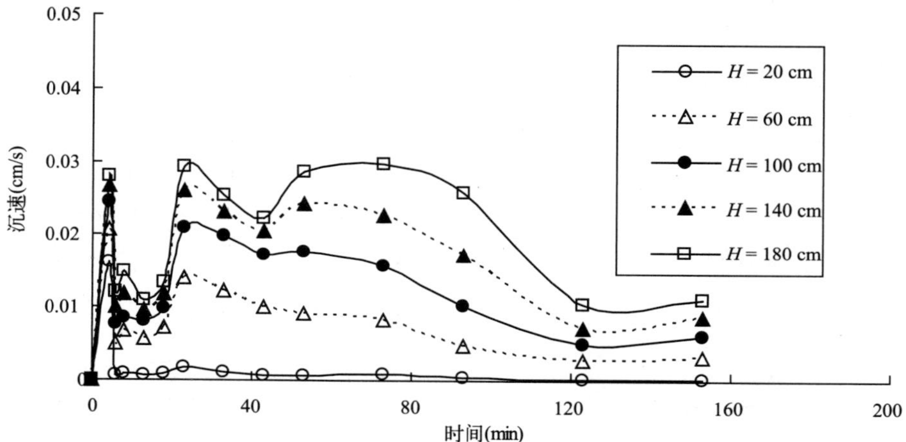

图 5－17　S_0 = 1.19 kg/m³时不同距离处沉降速度随时间变化曲线

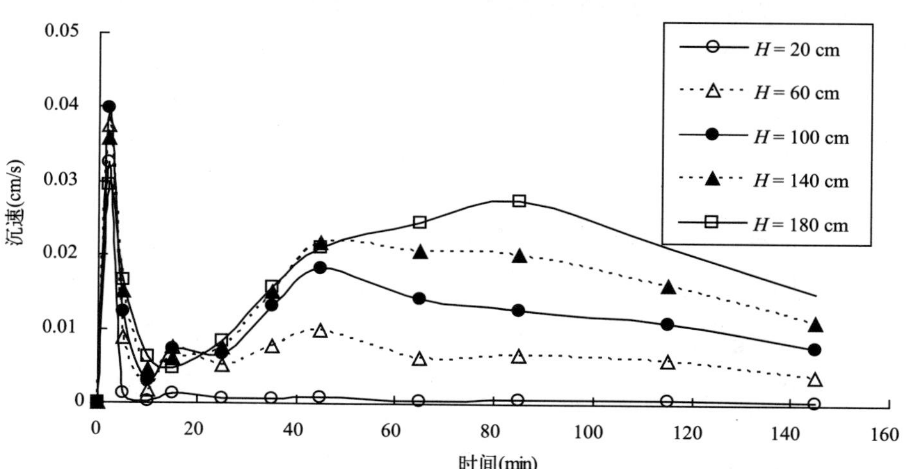

图 5－18　S_0 = 0.80 kg/m³时不同距离处沉降速度随时间变化曲线

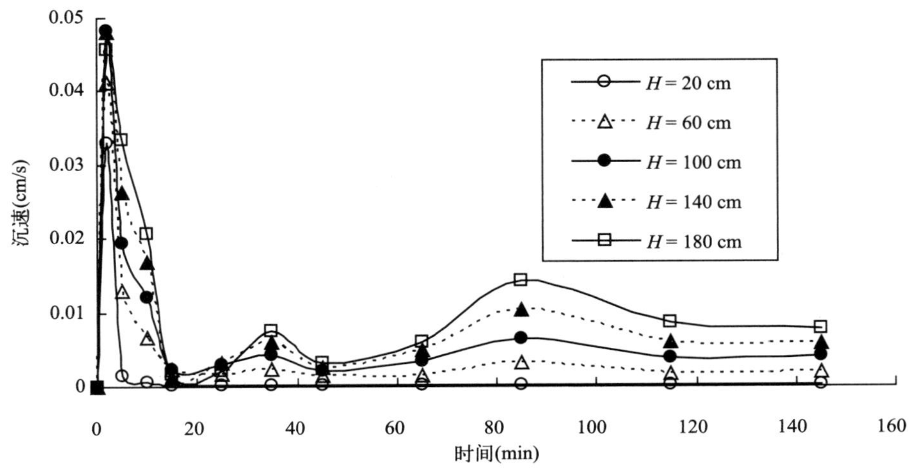

图 5－19　S_0＝0.42 kg/m³时不同距离处沉降速度随时间变化曲线

（3）本次试验最大沉降速度大多在 0.030～0.050 cm/s 之间。

（4）中值沉速：根据各水深 H_i处的含沙量为初始含沙量的 50% 时沉降历时的平均值 $t_{0.5}$作为计算标准，即

$$\omega_{50} = H/t_{0.5} \tag{5-3}$$

计算所得结果见表 5－2，由表可知，在含沙量较小时，中值沉速也较小，随着含沙量增大，中值沉速也随着增大，但当含沙量大于 1.82 kg/m³时，中值沉速变化不大，大多在 0.024～0.030 cm/s 之间[4]。

表 5－2　中值沉速（cm/s）计算

含沙量（kg/m³）	H＝20 cm	H＝60 cm	H＝100 cm	H＝140 cm	H＝180 cm	平均值
0.42	0.000 7	0.004	0.007	0.010	0.013	0.006 94
0.80	0.002	0.012	0.019	0.025	0.028	0.017 2
1.19	0.003	0.015	0.023	0.027	0.033	0.020 2
1.42	0.004	0.018	0.022	0.030	0.029	0.020 6
1.82	0.005	0.025	0.029	0.032	0.031	0.029 2
2.25	0.006	0.025	0.029	0.033	0.031	0.024 8
2.58	0.008	0.026	0.027	0.030	0.029	0.024 0
3.01	0.010	0.028	0.031	0.032	0.032	0.026 6
3.37	0.011	0.027	0.029	0.030	0.030	0.025 4

杨华[5]等对泥沙沉降速度也进行了研究，得出了航道和航道泥沙的沉降速度，见表 5－3。

表 5 – 3　洋山港泥沙沉降速度[5]

含盐度	含沙量（kg/m³）	流速（m/s）									
		0	0.10			0.30			0.50		
		悬沙	悬沙	港地底沙	航道底沙	悬沙	港地底沙	航道底沙	悬沙	港地底沙	航道底沙
15	0.5	0.040	0.030	0.049	0.043	0.025	0.038	0.033	0.012	0.033	0.011
15	1.0	0.043	0.033	0.052	0.046	0.026	0.042	0.036	0.014	0.036	0.012
15	1.5	0.048	0.037	0.060	0.049	0.027	0.052	0.040	0.016	0.040	0.014
15	2.0	0.052	0.041	0.065	0.054	0.031	0.057	0.045	0.021	0.047	0.023
25	0.5	0.035	0.026	0.048	0.036	0.018	0.035	0.031	0.004	0.027	0.011
25	1.0	0.039	0.028	0.051	0.040	0.021	0.040	0.033	0.004	0.031	0.012
25	1.5	0.046	0.032	0.059	0.045	0.027	0.049	0.036	0.004	0.036	0.014
25	2.0	0.050	0.036	0.065	0.051	0.031	0.056	0.041	0.007	0.041	0.022

由于杨华等是运用洋山港区泥沙为沉降试样，采用环形水槽的试验设备和方法，絮凝沉降速度与本试验有一定差异，但总的量级和絮凝影响的效应是一致的。

5.3　淤泥密实过程

细颗粒泥沙容重的变化与泥沙的沉降过程有关，细颗粒泥沙在含沙水体浑液中的沉降过程，由于受到含沙浓度的影响，与单颗粒泥沙沉降过程不同。细颗粒泥沙随含沙浓度的变化存在着三个沉降变化阶段，即絮凝沉降段、群体沉降段和密实沉降段。当含沙浓度较小时，细颗粒泥沙发生絮凝作用使一部分泥沙聚集成较大的絮团，加大了沉速，沉速随浓度的增大而增大；随着含沙浓度的进一步增大，絮凝现象进一步发展，连结成一个连续的空间网架结构，形成群体沉降，在沉降过程中随历时的增长，沉速逐渐减小。当沉速在短时间内变化停止，接近于零，群体沉降停止，沉降进入群体沉降制约状态，此后，开始表现为另一种沉降过程，即密实过程。随着历时的增长，淤积体内进一步脱水，泥沙逐渐密实，这种密实过程是很缓慢的，有的几天达到完全密实，泥沙颗粒结构处于密实稳定状态，有的需长达几个月甚至更长时间，才趋于密实稳定[4]。

本次试验选用 F2、F17 两个泥沙样本，在大盆里放入水和淤泥样本，搅拌均匀后，让其自然沉降密实。然后，在不同的时间用环刀取出泥样，环刀直径为 6.2 cm，高度为 2 cm，称出泥样的湿密度，结果见图 5 – 20 和图 5 – 21。由图中可以看出：淤泥在最初 6 d 的时间里，密度迅速增加，但随着密实时间的延长，密度增值减缓，至第 80 d，密度仍有增加的趋势，结合从现场取回在试验室未扰动的泥样密度（表 5 – 4），可知此海域的淤泥湿密度在1.80 g/cm³左右。

同时，将环刀取出泥样通过烘干、称重，测出不同时间泥样的干密度，对相同泥样烘干后称量，得出淤泥干密度也随密实时间增长而增大，但两个样本淤泥的干密度都较小，目前最大值只达 0. 97 g/m^3[4]。

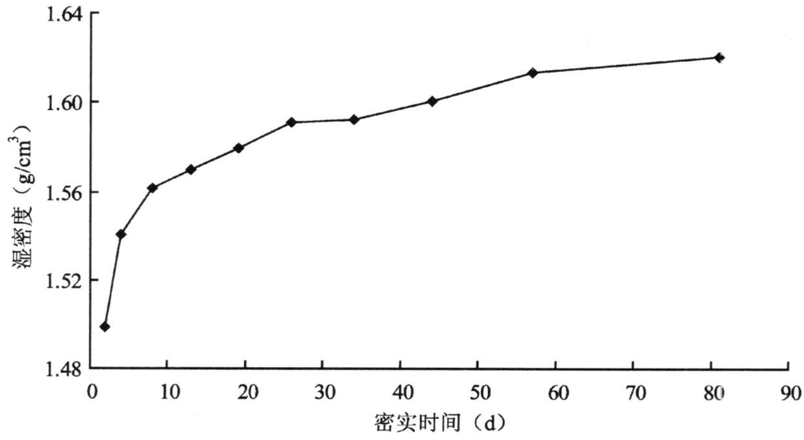

图 5－20　F2 样本密实过程

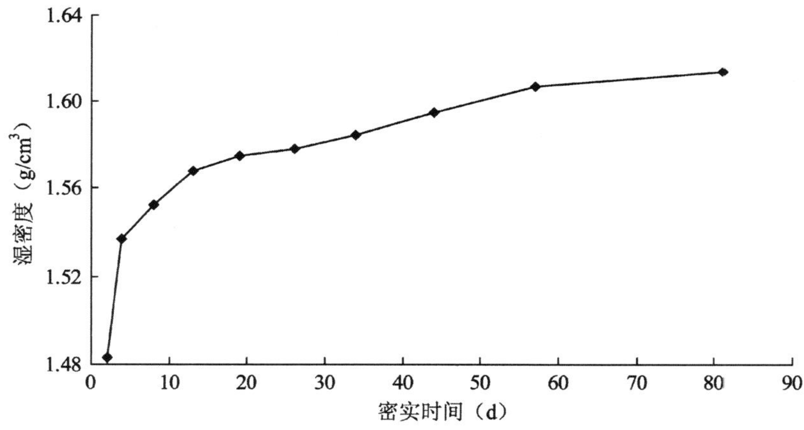

图 5－21　F17 样本密实过程

表 5－4　不同泥样淤泥湿密度测量（密实时间大于 130 d）

泥样号	湿密度（g/cm^3）	泥样号	湿密度（g/cm^3）
F2	1. 61	F11	1. 57
F3	1. 67	F12	1. 77
F4	1. 67	F13	1. 67
F5	1. 66	F15	1. 77
F6	1. 74	F16	1. 67
F7	1. 79	F17	1. 61
F8	1. 72	F18	1. 65
F9	1. 76	F19	1. 69
F10	1. 64	F20	1. 78

由图 5 –20 和图 5 –21 也可以看出，泥沙的密实过程较快，这与泥沙样本取自于滩面的淤积有关。

本章参考文献

[1] 严镜海. 紊动水流中泥沙沉降速度的初步分析［J］. 水利水运科学研究，1992，(1)：25 –37.

[2] 黄建维. 护黏性泥沙运动规律在淤泥质海岸工程中的应用［J］. 海洋工程，2011，29（2)：52 –58.

[3] 中国水利学会泥沙专业委员会. 泥沙手册［M］. 北京：中国环境科学出版社，1992.

[4] 应强，焦志斌，袁胜英. 洋山港区航道适航水深试验研究报告［R］. 南京：南京水利科学研究院，2010.

[5] 杨华，冯学英. 上海洋山港区和进港航道水域泥沙特性及回淤分析研究［J］. 水道港口，2000，(3)：17 –22.

第 6 章　航道泥沙起动特性试验研究

6.1　泥沙起动理论

泥沙运动是自然界中常见的现象，正因为有泥沙运动，才会引起海床的冲刷和淤积。而从静止状态转为起动状态的泥沙起动问题，又是泥沙运动理论中的基础。对含细颗粒泥沙起动的研究，已有很长的历史，且取得的成果也很多。其中比较著名的有张瑞瑾、窦国仁、唐存本和沙玉清等，他们所推导的公式如下。

（1）张瑞瑾公式[1]：

$$U_c = \left(\frac{h}{d}\right)^{0.14}\left(17.6\frac{\gamma_s-\gamma}{\gamma}d + 0.000\,000\,605\frac{10+h}{d^{0.72}}\right)^{\frac{1}{2}} \tag{6-1}$$

式中：U_c——泥沙起动流速（m/s）；

d——泥沙粒径（mm）；

h——水深（m）；

γ_s——泥沙容重（N/m^3）；

γ——水的容重（N/m^3）。

（2）窦国仁公式[2]：

$$U_c = k'\left(\ln 11\frac{h}{\Delta}\right)\left(\frac{d'}{d_*}\right)^{\frac{1}{6}}\left\{3.6\frac{\rho_s-\rho}{\rho}gd + \left(\frac{\gamma_0}{\gamma_{0*}}\right)^{\frac{5}{2}}\left[\frac{\varepsilon_0 + gh\delta(\delta/d)^{1/2}}{d}\right]\right\}^{\frac{1}{2}} \tag{6-2}$$

式中：$k' = \begin{cases} 0.26 & \text{将动未动} \\ 0.32 & \text{少量动} \\ 0.41 & \text{普遍动} \end{cases}$；

$d_* = 10$ mm；

$d' = \begin{cases} 0.5\ \text{mm} & d \leqslant 0.5\ \text{mm} \\ d & 0.5\ \text{mm} < d < 10\ \text{mm} \\ 10\ \text{mm} & d \geqslant 10\ \text{mm} \end{cases}$；

Δ——床面糙率高度（cm）；

δ——薄膜水厚度参数；

ρ_s——沙粒密度（g/cm^3）；

ρ——水体密度（g/cm^3）；

γ_0——床面泥沙干容重（dyn/cm^3）；

γ_{0*}——泥沙颗粒稳定干容重（dyn/cm^3）；

ε_0——综合黏结力参数；

g——重力加速度；

δ——薄膜水厚度参数；

其余符号意义同上式，单位采用克厘米秒制。

（3）唐存本公式[3]：

$$U_c = \frac{m}{1+m}\left(\frac{h}{d}\right)^{\frac{1}{m}}\left[3.2\frac{\gamma_s-\gamma}{\gamma}gd+\left(\frac{\gamma_0}{\gamma_{0*}}\right)^{10}\frac{C}{\rho d}\right]^{\frac{1}{2}} \tag{6-3}$$

式中：$m=6$；

$C=2.9\times10^{-4}\text{g/cm}$；

其余符号意义同前。

（4）沙玉清公式[4]：

$$U_c = \left[266\left(\frac{\delta}{d}\right)^{\frac{1}{2}}+6.66\times10^9(0.7-\varepsilon)^4\left(\frac{\delta}{d}\right)^2\right]^{\frac{1}{2}}\sqrt{\frac{\gamma_s-\gamma}{\gamma}gd}\,h^{\frac{1}{5}} \tag{6-4}$$

式中：U_c——起动流速（m/s）；

δ——薄膜水厚度，取为0.000 1 mm；

ε——孔隙率，稳定值为0.4；

d——粒径（mm）；

h——水深（m）。

以上泥沙起动公式中，均包括重力作力和黏结力作用两部分。由于影响细颗粒泥沙的起动因素很多，且不同泥样中这些因素所占的比重又不相同，因此对于具体海域的淤泥，进行起动试验很有必要。

本研究所在海域水动力条件强，且常受台风侵袭，在大浪作用下易使航道发生骤淤，影响船舶通航。为解决进港航道骤淤问题，在航道及两侧边滩上选取浮泥样，通过泥沙起动特性试验，对不同密实湿容重下的泥沙和不同水动力条件下的泥沙起动规律进行理论分析和研究。

6.2 新淤泥起动试验

6.2.1 试验设备及方法

新淤泥是指刚从水中沉积下来的泥沙，沉积时间只有几天（本书中小于3 d），由于密实时间较短，颗粒间黏结力也较弱，泥沙在较强水流的作用下容易起动，所需的起动流速也较小，可在南京水利科学研究院泥沙基本理论试验室的变坡水槽内进行。

变坡水槽为全长41 m、宽0.8 m的钢结构水槽。水槽底坡可调节（最大可达±1.7%），两侧壁为玻璃，壁高1 m，试验时可观察其中水流、泥沙运动情况。水槽中为循环水流，主要设备包括地下水库、泵房、平水塔、进水阀、试验水槽、尾门、回水槽等，其最大流量可达300 000 cm^3/s，可根据不同试验要求，进行调节底坡、水深及流速，试验装置如图 6－1 所示。

试验段布置在水槽的中部，长 7.5 m，如图 6－2 所示，上、下游各 3 m，槽底加高 3 cm，上下游两端以斜坡与原槽底相连，中间为试验段，长 1.5 m，流速由南京水利科学研究院开发的旋桨式流速仪测量（图 6－3），水位及水深由固定在试验段两侧的测针读出，试验水温用温度计测量。试验段沙样的铺设：制作两块与水槽同宽且有一定高度（10 cm）的木板，分别立于水槽泥样段上下两端，并用橡皮泥封堵木板与槽底、两侧的接缝，使其不漏水。在泥样段放入适量的试验沙，加入清水，将泥沙搅拌均匀，然后让其自然沉降密实，并同时取少量搅拌均匀的泥样，置于量筒内，进行容重试验[5]。

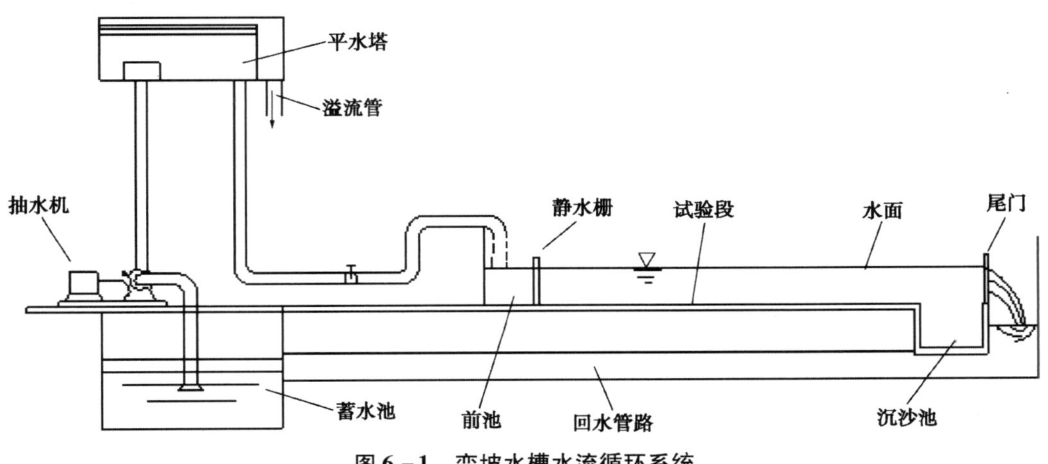

图 6－1　变坡水槽水流循环系统

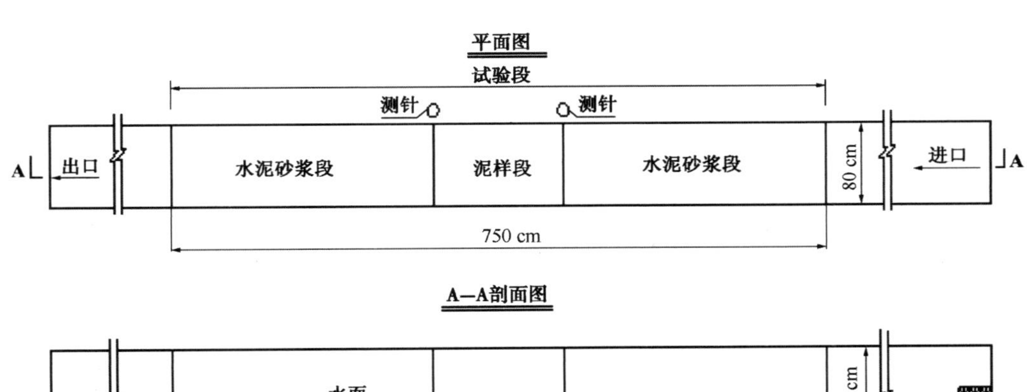

图 6－2　试验段布置示意图

试验前先在水槽内缓慢注入自来水，当水面与泥段内的水位相平时，拔去泥沙段两侧的木板隔层，以保证试验前沙样段不扰动，当水深至试验水深后进行试验。

试验时，逐渐加大进口流量，同时也打开尾门的开度，使试验段水深保持在 12 cm 左

图 6－3　试验用流速仪[6]

右，同时测量水流速度，当泥沙符合起动要求时，记录流速、水深、水温等值。

每组试验开始前均重新铺沙，使泥沙自然密实一定时间，当淤泥密度达到要求值时开始试验。

6.2.2　起动判别标准

无黏性泥沙的起动一般可分为三种状态，即个别起动、少量起动和大量起动，通常将少量起动定为泥沙起动的标准。本次试验洋山港淤泥为细颗粒黏性泥沙，其起动以泥沙的卷起、悬扬为主要特征，即泥沙起动时直接进入悬扬状态，当悬扬不明显时，床面无明显破坏，此时泥沙并未起动，悬扬开始明显增大时，床面上出现沙带，并随着流速的增大，沙带的密度也增大，最后会遍及整个床面。因此，试验以床面泥沙开始小量悬扬作为判断淤泥起动的标准。

6.2.3　试验结果分析

在水流作用下，床面泥沙维持平衡的力主要为黏结力及有效重力，促使泥沙起动的力主要为水流的拖曳力即床面的切应力。假定垂向流速服从对数分布，则 0.37 倍床面以上水深处的流速即为断面平均流速。取对数分布公式如下：

$$\frac{U_c}{U_{*c}} = \frac{1}{k} + \ln\frac{y}{k_s} + B_s \tag{6-5}$$

式中：k——卡门常数为 0.4；

U_{*c}——摩阻流速（m/s）；

y——距床面高程（m/s）；

U_c——该处速度（m/s）；

k_s——当量糙率高度，取泥沙粒径（mm）。

本次试验取样中值粒径为 0.014 6 mm；B_s 的取值随黏性底层厚度与床面当量糙率高

度比值而变化，根据 Nikuradse 的试验研究成果，在不同水流流态区域内，其值可由式(6－6)和式（6－7）得到。

$$B_s = 2.5\ln\frac{U_{*c}k_s}{\nu} + 5.5 \qquad \frac{U_{*c}k_s}{\nu} \leqslant 5.5 \tag{6-6}$$

$$B_s = 8.5 \qquad \frac{U_{*c}k_s}{\nu} \geqslant 5.5 \tag{6-7}$$

$$\tau_c = \rho U_*^2 \tag{6-8}$$

$$\psi_c = \frac{\tau_c}{(\rho_s - \rho)gd_{50}} \tag{6-9}$$

$$\mathrm{Re}_c = \frac{U_{*c}d_{50}}{\nu} \tag{6-10}$$

式中：ρ——水的密度（g/cm^3）；

ρ_s——泥沙的密度（g/cm^3）；

g——重力加速度；

d——泥沙中值粒径（mm）；

ν——运动黏滞系数（cm^2/s）；

τ_c——临界起动切应力（dyn/cm^2）；

ψ_c——临界 Shields 参数；

Re_c——沙粒雷诺数。

试验中，根据断面平均流速（即0.37倍水深处的流速）依式（6－5）、式（6－6）、式(6－7)，求解摩阻流速，并进一步依式（6－8）、式（6－9）、式（6－10）计算临界起动切应力、临界 Shields 参数和沙粒雷诺数等。

根据试验资料，采用上面公式计算所得的各起动指标如表6－1所示。

表6－1　水流作用下泥沙各起动指标

湿密度（g/cm^3）	H（cm）	U_c（cm/s）	U_{*c}（cm/s）	τ_c（N/m^2）	ψ_c	Re_c
1.22	12.33	31.90	1.50	2.74	8.68	0.176
1.28	11.97	32.84	1.54	3.05	7.62	0.181
1.31	10.89	37.88	1.77	4.10	9.27	0.208
1.36	12.66	44.72	2.02	5.56	6.78	0.377
1.40	12.86	49.57	2.22	6.91	7.60	0.414

采用式（6－1）至式（6－4）对本次水槽试验成果进行计算，结果见表6－2。由表可知：当密度为1.40 g/cm^3时，公式计算值与试验值相近。

表 6-2　现有公式计算的起动流速

水深 (cm)	湿密度 (g/cm^3)	式 (6-1) (cm/s)	式 (6-2) (cm/s)	式 (6-3) (cm/s)	式 (6-4) (cm/s)
12.33	1.22	48.87	48.60	32.80	52.15
11.97	1.28	48.65	48.35	32.63	51.84
10.89	1.31	47.99	47.58	32.13	50.87
12.66	1.36	49.05	48.81	32.94	52.43
12.87	1.40	49.17	48.95	33.03	52.60

杨华等[7]运用环形水槽对洋山港泥沙进行起动试验，港域悬沙中值粒径 $d_{50}=0.0088$ mm、航道底沙中值粒径 $d_{50}=0.0268$ mm、港池底沙中值粒径 $d_{50}=0.0297$ mm 时，认为洋山港区域泥沙较细，起动后从床面直接悬浮于水体中，随水流输移成为悬移运动状态，得出的起动流速如表 6-3 所示。

表 6-3　洋山港泥沙起动流速 (m/s)[7]

起动情况	港域悬沙	航道底沙	港池泥沙
临界起动	0.20	0.20	0.24
50% 起动	0.36	0.38	0.46
全部起动	0.65	0.68	0.73

6.3　老淤泥起动试验

6.3.1　试验设备及方法

高密度淤泥（本书指密度在 1.60 g/cm^3 以上）是指沉降后的泥沙，经过较长时间的密实，颗粒间有较强的黏结力，在变坡水槽中的流速难以使这种淤泥起动，因此淤泥的起动试验在有压水槽中进行。

有压水槽如图 6-4 所示。水槽宽 15 cm，高 2 cm，泥样从送泥口送入水槽，使泥样顶面与水槽底面相平，然后放水进行试验。逐渐增加流量，观察泥沙表面情况，当泥沙起动后，记录流量，计算流速[5]。

6.3.2　起动判别标准

由于高密度淤泥的起动流速较大，当泥样置于水槽中进行试验，槽内流速由小变大时，密度在 1.60 ~ 1.65 g/cm^3 之间的沙样，观察到少量起动（出现少量沙带）、大量起动（表面大量起动）、成块冲起沙样破坏的过程；对于密度大于 1.65 g/cm^3 以上的沙样，沙样不再以单颗粒运动，而是以大块泥样冲起而破坏。

图 6-4　有压水槽

6.3.3　试验结果

高密度淤泥起动试验采用两种泥样，一种泥样为较小扰动的原样土，试样号为 F3、F5、F7、F8，此泥样进入试验室后没有扰动过，因此密实时间达 130 d 以上，实测湿容重分别为 1.67 g/cm^3、1.66 g/cm^3、1.79 g/cm^3 和 1.72 g/cm^3；另一种是泥样经过扰动后，经过室内自然密实过程而得的泥样，试样号为 F2，这种泥样又有两种湿容重，分别为 1.62 g/cm^{3}和1.60 g/cm^3。所得的起动和破坏流速见表 6-4[5]。

表 6-4　高密度淤泥起动

泥样号	泥样密度（g/cm^3）	破坏形成	起动流速（cm/s）	备注
F2	1.60	成块	182	密实 43 d
F2	1.62	小量动	165	密实 80 d
F2	1.62	大量动	188	密实 80 d
F2	1.62	成块	219	密实 80 d
F3	1.67	成块	222	密实 130 d 以上
F5	1.66	大量动	188	密实 130 d 以上
F5	1.66	成块	245	密实 130 d 以上
F7	1.79	成块	228	密实 130 d 以上
F8	1.72	成块	215	密实 130 d 以上

本章参考文献

[1] 张瑞瑾. 河流泥沙动力学 [M]. 北京：中国水利水电出版社，1998.

[2] 窦国仁. 论泥沙起动流速 [J]. 水利学报，1960，(4)：44-40.

[3] 窦国仁. 再论泥沙起动流速 [J]. 泥沙研究，1996，(6)：1-9.

[4] 唐存本. 泥沙起动规律 [J]. 水利学报，1963，(2)：1-12.

[5] 应强，焦志斌，袁胜英. 洋山港区航道适航水深试验研究报告 [R]. 南京：南京水利科学研究院，2010.

[6] 蔡守允，周益仁，谢瑞，等. 河流海岸模型测试技术 [M]. 北京：海洋出版社，2004.

[7] 杨华，冯学英. 上海洋山港区和进港航道水域泥沙特性及回淤分析研究 [J]. 水道港口，2000，(3)：17-22.

第7章　流变特性试验及适航淤泥重度的确定

7.1　适航水深的定义

浮泥是指由细颗粒泥沙在海水中经聚凝形成的絮凝体。由于它们具有网架结构，重度很小，容易随水流运动，在水深较大处的港口、航道（淤泥质海岸）的底部形成厚度较大的浮泥层[1,2]，浮泥层重度自泥面向下逐渐增大（图7－1），其中重容较小的部分可以用作通航水深。

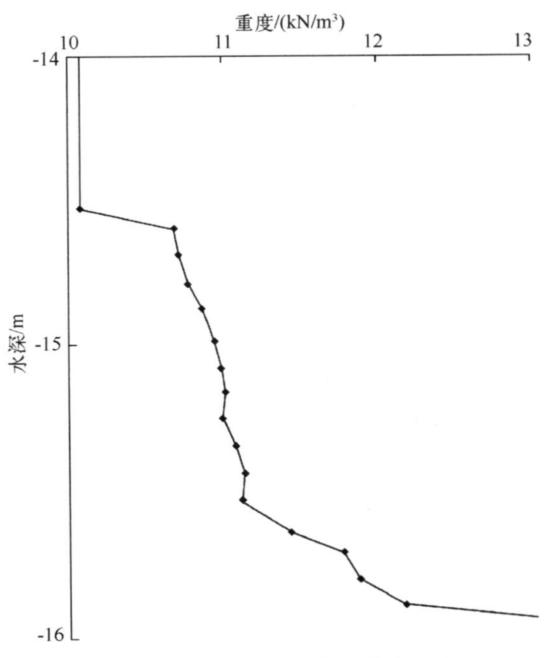

图7－1　浮泥重度沿水深分布示意

所谓适航水深是指海平面到高频测深值以下能确保航行安全的浮泥之间的距离[3,4]。适航水深与高频测量值之差称为适航浮泥层厚度，它们之间的关系如图7－2所示。

适航水深资源的开发应用是指淤泥质港口与航道的现行水深图载水深（高频测深值）以下的适航浮泥层厚度也将计入航深，从而可降低维护水深，适当延长洋山港航道与泊位的维护疏浚周期，这对减少泥沙维护疏浚工程量、降低洋山港维护疏浚费用具有十分重要的意义。

适航水深是未被利用的潜在资源，《水运工程测量规范》（JTS 131—2012）[5]中已列入有关适航水深测量的内容。同时，交通部对其非常重视，于2004年组织编写，并于2007

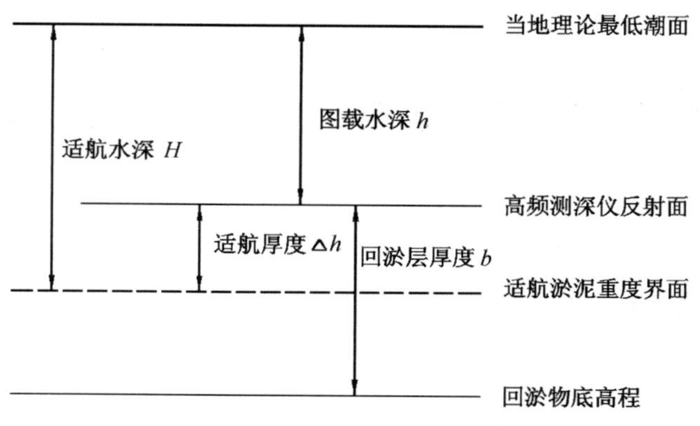

图 7－2　适航水深概念示意

年 5 月颁布了《淤泥质海港适航水深应用技术规范》（JTJ/T 325—2006）[3]，该规范的颁布实施将会极大地促进全国各港口对适航水深的应用。

港口水深测量通常采用高频测深仪，其反射面为水－淤泥的交界面，经大量实测资料证实这一反射面淤泥重度约为 10.3 kN/m^3。因此，作为港口通航使用依据的图载水深（h）是指当地理论基面至重度 10.3 kN/m^{3}淤泥面的距离。国内外众多淤泥质港口泥沙回淤层特点的研究成果表明，在淤泥重度较小时，它具有与水类似的流动特性，船舶航行与停泊作业过程中船底龙骨不会受伤害，对操作性能也无明显影响，可作为水深使用，以增加港口使用水深（$H=h+\Delta h$），提高维护疏浚效率，延长港池航道的维护周期，提高泊位的使用率，从而为港口带来可观的经济效益。

国外的荷兰鹿特丹港、比利时泽布勒赫港、法国波敦港和德国埃姆登港等港口已经广泛开展了适航水深的应用[6,7]。国内适航水深在天津港已得到很好的应用，天津港为典型的淤泥质海岸港口，在大风情况下，局部港池出现强淤现象，最大淤积厚度达到 2.0 m 以上，对港区的生产带来很大影响。自 1999 年开始，港口部门开展了适航水深的应用研究，通过试验确定了天津港适航淤泥重度标准为 12.7 kN/m^3，采用三爪铊和高频回声测深仪组合测量以及走航式适航水深测量系统进行测量。通过几年的应用，在延长维护疏浚时间，减少维护土方量，提高维护疏浚效率，节约维护费，提高码头的使用率等方面取得了较好的效果[8,9]。

考虑到淤泥重度的单位为 kN/m^3，与国际标准制中单位一致，且概念清晰，测定方便，故目前世界上研究、应用、勘测适航水深时多以此为参数，我国的《淤泥质海港适航水深应用技术规范》也推荐采用淤泥重度作为衡量浮泥层适航水深使用的特性参数。因此，本次在研究洋山港航道适航水深时亦选用重度。

7.2　适航水深的界定和测试方法

考虑到不同矿物成分、有机质及颗粒级配的淤泥，即使容重相同，对船舶航行的影响也是不同的，因此需要对回淤淤泥的流变特性及其对船舶航行的影响进行研究，包括航模试验。在淤泥中对实船和船模进行试验十分费事，实践表明，如航道中直航船舶无回转通行时，一般情况下通过回淤淤泥的流变特性试验即能解决问题。

由于船舶在淤泥底面上航行，淤泥的剪切率（以及泥－水界面可能出现的内波阻力）将直接影响航速和船舶的操作行为。对通航水道而言，应选择简易的物理量作为确定适航水深的依据，如上所述，一般以淤泥的适航淤泥重度作为度量标准，适航淤泥重度需通过淤泥的流变特性试验加以确定，通过淤泥流变特性试验，将给出淤泥的起始刚度和动力黏滞系数随重度的变化特性，研究表明淤泥在低剪切率向高剪切率转变时的起始刚度和动力黏泥系数随重度变化均有一个明显的转折段，通常以该段转折最突出处所对应的淤泥重度值作为可航重度。

目前国内外确定适航水深下界面的标准一般采用浮泥的重度[7]，如：鹿特丹欧罗港将浮泥重度取12.0 kN/m^3；曼谷苏里南港将浮泥重度取12.3 kN/m^3；法国Bordean港将浮泥重度取13.0 kN/m^3；印度科契港将浮泥重度取11.7 kN/m^3。比利时汉布勒赫港在确定适航水深的下界面时，除了考虑浮泥的重度外，还要考虑浮泥的流变特性。

浮泥重度指单位体积浮泥中土粒和孔隙水的重力，浮泥的流变特性曲线根据浮泥重度和黏度绘出。德国的Emden港以浮泥动力黏度η为依据，适航水深下界面取10 Pa·s；上海港的长江口南槽铜沙航槽将浮泥重度取为12.5 kN/m^3；连云港将浮泥重度取为12.5～13.0 kN/m^3；蛇口三突堤航道将浮泥重度取为12.0 kN/m^3。

综上所述，目前国内外对于适航水深资源开发主要是如何确定适航水深下界面浮泥的重度值。根据以上数据分析，适航水深下界面浮泥重度一般为11.5～13.0 kN/m^3。

7.3 流变特性试验

7.3.1 试验设备

试验采用上海衡平仪器仪表厂生产的NDJ－5 S数显黏度计，见图7－3。其工作原理是：由电机经变速带动转子作恒速旋转，当转子在液体中旋转时，液体会产生作用在转子上的黏度力矩，液体的黏度越大，该黏性力矩也越大；反之，液体的黏度越小，该黏性力矩也越小。该作用在转子上的黏性力矩由传感器检测出来，经计算机处理后得出被测液体的黏度[7]。

NDJ－5 S数显黏度计配有4种转子（1、2、3、4号）和4档转速（6 r/min、12 r/min、30 r/min、60 r/min），由此组成的16种组合，可以测量出测定范围内的各种液体的黏度值。

7.3.2 试验组次

本次在洋山港区航道内共取样20个，其中航道轴线上取样8个，编号为F1～F8。由表4－4可见，这8个泥样的中值粒径d_{50}分别为：$d_{F1}=15.68\ \mu m$，$d_{F2}=15.49\ \mu m$，$d_{F3}=16.38\ \mu m$，$d_{F4}=17.42\ \mu m$，$d_{F5}=18.31\ \mu m$，$d_{F6}=16.08\ \mu m$，$d_{F7}=18.91\ \mu m$及$d_{F8}=16.27\ \mu m$，最小中值粒径为F2样本点，最大中值粒径为F7样本点，平均中值粒径为

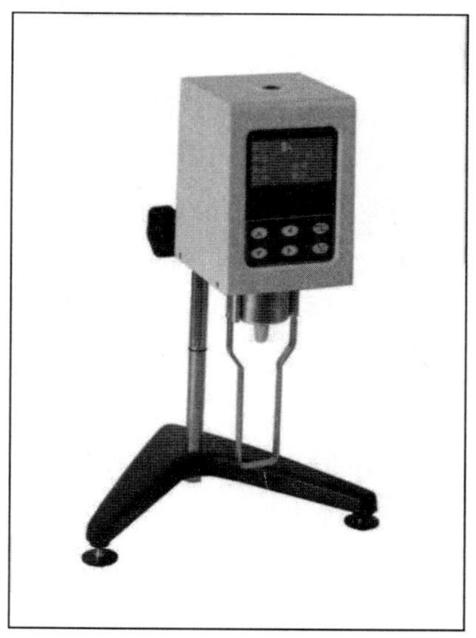

图 7-3　NDJ-5 S 数显黏度计

16.8 μm，试验对航道内的 F1 ~ F8 这 8 个样本点进行研究。

试验时，选取 F1 ~ F8 测点的淤泥样品，采用天然海水，调制成从 10.8 ~ 13.5 kN/m^3 之间不同的重度，经试验比较，选择 2 号转子，以 6 r/min、12 r/min、30 r/min、60 r/min 这四种转速进行试验，试验时 F1 ~ F8 样本的平均温度见表 7-1[10]。

表 7-1　黏度试验时各样本点的平均水温

样本号	水温（℃）	样本号	水温（℃）
F1	16.56	F5	12.34
F2	12.34	F6	17.03
F3	16.19	F7	15.87
F4	15.39	F8	12.34

7.3.3　试验结果及分析

1）试验结果分析及适航淤泥重度确定

试验时，选取样本点的淤泥样品，采用天然海水，调制成 10.8 ~ 13.5 kN/m^3 之间不同的重度，进行黏度与重度之间的关系的测定，试验时选择 2 号转子，以 6 r/min、12 r/min、30 r/min 这三种转速进行试验，试验时各样本的水温最小为 13.34°C，最高为 17.03°C，平均水温为 14.76°C。每个样本进行了大约 15 个不同重度的试验，然后点绘黏度与重度的关系，F1 ~ F8 淤泥样本的测试结果见图 7-4 至图 7-11。由图可知，在同一转速下，随着泥样重度的增大，黏度也随着增大，黏度随重度的变化是一个先慢后快的过程；对于不同转速，相同泥样重度所得的黏度有较大差别，6 r/min 时的曲线在上侧，12 r/min时的曲线在中间，30 r/min 时的曲线在下侧。

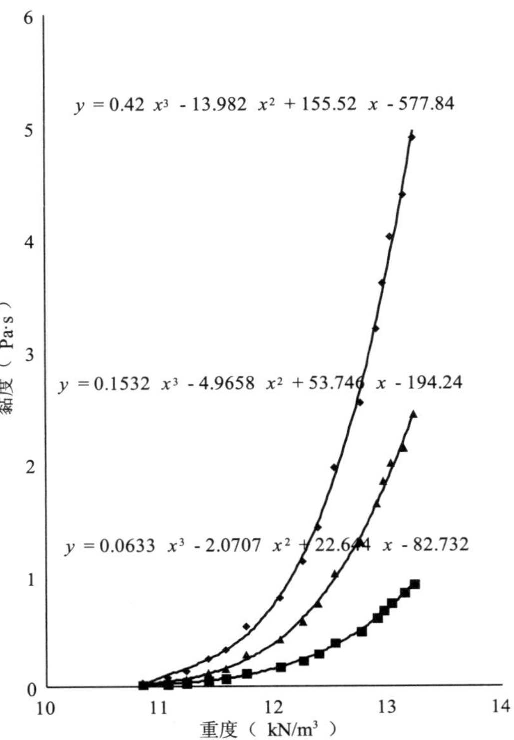

图7-4　F1测点淤泥重度与黏度的关系

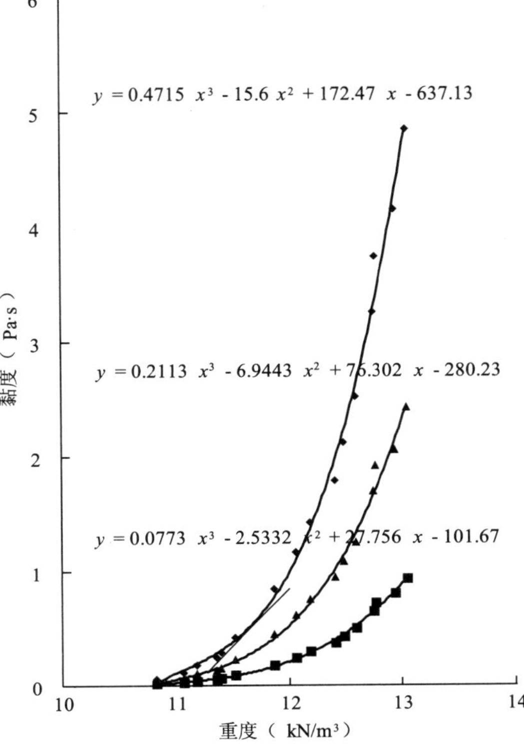

图7-5　F2测点淤泥重度与黏度的关系

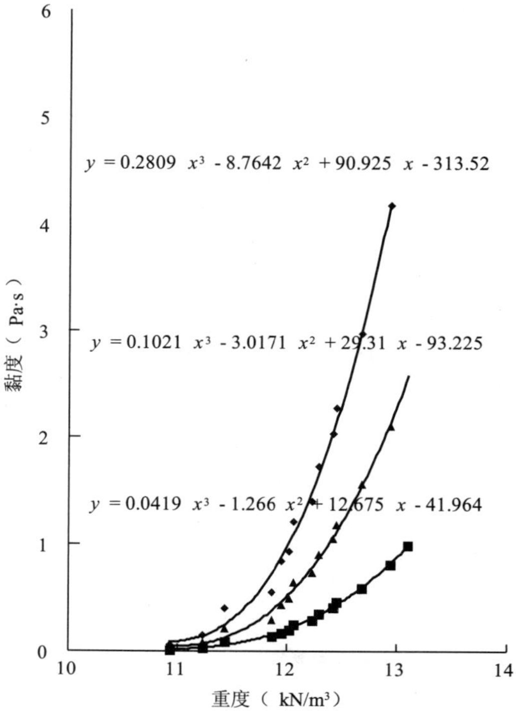

图 7－6　F3 测点淤泥重度与黏度的关系

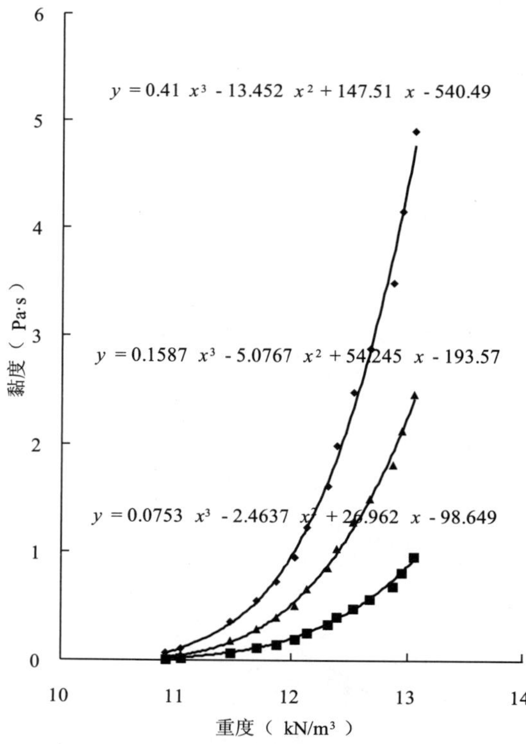

图 7－7　F4 测点淤泥重度与黏度的关系

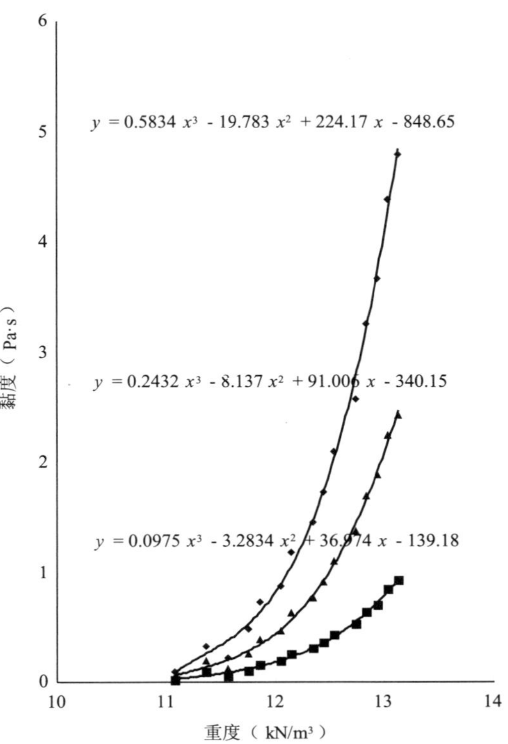

图 7－8　F5 测点淤泥重度与黏度的关系

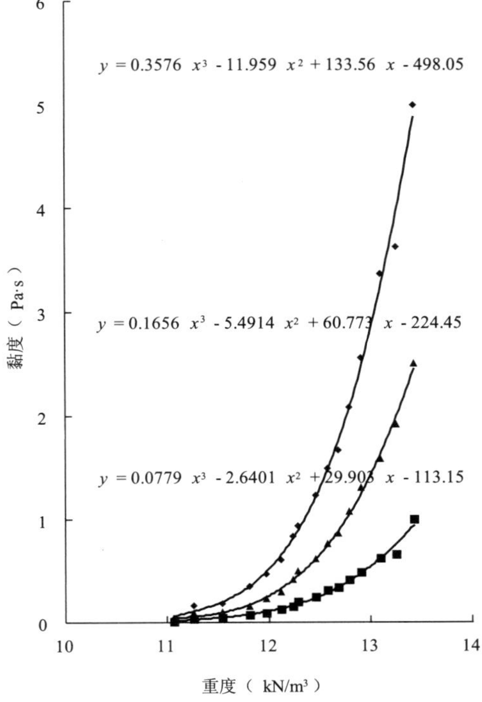

图 7－9　F6 测点淤泥重度与黏度的关系

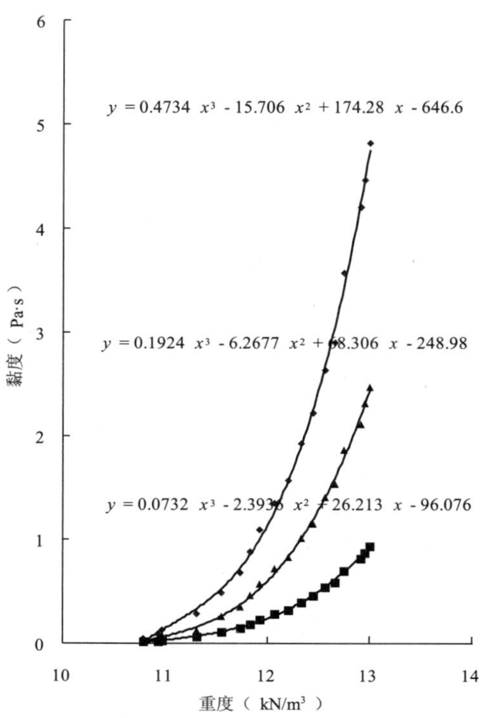

图 7－10　F7 测点淤泥重度与黏度的关系

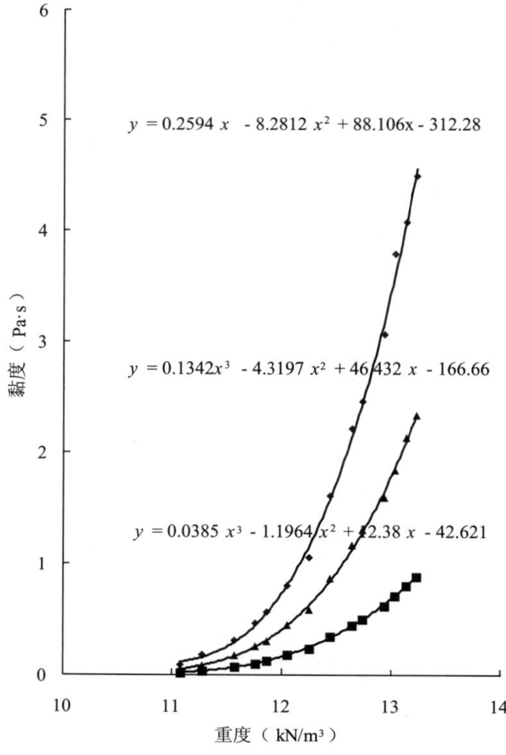

图 7－11　F8 测点淤泥重度与黏度的关系

2）适航淤泥重度确定

常用取法：根据《淤泥质海港适航水深应用技术规范》有关规定，适航水深下界面淤泥特性参数，宜采用适航淤泥重度表示。取对应的淤泥重度与屈服应用关系曲线上曲率变化比较明显的起始点所对应的淤泥重度作为适航淤泥重度。在天津港适航水深的研究中[11]，得出了淤泥的初始刚度、动力黏滞系数与重度之间的关系曲线与图7－4类似，刘富强[11]、钱平生[12]认为动力黏滞系数与重度间的关系符合指数关系，而指数函数的二阶导数不为零，因此曲线不存在拐点，并指出取淤泥流变特性的曲线中的曲率半径最小部位的浮泥重度作为适航水深的下界面，在理论上不十分严格，在测试中无法取得足够多的浮泥样本，因此无法足够精确地确定曲线中曲率半径最小点的位置，所以这种方法得出的数据只能作为确定适航水深下界面浮泥重度的参考数据。

斜率$K=1$方法[13]：前面已介绍，黏度随重度的变化是一个先慢后快的过程（图7－4至图7－11），如果对黏度重度间曲线的斜率进行考虑，斜率随淤泥重度的变化也是一个由小到大的过程，当重度较小时，斜率较小（<1），当重度较大时，斜率也较大（>1），这中间存在某一重度，使得斜率为1。其物理意义为：在斜率为1处，黏度的增加率与重度的增加率相同。

根据图7－4至图7－11中试验点的趋势，经曲线试配后，认为黏度－重度关系曲线符合三次多项式的曲线方程，图7－4至图7－11中样本的散点为试验测试值，实线三次多项式配线，并标出了三次多项式的方程，下面以F2样本点进行说明，由图7－5可知，不同转速下三次多项式的方程为

$$N=6\ r/min\text{ 时}\quad \eta=0.472\rho^3-15.60\rho^2+172.48\rho-637.13 \tag{7-1}$$

$$N=12\ r/min\text{ 时}\quad \eta=0.211\rho^3-6.94\rho^2+76.30\rho-280.23 \tag{7-2}$$

$$N=30\ r/min\text{ 时}\quad \eta=0.077\rho^3-2.53\rho^2+27.76\rho-101.67 \tag{7-3}$$

式中：η——淤泥的动力黏度（Pa·s）；

ρ——淤泥的重度（kN/m^3）。

对上面式（7－1）至式（7－3）求导，并取斜率为1，即可求得适航淤泥重度。现以式（7－1）为例。对式（7－1）求导

$$\frac{d\eta}{d\rho}=1.416\rho^2-31.2\rho+172.48 \tag{7-4}$$

令$\frac{d\eta}{d\rho}=1$

可以解得：$\rho_{F2=6}=11.66kN/m^3$。

同样可以得出式（7－2）和式（7－3）中$\frac{d\eta}{d\rho}=1$时的ρ值分别为：$\rho_{F2=12}=12.06\ kN/m^3$、$\rho_{F2=30}=12.91\ kN/m^3$。

8个淤积样本，通过以上方法，可分别得出$\frac{d\eta}{d\rho}=1$时的ρ值，见表7－2。

表7-2 各泥沙样本在不同转速下$\frac{d\eta}{d\rho}=1$时的ρ值

样本点	6 r/min	12 r/min	30 r/min
F1	11.81	12.21	13.14
F2	11.66	12.06	12.91
F3	11.61	11.99	13.01
F4	11.64	12.04	12.93
F5	11.80	12.17	12.96
F6	11.98	12.42	13.29
F7	11.60	12.00	12.92
F8	11.79	12.23	13.33
平均	11.74	12.14	13.06

从表中可以看出，在同一转速下，不同样本点间在$\frac{d\eta}{d\rho}=1$条件下所得出的ρ值相差不大，对于同一样本点，不同转速在$\frac{d\eta}{d\rho}=1$条件下所得出的ρ值相差较大。取8个样本点的平均值，在6 r/min、12 r/min、30 r/min的平均值分别为11.74 kN/m^3、12.14 kN/m^3、13.06 kN/m^3。

适航水深的影响因素较多，目前对适航水深的研究也仅处于半经验半理论的状态，根据对洋山港区航道淤泥颗粒特征、沉降特征、密实特征、起动特征的分析，以本次航道黏度特征的试验为基础，结合已有航道适航水深的研究成果，考虑到浮泥粒径较淤泥要细些，因此以航道中较细的淤泥样本F2作为适航水深初选值，即11.66 kN/m^3作为适航淤泥重度。在条件许可时，还可进行船模阻力试验进行验证，或进行实船试验来确定。

本章参考文献

[1] 邓绍云. 浮泥运动研究综述［J］. 人民黄河，2005，27（9）：21-23.

[2] 尹则高，曹先伟. 航道工程中的浮泥研究综述［J］. 水资源与水工程学报，2010，21（3）：92-94.

[3] JTJ/T 325—2006，淤泥质海港适航水深应用技术规范［S］.

[4] 沈小明，裴文斌. 适航水深测量技术介绍与探讨［J］. 水道港口，2003，24（2）：94-96.

[5] JTS 131—2012，水运工程测量规范［S］.

[6] 庞启秀，杨树森，杨华，等. 淤泥质港口适航水深技术研究与应用［J］. 水利水运工程学报，2010，（3）：33-39."

[7] 黄建维. 海岸与河口黏性泥沙运动规律的研究和应用［M］. 北京：海洋出版社，2006.

[8] 邳志. 论适航水深在天津港强淤现象中的应用［J］. 水运工程，2003，352（5）：23-24.

[9] 交通部天津水运工程科学研究院. 连云港港口适航水深应用研究［R］. 天津：交通部天津水运工程科学研究院，2008.

[10] 应强，焦志斌，袁胜英. 洋山港区航道适航水深试验研究报告 [R]. 南京：南京水利科学研究院，2010.

[11] 刘富强，孙建澎. 天津港适航水深资源的开发 [J]. 水道港口，2002：161-169.

[12] 钱平生. 天津港适航水深下界面淤泥容重值确定与适航水深测量 [J]. 海洋测绘，2002，22 (3)：35-39.

[13] Qiang Ying, Zhibin Jiao, Jun Wan, et al. Method to determine the navigable depth by rheological properties [J]. Applied Mechanics and Materials, 2012, 405-408: 1402-1406.

第 8 章　适航水深测量及适航水深图编制

8.1　适航水深测量

8.1.1　三爪砣与密度计组合测量法

适航水深测量方法在国内外学术界、工程界被大量研究，研制出多种现场观测设备。

早在 20 世纪 50 年代，天津港务局针对新港浮泥研制了三爪砣[1]，进行浮泥测深，确定了浮泥层底部容重。这种技术在新港浮泥研究中曾发挥了重要作用，但其缺点是成果推广价值不大。

早期的现场测量仪器主要包括反向散射放射性密度计和超声波测量仪，其中最具代表性的是反向散射放射性密度计（图 8－1），其工作原理是通过定向的射线（如 γ 射线）或超声波（图 8－2）在浮泥层中的衰减来确定浮泥层的重度变化。这种仪器原理简单，曾得到了广泛应用，其缺点在于：①只能单点测量；②由于射线或超声波穿透角度的限制，难以在流速大于 1 kn 的水域应用；③操作烦琐，限制了测量的组次[2~5]。

图 8－1　反向散射放射性密度计和流变特性测定仪

8.1.2　走航式适航水深测量方法

1）拖曳式

为了解决上述问题，国内外又分别研制了拖曳式的超声波和放射性密度测量仪，比较

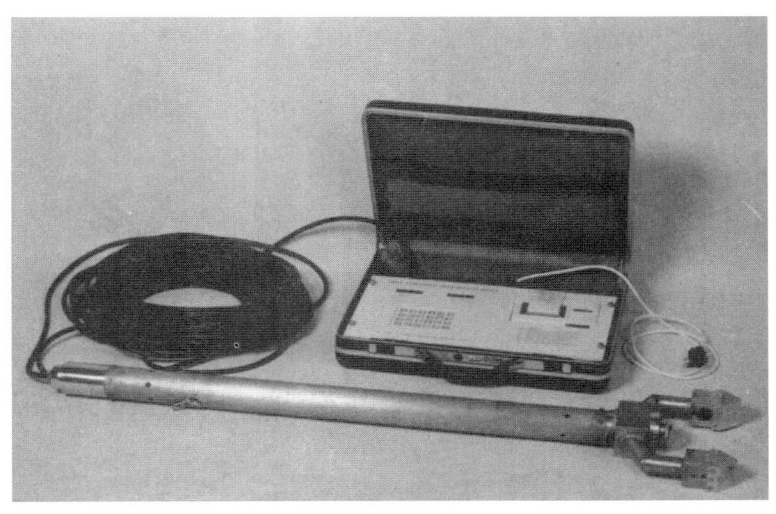

图8－2　UBD-1超声重度测量仪

具代表性的产品是法国波尔多研制的超声波密度仪（图8－3）和比利时泽布勒赫港研制的“Navitracker”（图8－4）。法国波尔多研制的密度仪主要组件是一个固定在水下拖曳体上的超声波探头，用一个智能绞车来拖曳，操作人员可以通过绞车上下升降拖曳体，跟踪不同重度的浮泥层，可探测到重度为1.3 t/m^3的浮泥层，走航测量误差不超过10%，声波响应的时间间隔为0.5 s，定点测量精度在5 cm以内；Navitracker使用固定在水下拖曳体上的γ射线密度探头，通过智能绞车控制探头在浮泥层中的深度，并以此来确定浮泥适航水深下界面的容重值（如1.25 t/m^3）所在层面的深度，可在拖曳速度为3节的条件下应用，γ射线可以穿透重度为1.3 t/m^3的浮泥层。当定点测量时，其误差不超过5 cm。国外同行利用该系统绘制出泽布勒赫港的适航海底图，并用其指导疏浚，取得了良好的经济效益[6]。

图8－3　超声波密度计

图 8－4 “Navitracker” 放射性密度测量计

“八五”期间，广州水运工程设计研究院也研制了与“Navitracker”相仿的、用智能绞车拖曳的超声波含沙量测量系统，该系统在浮泥层厚度较大的情况下比较适用。该院还研制了 SDM－2 型含沙量快速测量系统，测量速度可达 1 000 次/秒，容重范围为 1.003～1.40 g/cm^3，深度为 0～40 m，能够快速实时测量水体含沙量和深度，并能定点测量浮泥层厚度和适航水深。

2）SILAS

SILAS 测量系统是荷兰 SILAS 公司的专利产品。该系统成功解决了现场走航测定适航水深的问题，主要由振动式密度计和数据采集处理器两大部分组成，能连续测定淤泥层各界面的密度值，精度达 ±1%。目前在荷兰、德国、法国、印度、苏里南等国家得到了很好的应用，为航道、港口等部门解决适航水深问题提供了有力的工具[7]。

该系统利用测深仪向泥层发射低频信号，声波穿透水－泥交界面至未开挖的原土层，在穿越过程中，有部分声波反射，反射声波强度与淤泥界面重度有关，重度越大，反射声波强度越强。低频声波直至穿越整个淤泥层达到未开挖的原土层后，能量基本消失。该系统能连续不断采集到淤泥层各界面上的反射声波强度。若将室内事先校准好的反射波强度与淤泥重度的关系输入处理系统，便可确定出适航标准淤泥重度界面的位置，一次可成淤泥层表面、适航厚度界面、开挖层界面的可视图像。

一套完整的 SILAS 走航式适航水深测量系统由以下几部分组成：①低频测深仪（不

低于 24 kHz)；②带 A/D 转换卡的 PC 计算机；③STEMA 公司 SILAS 数字化声学数据采集及处理软件；④单点密度标定设备（图 8－5、图 8－6)。

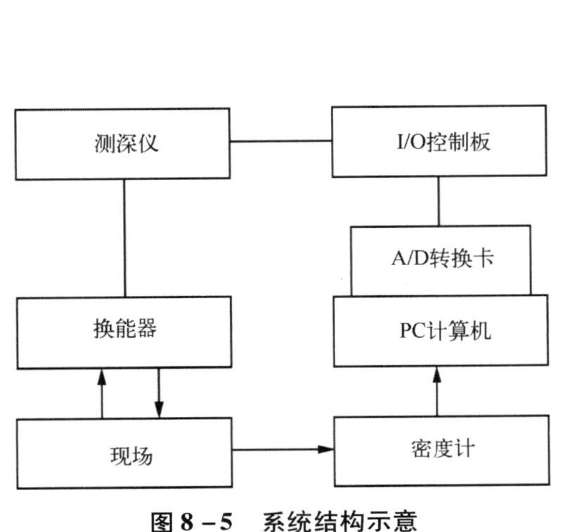

图 8－5　系统结构示意

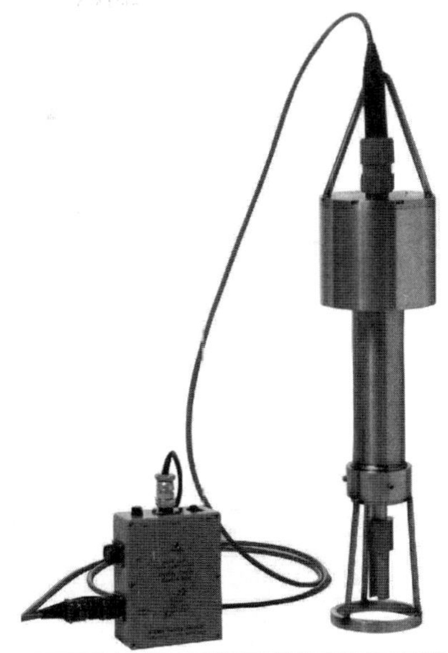

图 8－6　Densitune 音叉式振动密度计

结合流变特性测试，利用 SILAS 系统将能得到实用的适航水深图（图 8－7 和图 8－8)。

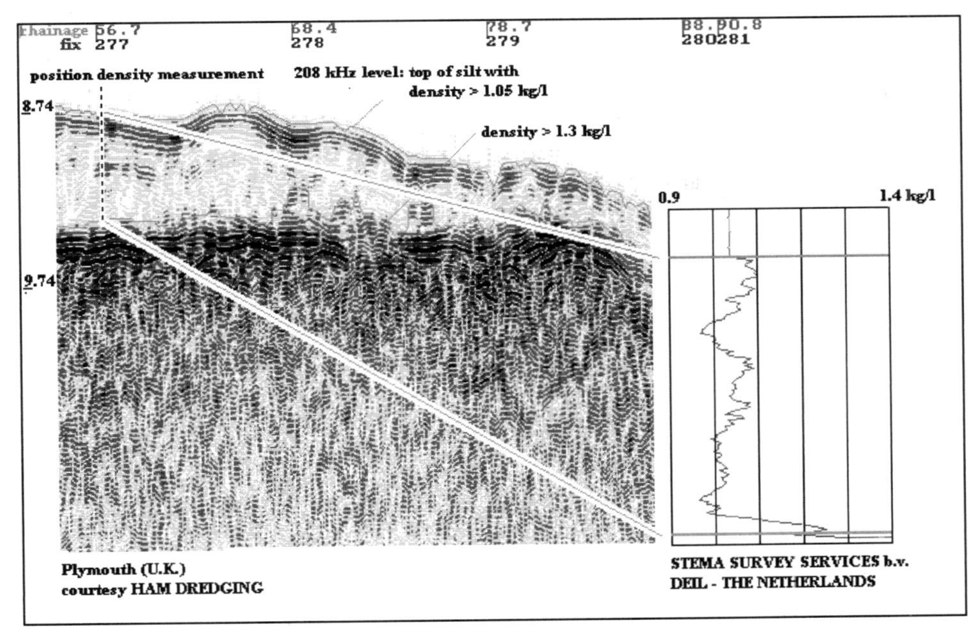

图 8－7　使用音叉振动式密度计测得标定点的密度垂线变化
并由此计算出浮泥层中所要求的密度值的连续界面

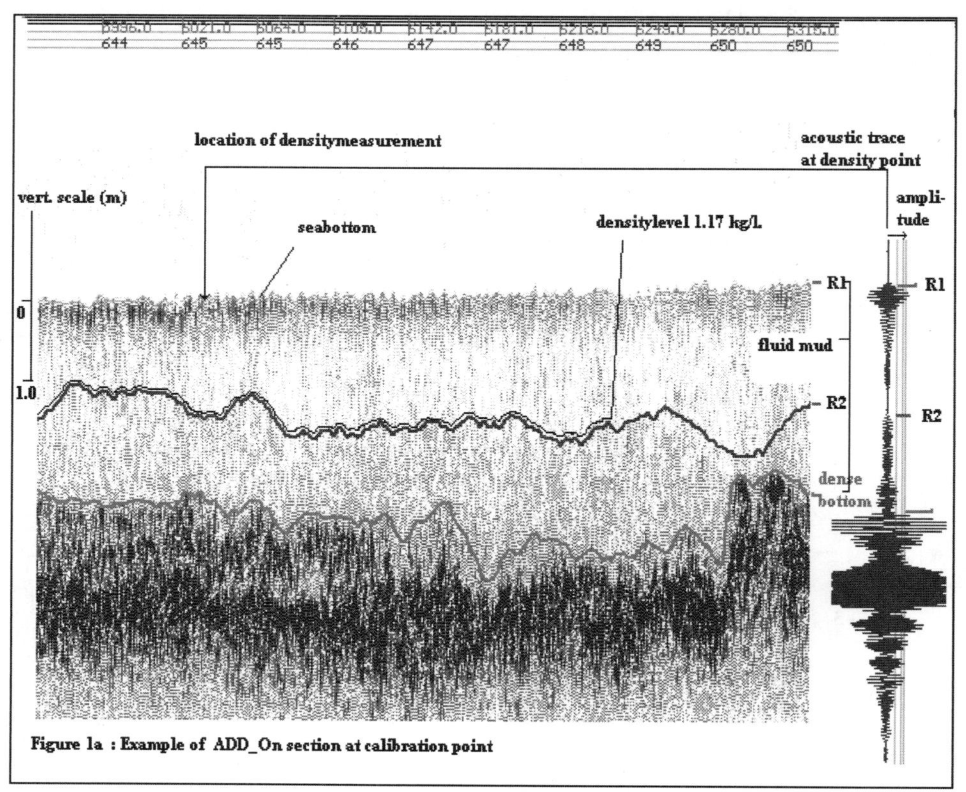

图 8 -8　与适航淤泥重度对应的连续界面

8.2　适航水深图编制

利用浮泥作为适航水深时可向航行部门提供以下几张图：

（1）普通水深图，高频测深仪测出的水与浮泥交界面的深度；

（2）密度图，SILAS 走航式适航水深测量系统测得的密度分层层面的深度；

（3）适航水深图，普通水深图与适航淤泥重度层深度相结合，在利用浮泥作为适航水深的区域，将适航淤泥重度层深度取代高频测深仪测得的深度。

比利时泽布勒赫港则提供以下几张图（图 8 -9）。

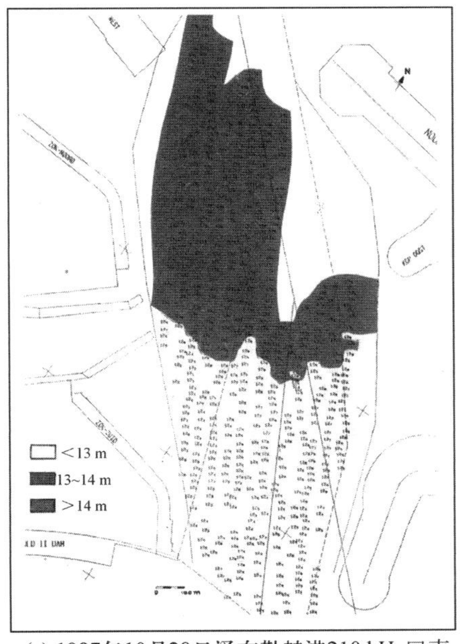

(a) 1987年10月28日泽布勒赫港210 kHz回声测深仪测深结果

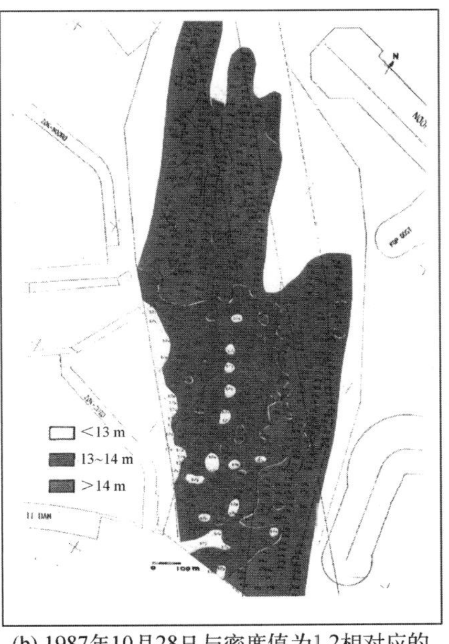

(b) 1987年10月28日与密度值为1.2相对应的深度测量结果

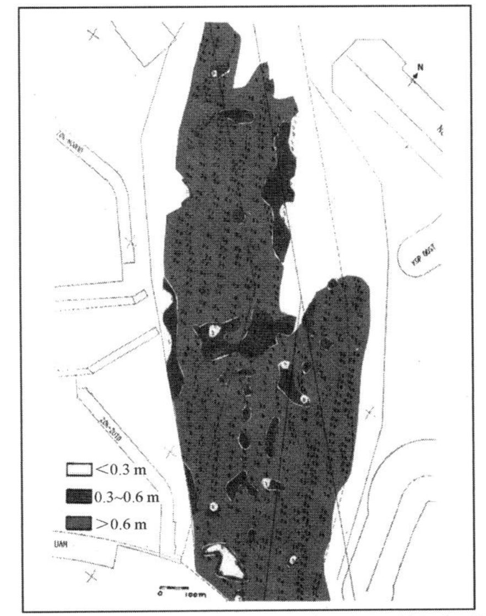

(c) 1987年10月28日210 kHz回声测深仪的测深结果与密度值为1.2的测深结果之差

图8-9　比利时泽布勒赫港适航水深图的表示方法

《淤泥质海港适航水深应用技术规范》[8]对走航式水深测量系统做了较为详细的技术要求，主要包括密度测量、水深测量等方面的内容。规范规定适航水深图中标注采用彩色标记法，红色表示适航水深数值，在适航水深数值的右下方用小号字并加括号标记适航厚度，颜色为黑色；而高频水深值则采用斜体黑色字表示，其适航厚度小于0.1 m。适航水深图例见图8-10。

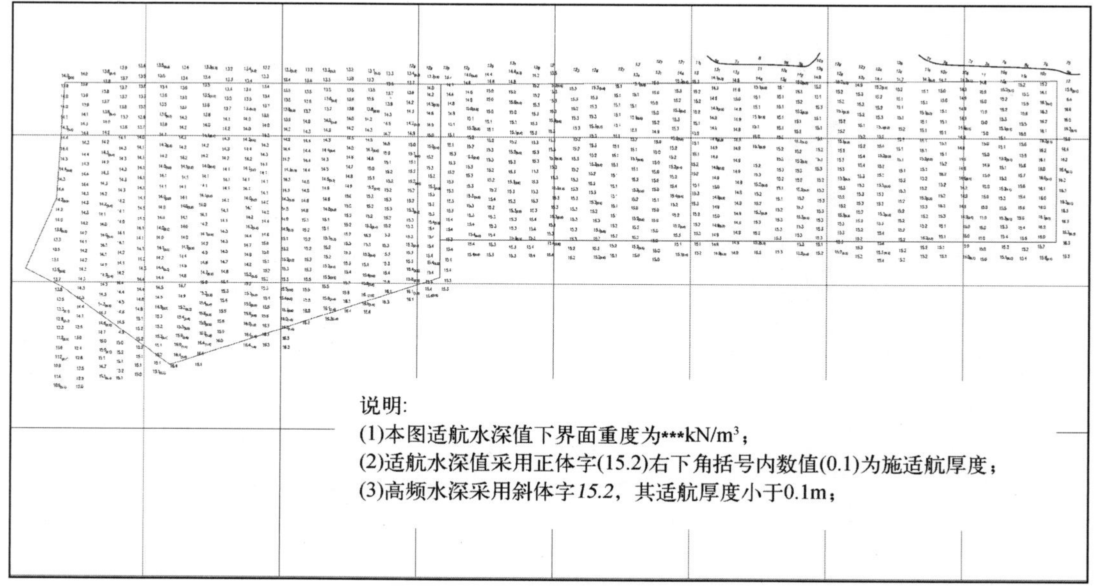

图 8－10　适航水深图图例

8.3　适航水深测量应用

台风是影响洋山进港外航道回淤最主要的因素之一，根据进港外航道建成后几年的观测资料分析，在较大台风的影响作用下，主航道将会在较短时间内淤浅 0.3～0.5 m。台风对进港外航道回淤的影响和台风强度关系密切。但由于台风引起航道海区含沙量的峰值受风、浪、流等因素的影响且滞后，或因台风期海底床面流动性较强的浮泥类物质是逐步增加的，因此反映为台风后期航道的回淤较大。

现以 2007 年 10 月“罗莎”台风过境后进港外航道 16＋800～22＋200 发现大规模浮泥为例。“罗莎”台风于 2007 年 10 月 7—9 日影响本海区。杨梅咀海洋站资料，大于 6 级风的累计历时达 32 h，最大风速 22.8 m/s（9 级），风向 NNE 向。海况达到 6 级，最大波高分别为 2.5 m、2.8 m，周期分别为 5.8 s、6.1 s，波向与风向一致为 NNE 向。工作船码头观测站大于 6 级风的历时约 22 h，其中大于 7 级的历时约 10 h。最大风速 17.6 m/s（8 级），风向 SE 向。工作船码头最大波高达 1.2 m，波向 NE 向，海况 4 级，为 4.6 s。“罗莎”台风后，于 2007 年 10 月 20—30 日对主航道水深不足 15.5 m 区域进行维护，至 10 月底完成工程量约 21 万 m^3[9]（图 8－11）。

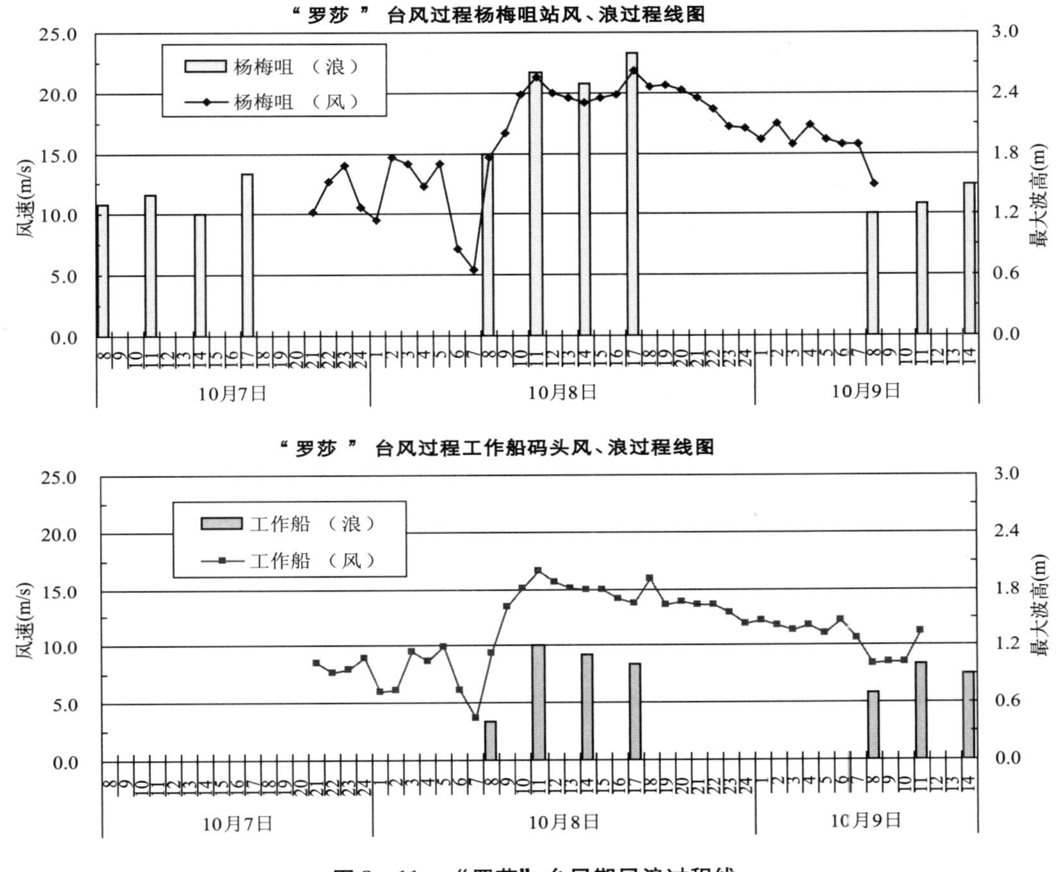

图8-11 "罗莎"台风期风浪过程线

8.3.1 使用仪器设备

（1）水深测量采用320 M测深仪；

（2）密度测量采用荷兰Densitune音叉密度计；

（3）适航厚度测量采用荷兰SILAS走航式适航水深测量系统；

（4）定位采用RBN-DGPS定位仪；

（5）潮位测量采用自动潮位仪；

（6）声速校正采用无锡海鹰HY 1200 B声速计；

（7）密度计校正取泥采用抓斗式取泥器；

（8）密度计校正泥样密度真值测量采用电子天平。

8.3.2 测区范围

2007年10月在进港外航道16+800~22+200发现浮泥，进行了适航水深测量现场资料采集，在每个区域选取2~3个代表点位进行密度垂线测量。密度计Densitune处理图像如图 8－12 所示。

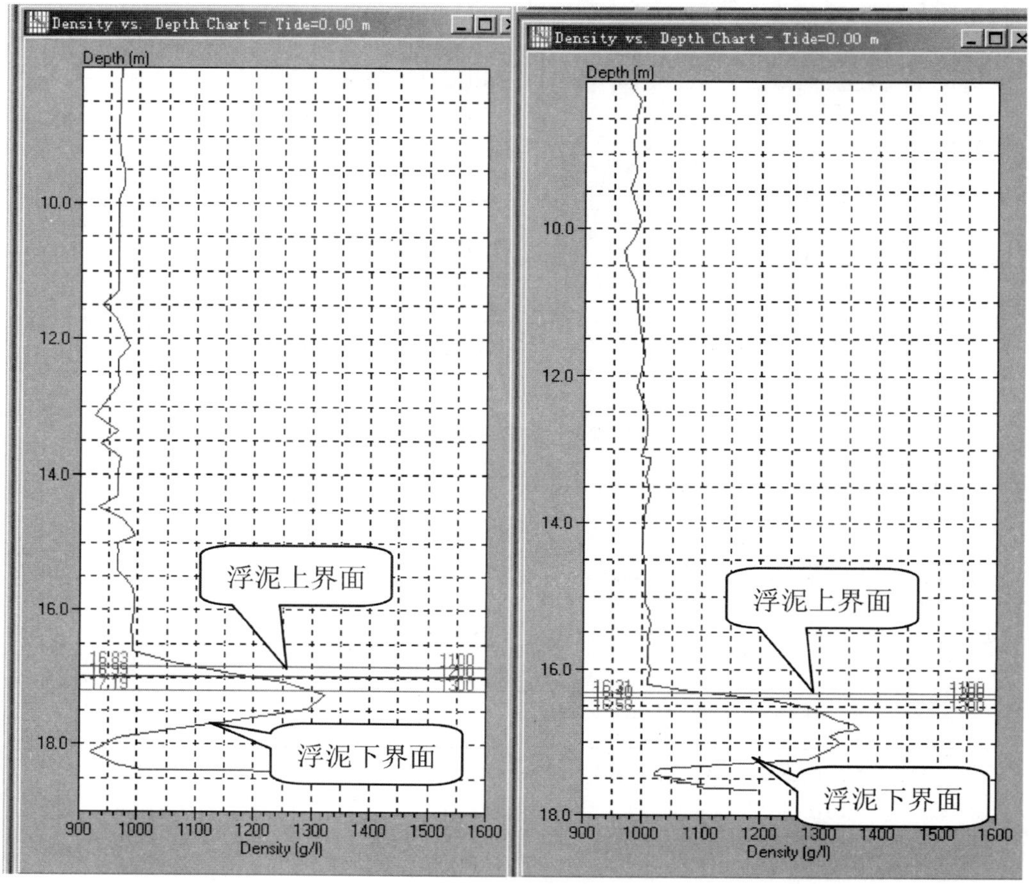

图 8－12　Densitune 处理图像 1#（19＋200）、2#（20＋400）

8.3.3　测量结果分析

将室内事先校准好的反射波强度与淤泥重度的关系输入处理系统，可确定出不同淤泥重度界面的位置。图 8－13 高低频水深测量图（2007 年 10 月 12 日测量）以及图 8－14 SILAS处理图像（航道里程：22＋200），显示了浮泥层表面、适航厚度界面（淤泥重度 11.66 kN/m^3）等可视界面。

在 2007 年“罗莎”台风前（9 月 24 日）、台风后（10 月 12—14 日）测图比较，挖槽平均水深自 15.98 m 淤浅为 15.49 m，平均淤浅约 0.5 m。虽然 10 月 20—30 日曾对航道进行维护，但维护量较少，仅 21 万 m^3，折合厚度约 0.06 m，因此暂不予考虑，即认为“罗莎”台风造成的航道平均淤浅幅度约 0.5 m。主航道 W17＋000～W23＋000 挖槽段区域平均淤积厚度 0.9 m 左右，其中局部区域 W19＋000～W22＋000 挖槽段，约 3 km 的区域中部淤积近1.5 m，淤积度明显比“韦帕”台风大。这次适航水深中，洋山港深水航道 16＋800～22＋200 段回淤现象比较明显，其厚度在 1 m 左右，浮泥沉

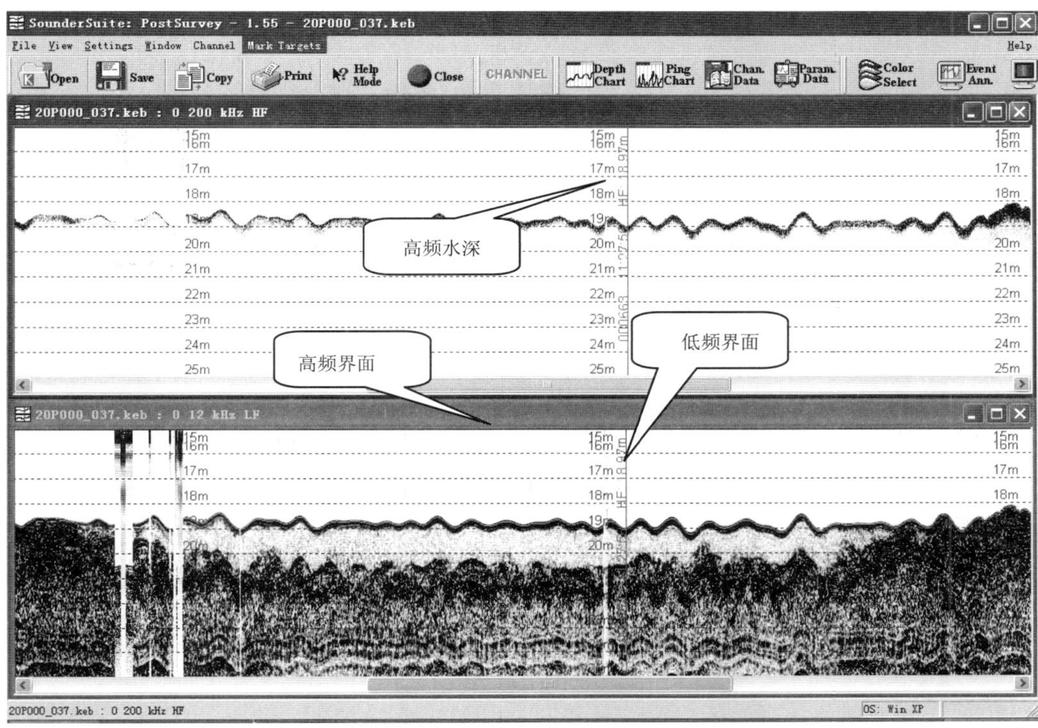

图 8-13　高低频水深测量（2007 年 10 月 12 日测量）

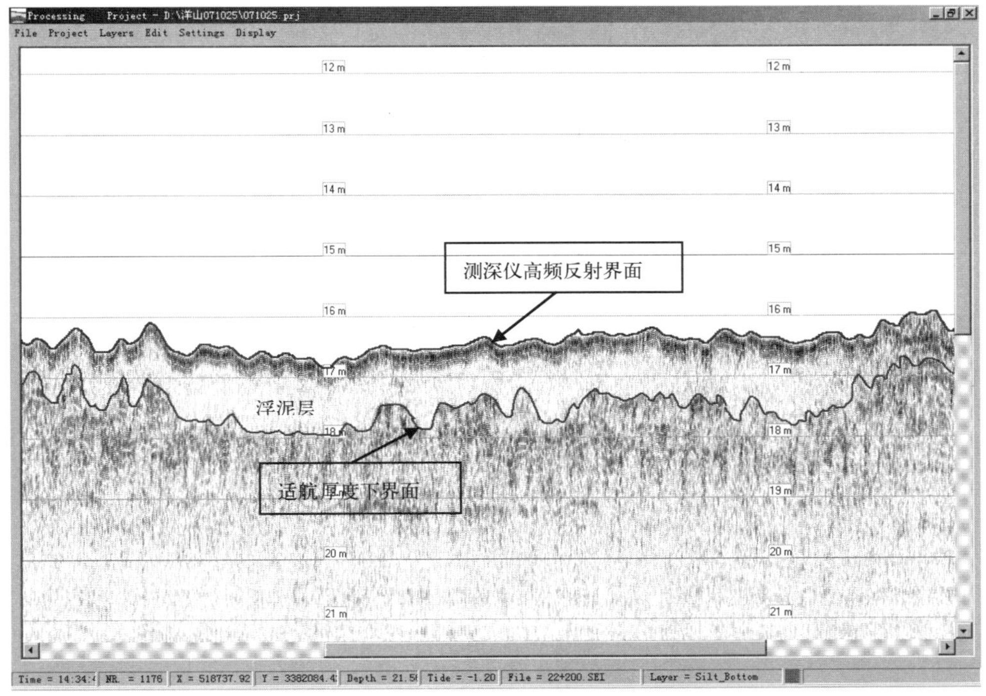

图 8-14　SILAS 处理图像（航道里程：22+200）

积一段时间后，其厚度可能会降低，但下层密度会加大。在发现浮泥层后，及时组织疏浚以及浮泥跟踪测量，结果表明此次大规模的浮泥在疏浚船舶以及水流作用下 20 天后消散，进一步验证了适航水深的利用周期及价值。

8.4 适航水深应用小结

（1）通过研究，对洋山港区在台风期港池和航道出现的强淤或骤淤的可能性和量级程度有了确切的认识；

（2）通过研究，对洋山港区出现强淤和骤淤时的应对有了科学合理的指导思想和应对措施，包括适航水深的测量和适航水深图的编制以及台风期后骤淤浮泥的消退过程的认知；

（3）通过研究，对减少航道维护的工程量、节省经费开支、改善水深条件、减少洋山港深水航道台风期所造成的损失，具有重要的实践意义与经济效益。

本章参考文献

[1] 牛桂芝，裴文斌. 三爪砣测量适航水深技术分析与对策 [J]. 水道港口，2006，27 (4)：265 -268.

[2] 裴文斌. 水下游泥密度及浮泥厚度测量办法 [J]. 港口勘察，2002，(2)：25 -29.

[3] 易瑞吉，丁元国，程和森. γ 射线技术在河口航道地区浮泥观测中的应用 [J]. 同位素，2007，20 (2)：90 -93.

[4] 徐海根，李九发，周福根，等. 长江口浮泥若干特征研究 [J]. 上海水利，1999，(2)：34 -41.

[5] 徐海根，徐海涛，李九发. 长江口浮泥层“适航水深”初步研究 [J]. 华东师范大学学报，1995.

[6] Willem Fontein，Jan van der Wal. Assessing nautical depth efficiently in terms ofrheological characteristics [A]. Proceedings of the 16th International Hydrographic Conference “Evolutions in Hydrography” [C]. Antwerp，Belgium：2006.

[7] 牛桂芝，沈小明，裴文斌. SILAS 适航水深测量系统测试研究 [J]. 海洋测绘，2003，23 (5)：24 -27.

[8] TJ/T325 -2006，淤泥质海港适航水深应用技术规范.

[9] 海达华测绘有限公司. 2007 年 9 月台风“韦帕”过境时洋山港泥沙现场观测报告. 2007.

[10] 万军，应强，焦志斌. 洋山深水港区进港外航道台风期适航水深研究. 上海达华测绘有限公司，南京水利科学研究院报告，2010.

[11] 万军，李太春，张伟. 洋山深水港区进港外航道台风期适航水深研究 [J]. 水运工程，2012，(7)：156 -160.

[12] 万军，张伟. 洋山深水港区进港外航道适航浮泥重度的确定 [J]. 中国港湾建设，2012，179 (2)：7 -8，50.